영지주의 복음서와 카발라

야고보 비밀의 서, 빌립 복음서, 진리 복음서

김 태 항

하 모 니

영지주의 복음서와 카발라

야고보 비밀의 서, 빌립 복음서, 진리 복음서

김 태 항

하 모 니

영지주의 복음서와 카발라:

야고보 비밀의 서, 빌립 복음서, 진리 복음서

2017년 9월 15일 초판 1쇄 발행
2022년 3월 9일 초판 2쇄 발행
저자   / 김태항
펴낸이 / 金泰恒
펴낸곳 / 하모니

출판등록 2009 5월 7일 제 2009-03호
충청북도 제천시 하소로 88, 203-605
전화 (043)920-7306, 010-4289-0093
E-mail: kthcross@hanmail.net

ISBN 979-11-85010-07-6 03230

서문

　　역사에 만약은 없지만 만약에 바울이 개심하지 않았다면, 만약 영지사상이 살아남아 기독교의 주류가 되었다면, 지금 세상은 어떻게 변했을까 생각해본다.

　　길을 나서면 100미터 안에 여러 교회가 영업을 알리는 커다란 십자가를 내걸고 고객을 기다리고 있다. 작은 도로를 마주하고 서있는 이런 교회들을 보자면 서로 간에 영업 경쟁이 치열하겠다는 생각이 든다. 이런 생각은 영혼 구원을 내우는 교회를 모독하는 것일까?

　　기독교 목사들의 성범죄 기사는 너무 일상적이어서 놀라움보다는 "또"라는 반응이 나오고 그럴 때마다 교회나 신도들은 일부 목사가 그렇다거나 이단이어서 그랬다는 식으로 비난을 회피하려한다.

　　목사가 포함된 직업군이 일반인 평균보다 성범죄율이 높다는 통계도 있고, 기독교윤리실천운동이 만 19세 이상 남녀 1천 명을 대상으로 조사해 2월 4일 발표한 "2013 한국교회의 사회적 신뢰도 여론조사" 결과를 보면, 기독교(개신교)를 신뢰한다는 응답은 19.4%에 그쳤다. 특히 종교가 없는 사람들의 종교 신뢰도를 보면 가톨릭 32.7%, 불교 26.6%, 개신교 8.6%로 나타나 개신교 신뢰도가 가장 낮은 것으로 나타났다.

　　이런 기독교 부패상과는 상관없이 2016년에 발표된 인구조사에서는 개신교 인구가 크게 늘어나서 처음으로 불교를 누르고 국내 제1 종교가 되기도 했다. 저돌적이고 배타적인 선교, 자식에게 자신의 종교를 세습시키는 기독교인의 특성, 신학생 공급 과잉으로 인한 목회자들의 치열한 경쟁, 이성보다는 감성을 자극하여 사람을 끌어당기는 교리 등과 같은 개신교 특유의 요인 때문에 이런 예상 밖의 결과가 나오지 않았을까 싶다. 그러나 무엇보다도 가장 큰 역할을 한 것은 기독교 구원론이란 기발한 교리 때문으로 보인다.

그런데 누구보다도 예수님을 존경하는 사람이지만 왜 기독교인 수가 늘어난 것이 기쁘지 않은 걸까? 이것은 예수의 진짜 가르침은 왜곡되거나 사라졌고 예수와는 전혀 다른 가르침이 예수의 말씀으로 포장되어 나타나서 사람들을 그릇되게 이끌고 있는 현실이 한심스러워서 일 것이다.

기독교에서는 예수님이 인간의 죄를 대신하여 십자가에서 피 흘리며 돌아가셨으므로 오직 예수만을 믿고 그 가르침을 따라 살아가야 구원을 얻는다고 한다. 예수 죽음과 부활 그리고 구원의 주제는 교회를 있게 하는 핵심 교리이다. 이런 논리 때문에 다른 종교의 구원을 인정하지 않아서 많은 갈등을 낳고 있으며 자연스럽게 독단적인 모습을 띠게 된다. 그런데 예수는 한 번도 인간의 죄를 갚기 위해 자신이 죽어야 한다고 말한 적이 없다는 사실이다. 이것은 바울의 주장이었다.

바울은 원래 그리스도인을 박해하는 정통유대인이었으나 다마스쿠스로 가던 중 신비 경험[1]을 통하여 예수를 만나 예수의 제자가 된다. 그러므로 바울은 직접 예수를 만난 적이 없다. 복음서와 마찬가지로 바울 서신들도 바울이 자신의 관점에서 해석한 개인의 신앙고백 글이다. 신약성서 27개 문서 중에서 바울의 이름으로 된 서신은 13개에 달한다. 그러나 현대 신학자들은 바울 서신에서 사용된 언어와 내용을 검토하고 나서 13개 전부를 바울이 썼다고 보지는 않는다.

〈사도행전〉과 〈바울의 서간들〉은 바울이 어떤 인물이며 어떠한 일을 하였는지 우리에게 보여주는 중요한 자료이다. 대부분의 학자들은 〈사도행전〉이 〈누가복음〉 이후인 약 85~90년경에 작성되었다고 생각한다. 이는 바울 사후 20~25년이 지난 시점이다.

　〈사도행전〉의 저자는 바울이 죽고 수십 년 후에 바울에 대하여 전해지는 여러 자료를 바탕으로 그에 대하여 글을 썼다는 것이다. 이것은 〈사도행전〉에 실린 바울에 대한 기록이 정확하지 않을 수도 있다는 것을 의미한다. 그래서 학자들은 〈사도행전〉과 바울이 직접 쓴 여러 서간문 특히 〈갈라디아서〉를 비교하여 자료의 정확성을 구한다. 바울의 개종을 이끈 신비체험과 그 후의 행적이 주요 비교 대상이다.

　바울은 자신이 쓴 여러 편지글에서 예수를 인용하지 않는다. 회심하고 그리스도 제자가 되었으면 예수의 삶에 대하여 관심을 가졌을 텐데 이상하게도 예수 출생이나 이적 그리고 행적 등에 대하여 언급하지 않는다. 상식적으로 예수에 감복하여 극렬한 반대자에서 열렬한 추종자로 개심하였다면 예수 삶에 대하여 언급하는 것이 당연할 것이다. 그런데 그는 거의 완전히 침묵하고 있다. 왜 그러했을까?

　바울의 관심은 오직 그리스도 죽음과 부활이었다. 바울의 심리와 당시의 분위기를 알려면 〈갈라디아서〉를 보면 된다. 바울은 사도직을 하느님에게 받았고 자신이 전하는 복음은 예수 그리스도가 직접 주신 것이란 말을 한다. 이것은 예수 제자들의 권위를 인정하지 않겠다는 선언이며 그 이면에는 사도들에 대한 멸시와 자신에 대한 강한 자긍심이 숨어있었다. 예수를 뵌 적이 없는 그였기에 사도들에 비하여 권위도 약하였고 영향력도 미약했으나 그는 사람이 아닌 하느님으로부터 직접 복음을 받았다는 주장으로 자신의 위치를 공고히 하려고 하였다. 그래서 십자가에 못 박히기까지의 사도들과 함께한 예수의 행적보다는 죽음과 부활에 의미를 두고 자신의 신학을 펼쳤다.

〈갈라디아서〉 1장 6~9절2)에서 자신이 전한 복음 이외에 다른 복음에 대해서는 노골적으로 저주의 말을 한다. 다른 복음이란 여러 사도들이 전하는 다양한 가르침들(영지주의 포함)이었다.

놀랍고도 당혹스러운 일은 바울이 이해한 예수와 예수 가르침이 가톨릭교회의 기본 교리를 형성하였다는 것이다. 이것은 인류사의 비극이었다. 물론 바울은 율법의 종교인 유대교로부터 기독교를 분리시켜 세계종교로 발전시킨 선구자이기는 하다.

바울 신학의 핵심은 그리스도 안에서 하나님이 사람을 심판하시고 구원하신다는 것이다. 그는 율법이 아닌 그리스도에 대한 믿음을 통해 하느님과의 관계가 회복된다고 했다. 그는 그리스도가 하나님과 더불어 존재했고 예수로 성육신했다고 하였다. 예수의 부활을 인류에 대한 하나님의 구원으로 인식했고 구원을 예수 그리스도 안에서 죄를 용서받는 것으로 이해했다.

기독교의 교리 거의 대부분이 바울의 저서에 근거한다. 바울을 실제적인 기독교 창설자로 보는 학자들도 있다. 예수 가르침이 바울의 사상으로 재구성되고 재포장되어 만들어졌다는 주장도 있다. 자신의 잣대(의식수준, 가치관 등)에 맞추어 예수를 평가하고 의미를 부여하여 지금의 교리 체계를 만들어내었을 가능성도 배제할 수 없다. 예수를 직접 만나지 못한 바울임을 고려하면 그가 얼마만큼 예수의 의도를 파악하고 그의 가르침을 이해하였을지 의문이다.

신약성경에는 4복음서에 나오는 예수의 12제자 글이나 행적이 묘연하다. 이들에 관한 글은 지금의 기독교가 배척한 교리를 담고 있는 외경에서 드러난다. 정경에서는 베드로를 제외하고 예수의 12제자들은 그다지 두각을 드러내지 않는다. 오히려 육체적 예수를 만난 적이 없는 바울이 주인공이다. 신약의 상당 부분을 차지하는 바울 서신들로 인해 최고의 사도는 바울처럼 비춰진다.

그런데 다른 사도들의 행적은 정경으로 채택이 거부된 외경에 나온다. 사실 초대교회에서는 지금의 정경과 외경을 구별하지 않은 채 각 지역 교회의 판단에 따라 이들을 자유롭게 사용하였다. 그러다가 내부 종파 다툼 때문에 교회에서는 공인된 경전 목록의 필요성을 느끼게 되어서 정경 목록을 확정하는 작업에 들어간다. 기독교 정경 목록은 393년 카르타고 주교회의에서 비로소 결정되었다.

로마 콘스탄티누스 황제의 기독교 공인(313년)과 니케아회의(325년)를 통하여 예수 교리가 하나로 일원화될 때까지 기독교는 수많은 종파로 나뉘어져 있었다. 지금 우리가 따르는 기독교는 여러 종파 중 살아남은 종파의 교리이고 패배한 종파 문서는 거의 파괴되었다. 파괴된 문서 상당수가 영지주의 작품이었다. 영지주의는 예수가 준비된 제자들에게 전한 비밀 가르침으로 믿음이 아닌 영지지식을 통한 구원을 주장했다. 1945년 이집트 나그함마디에서 사라졌던 영지주의 문헌이 대량으로 발견되었고 이것은 영지주의에 대한 연구를 활성화시키는 계기가 되었다.

실제로 4복음서에 기록된 예수의 가르침은 극히 적은 분량이고 그것도 일반 대중을 위한 수준 낮은 비유적 설명이 대부분이다. 예수 비밀 가르침인 영지주의에서는 구원은 율법 엄수나 믿음이 아니라 영지(앎)를 통해서 이루어진다고 주장했다. 그래서 영지주의가 기독교의 주류가 되었다면 지금 우리가 만나는 대속론이나 원죄론, 천국론 등은 존재할 수 없을 것이다.

기독교인들은 하느님이 자신의 죄를 용서해주는 것을 구원으로 생각한다. 이런 구원을 최고의 목표로 삼으니 자신의 내면은 변화되지 않은 상태에서 신을 기쁘게 하는 행위에만 몰두하게 된다. 열성적인 전도행위, 타종교인을 사탄 보듯 하는 배타성, 이성이 동반되지 않는 교리에 대한 맹목적 믿음, 교회나 목사에 대한 맹목적인 헌신 등이 그러한 예이다. 예수는 영지주의 가르침에서 구원은 신의 선택 행위가 아니라 우리 스스로 내면을 밝히는 행위라고 하였다.

흥미로운 사실은 종교를 믿으면 이성과 지혜가 밝아져야 하는데 오히려 주체적으로 생각하는 능력이 사라지기 시작한다는 점이다. 무조건 따르기만 하면 구원이 보장되기에 이성은 사라지고 사고는 단순하게 변한다. 하느님을 믿는 자신은 선이고 그 반대에 있는 사람은 악이 된다.

이런 기독교 속성 때문에 기독교 역사 2,000년을 통하여 수많은 전쟁과 파괴 그리고 학살이 있어왔다. 십자군 전쟁, 중세 마녀사냥, 종교전쟁 등은 그 대표적 예이다. 최근에는 유고슬라비아 연방이 붕괴되면서 기독교를 믿는 세르비아인에 의해서 오랫동안 같이 살아온 회교도에 대한 인종청소가 있었고 수십만 사람이 죽었다. 이런 호전적이고 배타적인 만행은 지금도 진행되고 있다. 국내 기독교 광신도에 의하여 저질러진 단군상 목 자르기, 불상 훼손 및 사찰방화는 기독교의 호전성과 배타성을 보여주는 좋은 예이다.

의식이 변하지 않으면 하느님과 예수에게 죄를 사해 달라고 아무리 기도하고 회개해도 아무런 소용이 없다. 동양종교와 많이 다른 기독교 구원관은 원죄설 때문이다. 인간을 죄인으로 보기 때문에 죄

사함이라는 구원이 존재하는 것이다. 원죄는 예수가 말한 것이 아니라 바울과 교부들이 주장한 이론일 뿐이다.

"원래의 예수 가르침으로 돌아가야 기독교가 살고 인류가 살 수 있다"라는 생각에서 이 책을 쓰게 되었다. 이 책은 예수 비밀 가르침인 영지주의가 무엇이고, 정통교회 가르침과 무엇이 다르며, 왜 박해받아서 사라졌는지를 보여주며, 영지주의와 카발라의 관계를 심도 있게 설명한다. 그리고 무엇보다도 대표적 영지주의 문헌인 〈야고보 비밀의 서〉, 〈빌립 복음서〉, 〈진리 복음서〉의 난해한 내용을 카발라 가르침으로 누구나 이해하기 쉽게 해석하였다는 점이다. 영지주의가 무엇인지 그리고 예수의 참 가르침이 무엇인지 생생하게 알 수가 있다.

모두가 예수가 전하는 영지 지식을 통하여 긴 잠에서 깨어나 신에게 돌아가길 바란다. 이것이 예수의 비밀 가르침인 영지주의가 한결같이 주장하는 내용이다.

우타 김태항

목 차

서문   5

1장 영지주의
1 영지주의 개관   17
2 영지주의 기원   21
3 영지주의란 무엇인가   29

2장 영지주의와 카발라
1 카발라의 기본 개념 이해하기   47
2 성경 속의 신의 이름   63
3 카발라와 예수   66
4 신비의 인물 멜기세덱   67
5 예수와 에세네파   69
6 예수의 비밀가르침, 영지주의   75
7 예수와 카발라 상징   78
8 영지 창조신화   82
9 카발라 우주 창조론   88
10 근원적 존재에 대한 영지주의와 카발라 시각   92

3장 영지주의 복음서의 카발라적 해석
1 나그함마디 문서   97
2 야고보 비밀의 서(야고보 비서)   105

3 빌립 복음서   156
4 진리 복음서   294

참고 문헌   347
부록: 도마복음   354
주석   377

1장 영지주의

1 영지주의 개관

아직도 기독교 교리의 중심이 되는 신약성서가 예수님 가르침의 전부라고 생각하거나 성경이 순수한 형태로 왜곡 없이 전해져 왔다고 믿는 사람들이 많다. 성경에 실려 있는 여러 복음서를 정경으로 정한 것은 예수가 아니라 교회 교부들이었다. 구전으로 전승되던 수많은 복음서 중에서 지금 복음서가 정경으로 채택되었고 영지주의 복음서는 이단으로 간주되어서 사라졌다. 왜 현재의 복음서만이 정통으로 인정되었느냐는 그 당시 시대적 배경을 살펴보아야 한다.

예수 사후에 예수 가르침을 두고 정통 그리스도교와 영지주의 간의 논쟁이 있었다. 2세기에 활발하였던 영지주의 활동은 정통 그리스도교 교부들의 박해 속에서 점차 세력이 약해졌으나 그래도 4세기까지는 어느 정도 존속하였다. 2~4세기경에 유럽과 중동에는 많은 기독교 종파가 있었고 그리스도에 관한 수많은 가르침이 존재하였다. 로마 가톨릭은 그중에서 가장 큰 그룹이었다.

로마교회의 기독교 국가공인(313년)과 니케아 종교회의(325년) 후에 콘스탄티누스 황제는 로마교회와 일치하지 않은 그룹이나 단체를 여러 가지 방법으로 없애려 하였다. 작품과 문서를 압수하였는데 그중에는 영지주의 작품이 많았다. 이런 연유로 소수의 작품만 살아남았다. 영지주의 단체는 박해를 피하여 비밀리에 활동하면서 그들 가르침을 보존하였다. 로마황제에 의하여 기독교가 공인되기 전까지는 영지주의 복음서는 지금 우리가 알고 있는 여러 복음서와 함께 예수의 가르침을 전하는 경전이었다.

영지주의 단체는 자신들의 가르침을 예수가 준비된 제자들에게 비밀리 전해준 가르침이라고 주장하였으며, 그들은 가르침을 일상어가 아닌 상징으로 보존하였다. 왜냐하면 일상용어로 보존한다면 세월이 흐름에 따라 언어의 의미는 변하고 후대 사람들이 그 의미를 알 수 없을 것이기 때문이었다.

교회 교부나 로마 황제는 일반 대중의 통제를 위해서 대중의 이성을 자극하는 가르침 대신 감정적, 맹목적 신앙이 필요하였다. 그래서 그들의 정치적 목적이나 지배에 가장 적합한 내용을 지닌 복음서는 살리고 신비주의적이고 이성을 강조하는 복음서는 이단이라는 이름으로 파괴하였다. 결국 수많은 영지주의 복음서가 파괴되어 사라져갔다.

영지주의 복음서에는 윤회도 나오고 동양의 사상과 일치하는 내용이 많다. 윤회는 영지주의 가르침과 초기 기독교도의 핵심 이론이었다. 영지주의는 맹목적인 믿음이 아니라 이성을 동반한 지식(영지)을 통한 신과의 합일을 주장했다. 무덤과 같은 육체에서 해방되어 자유로운 혼이 되어 신에게 돌아가는 것이 구원이었다. 신에게 돌아가는 방법으로 그들이 내세운 것이 영지 즉 지식이었다. 영지주의자들은 인간의 자아(自我)와 하느님의 신성(神性)은 동일하다고 믿었다. 영지주의 복음서에서 예수는 죄와 회개를 말하지 않고 영지(지식)를 통한 깨달음에 대해서 말한다.

일부 영지주의자들은 구약성서에 나오는 창조주와 예수가 말한 아버지 하느님을 구별하여, 전자를 데미우르고스라는 열등한 신이라고 주장하였으며 이 우주가 그에 의하여 창조되었기 때문에 불완전하다고 주장하였다. 그들은 대체적으로 반유대적 경향이 강하였다.

정치적 집단이었던 로마교회와 이 세계의 유일한 대변자로 추앙 받았던 로마황제는 이런 가르침으로 자신들의 권위가 도전받게 되자 영지주의를 박해한 것이다.

박해 속에서도 영지주의 문학작품으로 살아남은 것으로는 진주성가, 도마 이야기, 요한 행장, 아스큐 사본, 헤르메스 작품 등이 있다. 박해 속에서도 살아남은 영지주의 유산은 근대 문학이나 철학에 영향을 미쳤는데 영국의 신비주의 작가 윌리엄 블레이크, 파우스트의 괴테, 멕빌, 실존주의 철학, 그리고 심리학자 칼 융에게까지 영향을 미쳤다.

그러나 사라져버린 줄로만 알았던 영지주의 복음서가 1945년 이집트의 나그함마디라는 시골 마을에서 발견되어 세상에 모습을 드러내었고 영지주의 복음서에 대한 연구가 급진전되었다.

나그함마디 장서 중에 도마복음서는 가장 많은 관심을 받고 있다. 이 책은 "이것은 살아있는 예수가 말씀하신 비밀의 말씀이며 나 도마가 받아썼다."로 시작되고, 1장 2절에는 "이 말씀의 해석을 발견하는 자는 죽음을 경험하지 않을 것이다."라는 말도 나온다. 기존 성경과는 아주 다른, 말 그대로 영지주의 내용을 담고 있다. 중요 내용을 보면 "자신을 알게 될 때 알려질 것이며 살아 있는 아버지의 아들이 바로 그대임을 알리라. 그러나 자신을 모른다면 그대는 빈곤 속에 거하고 그대는 바로 그 빈궁함이 되리라." "만약 그대가 내면에서 지혜를 가져온다면 가져온 그것이 그대를 구원할 것이다. 만약 그대가 내면에서 가져오지 못한다면 가져오지 않은 것이 그대를 파괴할 것이다."3)

이처럼 맹목적인 믿음이 아닌 해석, 이해, 탐구, 자아인식, 지배력 획득과 같은 내용이 구원을 위한 영지주의 방식임을 보여주는 내용들이다. 기독교에서 그렇게 내세우는 믿음에 대한 것은 찾을 수가 없다.

카발라가 유대 신비 가르침이라면 영지주의는 기독교 신비 가르침이다. 이것은 예수가 준비된 제자들에게만 전해준 가르침이다. 영지주의에 대한 이해 없이는 예수를 바로 알 수 없고 성경을 바르게 해석할 수가 없다.

2 영지주의 기원

영지주의가 기독교의 이단이었는지에 대해서 그리고 기독교 이전에 이미 영지주의가 존재하였였는지에 대해서는 학자들 간에 의견이 많다. 확실한 것은 1세기~4세기의 기독교 시대에 영지주의는 번성하였고 많은 작품들이 나타났다는 사실이다.

영지주의를 정통교회 체계에 대한 위협으로 간주하였던 교회 교부(敎父)들은 영지주의가 그리스 특히 플라톤 학파와 철학에서 파생된 것으로 몰아세우고는 영지주의를 맹비난하였다.

사실 초기기독교 시대에는 지금과 같은 체계화된 거대 교회도 없었고, 정통기독교도 없었다. 기독교는 처음부터 여러 분파가 분리되어 존재했었다. 초기 기독교에는 다양한 종류의 신앙과 해석이 존재했고 그중에 다양한 종류의 그노시스 단체도 있었다.[4]

리옹의 주교였던 이레네우스(추정 130~208)는 자신의 저서 〈반이단서〉에서 영지주의자들이 성서를 잘못 해석하였음을 지적하면서, 그들의 신화적 해석이 그릇된 성서 해석의 주요한 요인이라고 주장하였다. 로마 사제였던 히폴리투스(추정 170~235)는 〈모든 이단자에 대한 논박서〉에서 그들이 그리스 지혜에 의존한다면서, 영지주의자들의 작품에 나타나는 중심 내용은 그리스 철학, 신비종교 그리고 점성학에서 영향을 받았다고 주장했다. 그는 영지주의에 대한 그리스 철학의 영향을 강하게 주장하지만 그리스도교 영향에 대해서는 아무 언급이 없다. 그는 영지주의자들을 이교도나 무신론자로 단정지어버린다. 테르툴리아누스(추정 160년~220)는 〈이단자들에 관한 처방〉에서 대표적 영지주의 학파인 발렌티누스 학파 사람들을 그리스 철학에서 영양을 섭취한 이단들이라고 단정하고 그들의 이론이 일관성 없음을 증명하려고 했다.5)

이런 비난은 불교를 우상숭배 한다고 신랄하게 비판하고 사탄시 하는 오늘날 기독교인들과 많이 닮아 보인다. 신과 성경에 대한 믿음이 강한 기독교인들에게는 불상에 절하는 불교신자들의 모습이 우상숭배로 보일 수도 있을 것이다. 그런데 타종교를 비판하려면 타종교의 교리와 경전을 읽고 어느 정도 그것을 이해한 다음에 하는 것이 올바른 태도이고 합당할 것이다. 그런데 비판하는 사람들을 보면 목사로부터 전해들은 짧은 지식이나 백과사전 정도의 빈약한 정보에 의존하여 거의 맹목적으로 비판한다는 것이다. 그러니 올바른 비판이 될 수 없어서 편파적이고 편협한 비판이 된다.

이런 일이 2~4세기에 정통 교회와 영지주의 사이에서도 일어났다. 초기교회 교부들은 자신들의 교리에 대한 믿음과 자신들의 이익을 대변하는 교회체계를 유지하기 위하여 영지주의를 신랄하게 비판하였다. 예수 대속론이라는 도그마에 매여 있었던 교부들은 영지를 통한 구원을 내세우는 영지주의자들을 용납할 수 없었다. 그들은 영지주의에 대한 깊은 이해 없이 자신들의 잣대로 영지주의를 재단하고 이단시하면서 온갖 험담과 비판을 가하였다.

영지주의 근원에 대한 이런 정통교회의 주장에 대하여 성경학자들은 여러 다른 이유를 제시하였다. 신약성경 전문가 빌헬름 부제트는 고대 바빌로니아 및 페르시아 문화에서 영지주의의 뿌리를 찾을 수 있다고 주장했다. 철학자 리하르트 라이첸슈타인도 영지주의가 고대 이란의 종교에서 유래했고, 조로아스터교의 영향을 받았다고 주장했다. 프리드랜더 교수를 비롯한 여러 학자들은 영지주의가 유대교에서 비롯되었으며, 1~2세기 유대랍비들이 신랄하게 공격했던 이단자들은 바로 유대 영지주의자들이었다고 주장했다. 저명한 종교 역사학자인 퀴스펠은 영지주의가 종교적 신화에 투영된, 보편적인 "자아의 경험"에서 시작되었다고 말했다. 영국학자 E. R. 도즈는 영지주의 문헌 내용이 신비주의적 경험을 토대로 하고 있다고 주장했다. 유대 신비주의 대가인 게르솜 숄렘은 영지주의가 신비주의적 고찰 및 관습과 깊은 연관이 있다는 도즈의 견해에 공감했다. 그는 영지주의가 발전하던 시기에 공존했던 랍비 집단 내 비교(秘敎) 경향에 대해 연구하면서 이것을 유대 영지주의라고 칭했다.6)

성서학자 바트 어만(Bart D. Ehrman, 1955년~)은 1~2세기 중기 플라톤 학파의 사상과 유대교의 전통적인 견해를 변형한 것에다 구세주인 동시에 진리의 구원자로 보는 기독교의 그리스도론에 영향을 받은 것이 영지주의로 보인다고 했다.7)

영지주의가 반유대적이었던 이유를 들어서 기독교 발생시점에서 예수와 제자들에게 영향을 준 유대교의 여러 형태들에 대한 일종의 반대운동으로서 영지주의 기원을 찾기도 한다. 즉 유대교 외부가 아니라 내부에서 찾는 것이다.8)

영지주의 학자이면서 사제인 스티븐 횔러(Stephan A. Hoeller, 1931~)는 영지주의는 초대교회 시대 같은 장소 – 팔레스타인, 시리아, 사마리아. 아나톨리아, 그리고 나중에 프톨레마이오스 왕가의 이집트 – 에서 기독교와 줄곧 깊은 관련을 맺으면 발전했다며, 사해문서가 판독되면서 영지주의 전통이 부분적으로 에세네파에까지 거슬러 올라간다는 사실이 분명해졌다고 하였다.9)

종교학자인 스튜어트 홀로이드(Stuart Holroyd, 1933~)는 이런 의견을 내세운다.

2세기는 동지중해 지역에서 특히 영적으로 철학적으로 번성한 때이다. 수세기 동안 전해 내려오던 많은 아이디어와 신화가 천재적인 재능을 가진 사상가와 종교가들에 의하여 합체되어 받아들여졌다. 이란, 이집트, 그리스, 바빌로니아, 유대 문명은 이런 아이디어의 원천이었고 영지주의 작가들은 이러한 다양한 요소들을 결합하여 작품을 썼다. 영지주의에 대한 근원을 따라 올라가면, 다른 체계의 구성요소로부터 변형되어 만들어진 체계, 즉 혼합된 종교철학이 아닌가 하는 문제가 제기된다. 그러나 영지주의가 다양한 전통과 생각을 단지 지적 흥미로 합체하여 왔다면 영지주의의 매력은 일시적 현상이었을 것이나 그렇지는 않다. 그들은 고대로부터 전해 내려온 영적인 철학의 통합자이며 전달자이다. 구성하는 요소들이 아무리 다양하다 할지라도 조잡스럽게 합체된 것이 아니라, 정교하고 신중하게 융화되었으며 그들 각각의 전통은 이 과정에서 파괴된 것이 아니라 오히려 이 과정을 통하여 더 발전되었다. 이러한 전통이나 사상 그리고 종파는 서로 영향을 미쳤으며 간혹 모순되어 충돌하기도 하고 융화되기도 하였다. 인간은 지적이었고 영적인 갈망은 엄청났으며 이에 맞게 많은 것이 주어졌다. 이러한 맥락에서 우리는 영지주의의 출현과 발전을 보아야 한다.10)

나그함마디 문헌을 세밀히 연구한 사람들 중에는 발렌티누스파, 마르키온파, 셋파, 시몬파, 바실리데스파, 나아센파, 카포크라테라 등은 공동체의 특성과 삶의 양식에서뿐만 아니라 신화적 입장까지 달랐으며 그들이 공유한 종교운동 이른바 영지주의 혹은 영지교란 존재하지 않았다고 주장하기도 한다. 그들은 유대 그리스도교나 정통 그리스도교와는 다른 사상을 통칭해서 영지주의라 부르지만 영지주의는 독자적인 이단 종교, 하나의 구체적인 종교로 인식해서는 안 되고 헬레니즘 세계의 종교 다원주의 환경에서 탄생하여 2~5세기 걸쳐 번성한 수많은 종교적 또는 준철학적 운동들을 아우르는 개념으로 받아들여야 한다고 했다.11)

영지주의 기원을 예루살렘 성전이 무너지고 그리스도 재림은 묘연하고 이런 절망적 상태에서 영지주의가 발현했다는 주장도 있다.12) 영지주의 전통이 부분적으로 에세네파에까지 거슬러 올라간다는 주장도 있다.13) 게르솜 숄렘 같은 학자들은 카발리스트들을 유대교 영지주의자라고 한다.14)

원래의 그리스도교는 모든 입문자가 신비한 삶, 곧 그노시스를 개인적으로 체험케 하는 영적 종교인데, 문자주의자들이 맹목적 믿음을 요구하는 종교로 만들어버렸다며, 문자주의자들은 세속적 그리스도교(공개적 미스테리아)를 가르쳤고 영지주의자들은 영적 그리스도교였고 소수의 선택된 사람들에게 그리스도교의 은밀한 미스테리아를 가르쳤다고 주장하는 학자도 있다.15) 알렉산드리아 교부 클레멘스는 참된 영지의 비밀 전통은 문자가 아니라 구전으로 스승으로부터 소수의 제자들에게 전해졌다고 말했다.16)

이처럼 오늘날 학자들은 "영지주의"란 표현이 다양한 전통에서 그 뿌리를 찾을 수 있는 광범위한 종교 운동이었다고 주장한다. 영지주의 가르침을 여러 영지복음서(도마복음, 야고보 비밀가르침 등)에서 언급되는 예수의 비밀가르침으로 보는 학자는 거의 없다. 그러나 오랫동안 비밀리 구전되어 내려온 고대지혜의 가르침을 전하는 20세기 위대한 신비가인 도리얼 박사는 영지가르침은 예수의 비밀가르침이었으며 예수가 준비된 소수의 제자들에게 영지를 전했고

부활 후에도 상당 기간 제자들에게 영지를 가르쳤다고 한다.[17]

예수가 준비된 제자들에게 전한 영지가르침은 교부들의 글이나 나그함마디 문서를 통하여 간접적으로 우리에게 알려지고 있다. 그러나 이런 영지주의 신화나 교리가 예수가 전한 가르침과 얼마나 일치하는지는 확인할 수가 없다. 다만 근본 틀은 유지되지만 그것을 설명하는 방식에 있어서는 새로운 아이디어가 더해지고 정통 교리에 대한 반발심이 반영되어 상당히 달라졌으리라 생각한다. 특히 영지주의 창조신화는 구약의 유일신에 대한 반발심이 반영되어 있다.

구약은 카발라의 이해 없이는 바르게 해석이 되지 않는다. 구약은 4가지 차원의 해석법이 있다[18]. 사실 예수는 카발라의 대가였다.[19] 카발라에서 보는 구약의 신은 영지주의 신화에서처럼 불완전한 신이 절대 아니다. 우리는 영지신화가 생겨난 시대적 상황을 고려하여 이것을 상징으로 그리고 경우에 따라서는 방편으로 받아들여야 할 것이다.

인간을 깨달음으로 인도하는 영지 가르침은 예수만이 가르친 것이 아니라 기독교가 생겨나기 전에 여러 신비단체와 학파에서도 가르쳤던 내용이었다. 플라톤, 아리스토텔레스, 피타고라스 등과 같은 철학자들의 가르침도 있었고 카발라와 같은 외부로 드러나지 않은 가르침도 있었다.

1세기에 예수가 전한 비밀가르침은 기독교 영지주의로 불리고 이것은 영지를 전하는 다른 여러 신비 단체의 가르침과 크게 다르지 않다. 진리는 하나이기 때문에 본질적으로 다를 수가 없기 때문이다. 1~4세기 동안 여러 신비학교 출신 사람들이 많은 책을 썼으며 그중에 기독교 신비주의에 관한 책은 예수가 일반대중이 아닌 제자들에게 전해준 영지가르침에 관한 것이었다. 기독교 영지주의

교사들은 기독교 영지를 다루는 신비학교(Mystery School)를 만들었고 이들 가르침은 예수 활동시기와 4세기 말까지 번성하였다.

앞에서 언급했지만 기독교 영지주의는 예수의 비밀가르침이지만 영지 사상은 예수만이 아니라 수많은 성자들에 의하여 설해져왔다. 그래서 광의의 차원에서 보자면 고대 지혜가르침, 헤르메스 철학, 카발라, 불교, 이슬람 수피, 신지학, 힌두교 등도 영지가르침의 범주에 속한다고 볼 수 있다.

예수 활동 시기에 이미 영지를 전하는 여러 신비학교가 중동, 소아시아, 이집트 등지에 존재했었고 이들은 우주적 차원에서 적극적으로 예수의 활동을 지원하였다. 예를 들면 3인의 동방박사는 신비학교 수장들이었고 예수의 어린 시절을 책임진 에세네파는 예수 사역을 준비하기 위하여 존재한 신비학교 중 하나였다. 성경에는 예수의 12세 이후의 행적이 없다. 비의 전승에 따르면 예수가 30세에 대중에게 나타날 때까지는 이집트와 티베트 그리고 인도의 비밀 학교에서 가르침을 받은 것으로 나온다.[20]

비밀 전승에 따르면 영지주의자들은 에세네파처럼 유대인 사이에서 자신들만의 커뮤니티를 형성하여 공동체 생활을 하였으며 신과 우주와 인간에 대해서 공부하였다. 그들은 신비학교의 비의 가르침을 깊게 탐구하였고 지식과 생각을 서로 자유롭게 교환하였다.[21]

정경은 수준 낮은 일반 대중을 위하여 설해진 도덕적 규범이 주를 이루고 있다. 그러나 이런 수준의 가르침 말고도 예수의 가르침이 상당히 많았다는 구절을 성경에서 찾을 수 있다.

예수의 비밀 가르침에는 신, 우주, 인간, 우주법칙 등을 포함하는 광대한 영지 지식이 포함되어있다. 예수의 이런 핵심 가르침은 성경에 나오지 않으며 예수는 이런 가르침을 준비된 제자들에게만 전하였다. 이것은 영지라고 하는 비밀가르침이었다. 예수가 제자들에게 전수한 가르침은 이러하다.

예수께서는 이 밖에도 여러 가지 일을 하셨다. 그 하신 일들을 낱낱이 다 기록하자면 기록된 책은 이 세상을 가득히 채우고도 남을 것이라고 생각된다. (요한 21:25)

나는 분명히 말한다. 많은 예언자들과 의인들이 너희가 지금 보는 것을 보려고 했으나 보지 못하였고 너희가 지금 듣는 것을 들으려고 했으나 듣지 못하였다.(마태 13:17)

제자들이 예수께 가까이 와서 "저 사람들에게는 왜 비유로 말씀하십니까?" 하고 묻자, 예수께서 이렇게 대답하셨다. "너희는 하늘나라의 신비를 알 수 있는 특권을 받았지만 다른 사람들은 받지 못하였다. 가진 사람은 더 받아 넉넉하게 되겠지만 못 가진 사람은 그 가진 것마저 빼앗길 것이다. 내가 그들에게 비유로 말하는 이유는 그들이 보아도 보지 못하고 들어도 듣지 못하고 깨닫지도 못하기 때문이다."(마태 13:10~13)

예수께서는 이렇게 대답하셨다. "너희에게는 하느님 나라의 신비를 알게 해주었지만 다른 사람들에게는 모든 것을 비유로 들려준다."(마가 4:11)

3 영지주의란 무엇인가

(1) 영지에 대한 정의

　구원과 관련하여 영지주의에서 언급하는 영지는 정통기독교의 믿음에 의한 구원 개념과는 아주 다르다. 어떻게 구원을 놓고 이처럼 상반된 주장이 존재하는지 신기할 뿐이다. 이것을 산 정상에 오르는 사람에 비유하자면, 한 사람은 신에 대한 믿음이 있으면 산에 오를 수 있다고 하고, 다른 한 사람은 산에 오르는데 필요한 지식이 있어야 한다고 주장하는 모습이다. 그러면 영지는 무엇인가?

　구원이나 깨달음은 자신에 대한 앎과 관련이 되고 우리가 신비지식을 통하여 깨달음을 얻거나 근원으로 복귀를 할 수 있다는 생각은 고대 종교의 기본 바탕이었다. 영지주의의 영지는 그리스어 "그노시스(gnosis)"에서 유래했으며, 보통은 "지식"으로 번역된다. 그리스어에서는 이론적인 지식과 경험을 통해 직접 얻은 지식을 구별한다. 경험을 통해 직접 얻은 지식이 그노시스요, 이 그노시스를 얻거나 열망하는 사람이 영지주의자이다.[22]

　일레인 페이절스는 〈숨겨진 복음서 영지주의〉에서 영지주의자들이 사용한 그노시스란 단어가 "자신에 대한 앎(self knowledge)"은 물론이고 궁극적, 신적 실재들에 대한 지식까지도 아우르는 직관의 과정을 담고 있다는 점에서 그노시스를 통찰(insight)로 번역해야 한다고 하였다. 2세기 영지주의자인 발렌티누스 제자인 테오도토스는 영지주의자의 행로에 대하여 이렇게 묘사했다. "자신을 알고 자신의 고유한 근원들을 찾으려는데 쏟는 관심이 모든 영지주의자적 사색의 동기이다."23)

〈잃어버린 기독교의 비밀〉 저자인 바트 어만은 영지는 영원한 현상에 대한 지식과 그 현상을 다루는 방법에 관한 지식이고 우리 자신에 관한 지식이라고 하였다.24) 〈예수는 신화다〉의 저자인 피터 갠디는 영지는 직접 경험에 의거한 신에 대한 앎으로 정의하면서 영지주의자들은 하나의 그리스도가 되는 것이 목적이었다고 했다.25) 카발라 학자인 찰스 폰스는 "모든 종파에는 공통적인 것이 있는데 즉 자아를 앎으로써 내부의 영적 인간을 회복시킬 수 있다는 관념이다. 인간 본성에 대한 신성한 계시를 통하여 영지주의자들은 인간의 실락 원인과 그 회복방법 그리고 탄생과 윤회의 본질을 깨달았다."라고 한다.26)

올더스 헉슬리는 〈영원한 철학, 1947〉에서 그노시스란 사실상 역사의 새벽에 모습을 드러내 엘리트를 위해 보존된 신비로서, 공식 교리들의 표면적인 불일치에도 불구하고 다양한 종교 전통들을 통해 전해져 왔다고 주장한다.27) 이 말은 앞 구절 "영지주의 기원"에서 언급했듯이 영지가 특정한 시기의 특정 단체의 가르침이 아니라 모든 고급 종교를 통하여 흐르는 공통된 가르침이라는 뜻이다. 그래서 스티븐 휠러는 모든 영지주의 사상에 공통되는 것을 이렇게 나열했다.

(a)근원적이고 초월적인 하나의 영적 존재와 거기에서 발출된 영혼, (b)물질과 마음의 힘에 의해 자기 인식이 무감각해져서 잠들어 있는 신성한 불꽃, (c)믿음이나 계명에 대한 순종이 아니라 그노시스라는 구원의 지식을 통한 이 신성한 본질에 대한 자각.28)

비밀 전승에 따르면 영지주의는 예수의 비밀 가르침이고 그것은 카발라의 일부였다. 유대신비가르침인 카발라를 유대영지주의로 부르는 사람이 있을 정도로 그 기본 틀(근원자인 신, 신에서 신성한 영혼의 분리, 윤회, 신에게 복귀를 위한 지식, 신과 합일)은 비슷하다. 이것은 카발라만이 아니라 깨달음을 추구하는 대부분의 동양종교(불교, 힌두교 등)에서도 마찬가지이다. 붓다는 우리가 무지로 인하여 고통 속에 살아가고 그 고통에서 벗어나는 8가지 길(8정도)을 제시하였다. 이것은 예수가 전한 영지와 다를 것이 없다. 영지는 인간을 무지에서 해방시켜서 원래의 모습을 찾게 하는 참 가르침이며 인류 모두에게 소중한 보물이다.

(2) 영지주의 교리

   영지주의 문헌 상당수는 이해하기가 쉽지 않다. 다양한 상징과 이미지 그리고 낯선 개념을 담고 있어서 심지어 전문가들도 해석에 어려움이 크다. 이것은 어떤 종교 문헌에서도 사용된 적이 없는 낯선 내용과 상징 때문이다. 그러나 카발라 교리와 고대지혜가르침을 이해하게 되면 난해한 구문이 쉽게 해석이 되기도 한다. 그러나 학자들은 영지주의의 카발라 기원에 대하여 생각조차 못하고 오히려 영지주의가 카발라에 영향을 주었다고까지 주장한다. 이 책 제목에서 알 수 있듯이 이 책이 강조하는 것은 영지주의 문헌의 카발라적 해석이다.

   영지주의 기본 교리는 영지신화를 다루는 영지문헌과 예수의 영지 어록을 담고 있는 여러 복음서에서 찾을 수 있다. 영지주의 문서가 발견되기 이전에는 영지주의를 극렬하게 반대했던 정통교회

주교들의 글에서 영지주의에 대한 정보를 얻을 수 있었다. 서기 180년경 리옹의 주교인 이레네우스의 저서와 200년경 카르타고의 교부 테르툴리아누스의 이단 공격용 수많은 저서, 동시대 로마 교부인 히폴리투스의 저서 등이 그러했다.

그러다가 18~19세기에 이들 반대자들이 주장한 것과는 상이한 내용을 담고 있는 영지주의 문헌들이 발견되었다. 그러나 여전히 학자들은 이들 문헌 내용보다는 교부들의 내용을 신뢰하였다. 그러나 1945년 나그함마디 문서 발견 후에 많은 것이 변했다. 나그함마디 문서는 신, 영계, 물질세계, 인간, 그리스도 등의 주제를 굉장히 다양한 시각으로 해석하고 있다. 이런 관점들을 영지주의라는 하나의 단일체계로 통합하기란 불가능한 일이다. 그럼에도 불구하고 상당수 텍스트들에서 발견되는 기본적인 구조는 비슷하다.

영지주의자들은 그리스도교 안에서 성장하였기 때문에 자신들을 그리스도인으로 또는 자신들만이 참다운 그리스도인이라고 생각하였다. 그들끼리는 영지주의자라고 하지 않았다. 다만 교부들이 부른 이름이다. 이들은 섬세한 신학자들이고 탁월한 성서 주해자들이었으므로 이들에게 대적하기는 쉬운 일이 아니었다. 그래서 이들을 이단으로 내몰고 이들 주장을 비그리스도교 사상으로 규정하는 것이 교부들에게는 편했을 것이다.29)

신약학자 N. T. 라이트는 영지주의자들은 네 가지 생각을 공동적으로 내세웠다고 한다. (a)세상은 악하다. (b)세상의 악은 창조주가 만들어 낸 산물이다. (c)구원은 악한 세상에서 구출을 받는 것이다. (d)비밀 지식(헬라어로 그노시스)이 있어야 구출을 받을 수 있다.30)

영지주의 현자 레기노스(Rheginos)의 익명의 스승은 "보통 인간으로 산다는 것은 영적으로 죽은 것이다. 죽음으로부터 부활해야 한

다."라고 했다.31)

영지주의자들에게 예수는 죄를 대신하여 죽은 구원자가 아니라 우리 각자 안에 있는 신성에 대한 진리를 드러낼 수 있도록 그 비밀을 알려주는 지혜의 전달자이다.32) 영지주의의 공통되는 주요 내용은 이렇다.33)

(a) 세상은 영혼이 갇혀있는 일종의 감옥이며 우리가 영지 가르침을 통하여 내면의 신성 불꽃을 자각하게 되면 신에게 되돌아갈 수 있다.

(b) 성서는 세상의 악은 하나님의 훌륭한 창조를 타락시킨 인간의 죄에서 비롯했다고 주장하지만 대부분의 영지주의 저자들은 악은 물질세계 그 자체의 문제로 보았다. 악을 인간의 잘못이 아니라 사악하고 무지한 창조자에게 책임을 돌린다.

(c) 반유대적 정서가 있다. 그리스도는 궁극적인 구원자요, 흠 있는 세상을 창조한 자는 구약의 하느님이다.

(d) 인간은 육체, 영혼, 영으로 되어있다. 영혼이 영과 하나가 되지 못하면 그 영혼은 계속 윤회한다.

(e) 영혼이 영지를 통하여 깨어나 영과 천상적 혼인을 하게 되면 잃었던 상태를 회복한다.

(f) 사람들은 내면에 깃들어 있는 신성 불꽃을 알아차리지 못하고 살아간다. 이런 잠에서 깨어나는 것은 인간의 내적 열망과 천상의 도움이 하나로 결합된 결과이다.

(g) 대부분의 기독교 영지주의자들은 예수를 최고의 구원자로 여겼다. 그노시스의 계시는 그 시대의 구세주로 인정받는 예수에 의해 전해졌다.

(h) 영지주의자들에게 부활은 내적 깨달음을 상징하는 말이다. 부활은 진실로 존재하는 것의 드러남이었다. 부활이란 이 순간 실재하는 것을 깨닫는 것이었다. 즉 인식의 변화였다.

(3) 정통교리와 차이점

영지주의를 반대한 교부들의 저서는 영지주의자들에 대한 악의와 중상모략으로 차있다. 학자들은 이들이 제공하는 영지주의에 대한 정보는 어느 정도 신뢰할만하나 영지주의자들의 도덕관념에 대한 교부들의 증언은 그 신뢰성이 상당히 의심스럽다고 생각한다.34)

그러면 교부들은 왜 영지주의자들을 그렇게 반대하였을까? 영지주의 사상은 교회조직이나 교부가 아니라 각자의 내면에 있는 신성과 직접 관계를 맺게 하는 것이어서, 독점적인 지위에서 교회를 책임지던 교부들에게는 이런 사상이 매우 위협적으로 보였을 것이다. 교회체계가 영지주의자에 의해 부정되자 교부들은 두려움에 휩싸였고 이것이 탄압의 이유 중 하나가 되었다.35)

정통 교회가 영지주의를 탄압한 것은 영지주의 교리에 있었다. 영지주의는 정통 교회와는 다음과 같은 차이가 있다.36)

① 정통파는 신과 인간 사이에는 넘을 수 없는 간극이 있다고 하는 반면, 영지주의는 자아에 대한 지식이 곧 신에 대한 지식이라고 설명한다.

② 정통파는 예수 가르침의 핵심을 죄와 그 회개 및 구원으로 보는데, 영지주의는 예수는 영적 지식에의 접근을 도와주는 스승이며, 사람은 죄가 아니라 무지로 고통 받는다고 한다.

③ 정통파는 예수를 하느님의 아들이라고 하지만 영지주의자는 영

지를 얻은 자는 예수와 쌍둥이가 된다고 주장한다.

④ 정통파는 여자들의 외부활동을 금했다. 그러나 영지주의에서는 여자도 남자와 동등하게 교회에서의 활동이 인정되었고 장려되기까지 했다.

⑤ 정통파는 예수가 인간으로서 고난 받고 십자가에서 죽었다는 생각하기 때문에 예수의 육체적 고통에 초점을 맞춘다. 하나님에게 다가가기 위해서는 주교가 관장하는 교회를 거쳐야만 한다. 이에 반하는 행동은 교회의 조직체계에 대한 도전으로 간주하였다. 반면 영지주의는 예수는 신성의 모습을 지녔기 때문에 고통과 고난을 받았지만 그 고통은 보통 사람들의 것과는 차원이 다르다고 생각하였다. 부활의 의미를 깨달음의 순간으로 보았다. 따라서 깨달음만 있으면 누구든지 권위와 권능을 가진다고 보았다. 누구나 어느 곳에서나 영적 성숙을 통해 하나님에게 다가갈 수 있었다.

⑥ 로마당국의 기독교 탄압에 맞서 정통파들은 당당히 순교의 길을 택했다. 그들은 순교를 통하여 구원받는다고 확신했다. 영지주의자들은 순교를 거부하지는 않았으나 중요하게 생각하지 않았다. 예수가 아닌 보통 사람들의 순교는 의미 없는 죽음이라고 했다.

⑦ 정통교회에서는 하늘에 오직 하나의 하느님이 있듯이 교회에도 오직 하나의 주교만이 있을 수 있다고 했다. 그래서 교회공동체에 대하여 배타적 권능을 행사하려 했다. 영지주의 집단은 집회에서 매번 제비뽑기로 역할을 정하였다. 평등의 원칙으로 집회를 열었다. 정통파 교회의 주교의 권능은 무시되었다.

⑧ 정통교회에서는 신경 고백, 세례, 예배참여, 성직자에 대한 복종이 기독교인의 기준이 되었으나 영지주의는 세례가 기독교인을 만

들지 않으며 진정한 교회는 영적으로 성숙한 사람들의 교회라고 생각했다.

⑨ 정통교회에서는 악의 기원을 인간의 죄로 돌린다. 영지주의는 고통이 세상에 있는 악의 실존적인 드러남이라고 보는 불교의 관점에 동의한다. 영지주의자들은 세상의 불안전한 상태가 원죄의 결과가 아니라 본질적인 결함으로 본다.37)

(4) 천계 여행, 영혼의 상승과 카발라

영지주의 문헌에서 학자들의 흥미를 끄는 것이 영혼의 천계 여행이다. 주로 10개의 하늘 여행에 대한 것으로 10번째 하늘이 가장 높은 영역이다. 영혼은 하늘 여행 전에 구세주가 전한 지식을 터득해야 하는 것으로 되어있다. 여행의 목적은 살아서든 죽어서든 신과 합일을 이루는 것이다. 이것은 4복음서에는 없는 내용으로 〈에녹의 서〉 같은 외경이나 〈헤칼로트〉 같은 카발라 문헌에서 이와 유사한 내용을 찾을 수 있다. 천계여행은 영지주의와 카발라의 깊은 관련성을 엿볼 수 있는 중요한 주제이다.

영지주의 문헌인 〈야고보 첫째 묵시록〉에 보면 영혼이 하늘 여행 중에 천궁을 지키는 파수꾼을 만나면 해야 하는 말이 나온다.

파수꾼이 "너는 누구냐? 어디에서 왔느냐?" 물으면 "나는 처음부터 존재하는 아버지에게서 나온 아들이다."라고 대답하라. "어디로 가느냐?"라고 물으면 "나는 내가 나온 그곳으로 돌아간다."고 대답하라.

이와 유사한 구절이 대표적 영지문헌인 도마복음(50절)에서도 보인다. 이 구절은 전형적인 카발라 우주창조론38)을 보여주는 내용이다.

예수께서 말씀하시길, "사람들이 당신들은 어디서 왔느냐?"고 물으면 "우리는 빛에서 왔으며 빛이 스스로 생겨나기 시작하여 스스로 형성되고 형상으로 나타난 그곳에서 왔노라."고 대답하라. 사람들이 "그것이 당신이냐?"고 묻거든 "우리는 그것의 자녀들이며 살아계신 아버지의 택함을 입은 자들이라."고 말하라. 만약 그들이 "당신 안의 아버지가 존재한다는 증거가 어디 있느냐?"하면, 사람들에게 "그것은 움직임과 휴식이라."고 말하라.

10개의 하늘이 나오는 영지주의 문헌인 〈바울 묵시록〉에서는 영혼이 통과 허가증 같은 인장(징표)을 보여야 천계의 문을 통과할 수 있다고 되어있다.

성경 속에서 죽음을 맛보지 않고 하늘로 올라간 위대한 사람이 엘리야와 에녹이다. 창세기에 이렇게 나온다. "에녹은 하나님과 함께 살다가 사라졌다. 하나님께서 데려가신 것이다(창세기 5:24). 이 구절은 에녹이 죽음을 경험하지 않았다는 것을 보여준다. 외경인 에녹서는 오래전부터 열린 눈을 지닌 사람들로부터 위대한 책으로 간주가 되었으며, 고대 전승에 따르면 아담의 6대손인 에녹은 카발라의 전수자였다고 한다. 에녹서에 보면 에녹은 10개의 하늘을 통과하고 거기서 본 것을 상징으로 기록하였는데 이 10개의 하늘은 바로 카발라의 10개 세피로트와 대응한다. 그러므로 영지주의 문헌에 나오는 하늘은 모두 카발라 생명나무의 세피로트를 상징한다.[39] 카발라에서는 첫 번째 세피라에서 10번째 세피라까지 올라가야 비로소 근원과 합일이 된다고 한다. 이것은 영지주의에서 말하는 영혼의 복귀이다.

⟨헤칼로트, The Greater Hekhalot⟩는 1세기까지 올라가는 아주 오래된 카발라 신비 문헌이다. 여기에는 신의 이름을 112번 반복하여 낭송하는 만트라 명상 형태가 보인다. 이런 낭송을 통하여 수행자는 신비의 방(천궁)으로 들어가서 이어지는 다음 방으로 계속 나아간다. 이것은 일종의 영적 투사로 수행자는 영체의 손에 입장에 필요한 표장(Seals, 標章)을 지닌다. 그리고 이것을 하늘의 문을 지키는 천사에게 보여주어야 한다.40)

이런 전통을 메르카바 신비주의라 한다. 이것은 에스겔이 환시를 통해 본 하늘의 전차(구약 에스겔 1장)를 가리키는 말이다. 메르카바 신비주의자들은 신비적 명상을 통해 일곱 개 천궁을 통과하여 신의 옥좌를 보는 황홀경 체험을 강조했다. 이것은 신과 합일을 의미하였다. 이들 신비주의자들은 7개 천궁을 통과하는 준비 과정으로 단식과 찬가를 하였고 트랜스 상태를 얻기 위하여 기도를 하였다. 그들은 일곱 천궁을 통과하면서 천궁을 지키는 수호자들을 만족시키기 위하여 수호자 이름을 말하고 부적이나 주문 또는 암호를 사용했다. 이 일곱 천궁은 물질계 너머 상위의 계를 말하며 1번째를 통과하여 마지막 7번째 천궁에 도달하면 신과 하나가 된다고 한다.41)

(5) 깨달음의 종교와 영지

로마 시대인 2~4세기만이 아니라 오늘날 기독교(천주교와 개신교)도 영지주의에 대한 시선은 굉장히 부정적이다. 기독교가 거의 사탄 취급하는 뉴에이지 운동과 결부시켜서 영지주의를 보기도 한다.

뉴에이지가 추구하는 것이 영지주의의 주장과 같다고 한다. 요한 바오르 2세는 뉴에이지를 가장하여 고대 영지주의 사상으로 복귀하는 것을 경고하기도 했다.42)

지금까지 보았지만 영지주의 구원 개념은 분명히 힌두교와 불교 전통과 아주 유사하다. 그래서 앞에서 영지를 정의하면서 영지의 범위를 영혼의 신성함을 인정하고 깨달음을 추구하는 종교 가르침까지 확대하였다. 그러므로 동양 종교 전통도 영지가르침의 일종으로 볼 수 있다. 그래서 그리스도교 영지주의, 유대영지주의, 동양 전통 영지주의란 용어는 어색한 것이 아니다. 이런 영지가르침을 우리는 고대지혜 가르침의 일부로 부를 수가 있다. 누군가 진리를 새롭게 만들어 내는 것이 아니라 이전부터 존재한 진리를 시공간에 어울리게끔 소개하는 것이기 때문이다.

영지주의 구원의 개념은 동양종교에서 볼 수 있는 무지와 고통에서 벗어나 깨달음을 얻는 개념과 많이 가깝다. 정통교회는 예수는 인류의 죄를 대속하기 위하여 왔고 그래서 인류는 구원을 받을 수 있게 되었다고 주장한다. 영지주의자들은 기독교 교리의 근간이 되는 이런 대속론을 단호하게 거부하였다. 왜냐하면 그것은 예수가 설한 진리가 아니라 교부들이 창작한 논리였기 때문이었다.

동양종교에서는 악을 깨닫지 못한 존재 상태로 보며 무지가 악의 근원이다. 깨달은 상태에 도달해서 모든 분별(이원론)을 넘어서게 되면 카르마로부터 그리고 악으로부터 해방된다. 다만 동양종교는 카르마 법칙이 언제 그리고 어떻게 존재하게 되었는지에 대해서는 설명하지 않는다. 이 말은 지금과 같은 우주의 체계가 언제, 어떻게 그리고 왜 생겨났는지를 설명하지 않는다는 것이다. 반면에 영

지주의는 창조신화를 통하여 왜 이런 질서가 존재하였는지를 보여 준다.[43]

영지주의에서 신방의 성례전은 깨달음과 관련하여 매우 중요한 개념이다. 그러나 이 신방의 상징에 대하여 올바르게 설명하는 글을 찾기가 어렵다. 이에 대한 구체적 설명은 카발라와 고대지혜의 가르침에서 찾을 수가 있다. 여기에 따르면 신방은 외적 자아가 신의 불꽃인 내적 자아와 합일하는 장소이고, 더 나아가 신의 불꽃인 영혼이 신과 합일하는 장소이다. 그리고 이 신방은 성전의 지성소를 상징하고 이것은 우리 육체의 송과선과 대응한다. 우리 육체는 신의 불꽃이 거주하는 신성한 사원이고 이 사원의 중심 즉 송과선이 신이 임재하는 지성소이다. 그러므로 신방의 결혼은 상징만이 아니라 실제로 우리 개개인의 머릿속에서 일어나는 영적 변화를 나타내는 말이다. 송과선 수련은 고대지혜 가르침의 핵심이며 이것은 비의 단체를 통하여 비밀리 전해 내려왔다.

한편 영지교회 사제인 스티븐 휠러는 신방을 이렇게 설명한다. "신방의 성례는 플레로마(충만)의 회복을 나타내는 상징이며, 내면에 있는 이성과의 성스러운 결혼이며 참 그노시스의 달성이다. 신랑은 구원자, 신부는 방황하는 영혼인 소피아, 신방은 온전한 상태인 플레로마의 원형적 상징이다."[44]

(6) 영지주의 문헌과 기독교 정경

기독교인들은 성서를 거의 신의 말씀으로 받아들이고 이에 따라 사고하며 살아간다. 이들의 삶의 방향과 삶의 질은 기독교 교리와 성경에 의해 결정되어버린다.

그러나 성서는 처음부터 끝까지 인간의 책이다. 성서는 서로 다른 필요에 따라 서로 다른 장소와 서로 다른 시기에, 서로 다른 사람들이 기록한 책이다. 그들은 자신들만의 시각과 믿음, 소망 그리고 자신들만의 신학을 가지고 있었다. 그래서 이들이 남긴 복음서에는 당연히 이런 밑바탕이 깔려있다. 그러므로 마가복음과 누가복음은 같을 수가 없는 것이다. 의도가 달랐으니 당연한 일이다.45)

성경은 복음서 원전의 문제와 필사된 사본의 문제가 있다. 그러나 정말 중요한 것이 정경과 외경의 문제이다. 오늘날 27개의 정경은 1세기 말에 갑자기 출현한 것이 아니라 교회의 역사와 더불어 복잡한 과정을 거쳐 생겨났다. 예수 사후에 많은 종파와 수많은 복음서가 존재했고 종파 싸움에 승리한 지금의 정통 교회가 자신들의 생각을 반영하는 교리를 지닌 문서를 선택한 것이 지금의 정경이다. 그것도 지금의 신약 27권이 처음부터 정통교회에서 의견 통일이 이루어져서 선택된 것이 아니라 정경으로 인정할 것인지 아닌지 오랜 세월 많은 논란을 거쳐 확정되었다. 알렉산드리아의 아타나시우스 주교가 최초(AD 367년)로 지금 우리가 쓰는 신약 27권을 언급하였고, 382년 로마회의에서 27권이 승인되고, 카르타고회의(AD 397년)에서 신약 27권 정경 목차가 작성되어 교회에 보급되었다. 즉 정통 교회 구미에 맞는 복음서가 살아남아 신의 말씀이 되어 인류 역사를 지배하게 되었다는 것이다. 정경이 확정되기 전에는 교회에서 사용되던 여러 종류의 복음서는 모두 신성한 경전이었다.46)

누가복음1:1(우리들 사이에서 일어난 그 일들을 글로 엮는 데 손을 댄 사람들이 여럿 있었습니다.)은 그 당시 많은 다른 복음서가 있었음을 증명한다. 마가복음과 마태복음에 보면, 예수가 측근 제자들에게는 대중에게 가르치지 않았던 것(대중에게는 비유로 이야기하였다)을 제자들에게 가르쳤다는 구절이 나온다.47) 이것이 영지주의 가르침이었고 나그함마디 사본은 그 중 일부이다.

예수는 교회가 어떻게 구성되어야 하고 통치되어야 하는지에 대해서는 명시하지 않았고 경배의 형태에 대해서도 거의 언급하지 않았다. 당연히 지금의 정경 목록은 생각도 할 수 없었다. 교부들은 언급되지 않은 세부 사항을 자신들을 위해 창작했고 교회법을 구성하는데 도움이 되는 복음서를 정경으로 선택하였다. 이들 책은 영적인 성장과 각성을 배양하는 것이 아니었다. 그들은 성경구절을 자기들 뜻대로 해석하여 바위(Rock) 즉 베드로를 사후에 제1대 로마 사제로 만들었다. 그리고는 그의 직위에 있는 후계자들이 "사도 승계권"을 구성하고는 그들의 권위를 확고히 하였다. 모든 사람이 구원받을 수 있어야 했고 그래서 교회가 세계적이 되어야 했기에 조직과 숭배의식 형태가 모든 곳에서 동일하여야 했고 엄격히 권위를 가진 위계질서에 의하여 통치되어야 했다. 이것은 교리에도 적용되어 사람들은 교회 당국의 견해를 진리로 채택하여야만 하였다.48)

교회는 신약성서의 4복음서가 사도(마태, 요한) 또는 그들의 추종자(마가, 누가)에 의하여 저술되었음을 보여줌으로써 경전의 권위를 드러내려고 하였다. 정말 그들이 복음서의 저자인지는 알 수가 없다. 그러나 이들 말고도 사도의 이름(베드로, 빌립, 도마)을 붙인 복음서들이 있다. 이들 복음서 또한 사도들이 직접 썼는지 차명인지는 알 수가 없다. 공관복음서(마태, 마가, 누가)는 형태상 비복음서와는 구별된다. 공관복음서는 예수의 삶과 사역, 죽음과 부활을 이야기하며 그 사건이 역사적인 시대에 일어났음을 말한다. 정통기독교인은 이러한 사건의 문자적 의미를 진실로 받아들였다. 비(非)정경 복음서는 이런 이야기체의 내용은 거의 없다. 주요 내용은 예수의 가르침과 말씀 그리고 제자들의 질문에 대한 답변이며 내용의 많은 부분은 수수께끼처럼 의미가 모호하다. 이런 복음서에서 예수는 우리를 깨달음으로 안내하는 지식의 교사 즉 영지교사로 등장한다.[49]

영지주의는 근본적으로 제도화된 권위주의적 대중 종교와는 맞지 않았다. 이것은 모든 신비주의 종파에게도 동일하게 적용된다. 예수를 통한 구원인 "신으로부터 좋은 소식"이 새로운 종교(기독교)의 설립 근거가 되었다면, 개인주의적이며 영적인 여행을 통한 인내심에 강조를 둔 영지주의자들의 생각은 어떤 점에서는 무지한 대중들에게는 "나쁜 소식"이었다. 결국 영지주의 작품과 신봉자들은 사라져야만 했다.[50]

2장 영지주의와 카발라

1 카발라의 기본 개념 이해하기

영지주의와 깊은 관련이 있는 유대 신비 가르침인 카발라는 상징과 비의로 쓰여 있어서 일반인이 이해하는데 어려움이 크다. 그러나 핵심이 되는 기본 개념을 알고 나면 카발라가 그렇게 어려운 것만은 아니다.

유의할 점은 카발라는 기존 종교처럼 고정된 경전이 있는 것이 아니라 오랜 세월 여러 카발라 학파들에 의하여 주장된 다양한 교의의 합체이다. 그러므로 학파마다 주장하는 점이 다를 수 있다. 카발리스트들은 각자 자신의 용어와 자신의 방식으로 카발라를 표현했다. 그래서 역사가들의 관점에서 볼 때, 단 하나의 카발라는 없는 셈이다. 그러나 모든 학설의 중심에 흐르는 기본 사상은 크게 다르지 않다.

(1) 유대교와 카발라

유대교에서 토라(모세오경)는 절대적인 위치를 차지하고 있다. 유대인은 토라를 우주의 모든 비밀이 담겨 있는 청사진으로 보고 있다. 그래서 유대교에서 토라 연구는 신의 지혜에 도달하기 위한 최고의 수단으로 간주되며 가장 중시되는 덕목이다.

유대 신비학파인 카발리스트들도 토라를 존중하고 연구를 하였지만 정통 유대교와는 다른 견해를 지녔다. 카발라 핵심서인 『조하르』에 이런 글이 나온다.

토라의 몸은 율법으로 구성되어있고 토라의 옷은 이야기로 이루어져 있으며 이들은 대충 보아도 알 수 있는 것들이다. 그러나 토라의 정신은 깊은 성찰을 통하여서만 알 수 있는 신비적인 것이다.

카발리스트들은 토라에 숨겨진 신비적 의미를 찾기 위하여 그리고 신의 지혜와 신과의 만남을 위하여 철학적 사유와 여러 명상법을 사용하였다. 그들은 드러난 것 너머의 신의 창조력이 펼쳐지는 차원에 대하여 말하였고 물질세계 너머의 영역 즉 아인(근원, 공)에 접근하고자 했다.

(2) 아인(Ain)

카발라에서는 모든 개념 너머에 존재하는 형상 없는 최고의 존재를 아인으로 부른다. 아인 소프는 무한 혹은 한계 없음[51]으로 번역되는데 이것은 "모든 원인의 원인", "고대의 날들" 등으로 불리기도 한다. 이것은 형상도 없고 속성도 없고 시작도 끝도 없다. 아인 소프에 대한 적당한 말을 고른다면 아무것도 없는 무(無)가 아니라 인간 마음이 알고 있는 그 어떤 것도 아닌 그러나 모든 것이 내재되어있는 상태이다. 불교로 말하면 공(空)의 상태에 비교될 수 있을 것이다. 존재나 비존재의 상대적 개념을 넘어서 있다. 종교에서 말하는 신의 개념에 가까우나 오히려 신의 개념이 나오기 전의 무한 상태를 말한다.

(3) 창조

아인이 창조를 시작한다. 창조의 목적은 베일에 가려져 있으며 아인은 공간에 자신의 빛을 순차적으로 내려 보내 10개의 빛으로

우주를 창조한다. 이 과정은 카발라 학자에 따라 굉장히 복잡하게 설명이 된다.52)

(4) 영혼과 윤회

인간의 본성을 높게 본다는 점에서 카발라는 같은 사상적 모태에서 출발한 유대교나 기독교와 크게 다르다. 카발라는 유대교나 기독교와는 완전히 다른 언어로, 인간의 기원과 신과의 관계에 대해 이야기한다.

카발라 이론에 의하면 인간은 신의 최고 영적 속성 즉 영적 법칙을 띠고 있는 존재이다. 인간은 생명나무의 10개 빛으로 구성된다. 인간의 에센스인 혼은 신성하고 영적이며 육체는 그 영혼을 감싸고 있는 외투에 해당한다. 인간은 신의 의지를 아래 세계에 내려 보내고 아래 세계의 결과물을 위로 올려 보내는 역할을 한다. 영혼은 신의 창조 힘이 이 세상에 충분히 활현되도록 하고 우주 구조를 완성시키는 일을 한다. 신 안에 존재하는 것은 인간 안에서 개화하고 발전한다.

이런 신과 인간의 교감은 아담의 죄로 무너지게 되고 이것으로 신과 분리가 일어난다. 사실 아담의 추방은 상징이고 그 속에는 까마득한 시절에 일어난 사건이 숨겨져 있다. 카발라 대표 문헌인 〈조하르〉에 보면 아담 안에 모든 영혼이 포함되어 있다. 이것은 모든 영혼이 동시에 창조(창조란 단어보다 발출이 어울린다)되어 존재하였다는 뜻이다. 그래서 영혼은 모두 나이가 같다. 아담의 추방은 우리가 신에게서 분리된 사건을 상징한다.

실락 후에 인간에게는 이 세상을 원래 상태로 회복시키는 일과 신과 재결합(원래 상태로 복귀)이 가장 중요한 목적이 되었다. 그래서 카발라는 유대교나 기독교와 달리 영혼의 윤회를 인정한다. 불성 즉 신성을 지닌 신의 불꽃인 영혼은 카르마를 전부 극복할 때까지 사람만으로 윤회를 계속한다. 카발라는 모든 사람은 내면의 힘을 통하여 분리 상태를 극복할 힘을 가지고 있다고 가르치는데 이것이 정통기독교 교리와 다른 점이다. 신과 합일을 위하여 신과 인간 사이의 분리를 이어주는 것이 토라이며 카발라는 이 토라의 숨겨진 의미를 바르게 해석하도록 도와준다.

(5) 생명나무

카발라는 고대 지혜 가르침 중에서 가장 변형 되지 않은 원형 그대로의 진리를 담고 있다. 카발라는 지식 차원에 머무는 것이 아니라 우리가 신과 합일할 수 있게끔 실제적인 안내를 한다. 생명나무는 카발라 교리의 핵심이다. 생명나무에 카발라의 심오한 사상이 함축되어 담겨있다고 보면 된다. 생명나무(56쪽 참조)는 (1)우주창조의 과정 (2)우주법칙의 운영 (3)인간의식(意識)의 지도 (4)우주만물의 DNA로 작동한다.

아인(공)은 10개의 신성한 빛을 발출하여 우주를 창조하는데 이 10개의 빛이 생명나무를 구성한다. 이 10개의 빛이 생명나무 몸체를 구성한다면 히브리 22문자는 생명나무로 흐르는 신의 에너지 통로에 해당한다. 생명나무는 신의 모습을 한 첫 번째 신의 발출물이고 이 모습을 본 따서 인간이 창조되었다. 여기서 창조란 말은 발출이나 확장을 의미한다. 왜냐하면 인간은 신에서 확장되어 나온 존재이기 때문이다. 생명나무를 대성인간(아담카드몬, 대우주)이라 하고 이 생명나무의 모습을 띤 인간을 소성인간(소우주)이라고 한다.

인간에게는 생명나무의 모든 속성이 존재하고 있다. 이 말은 인간은 자신 안에 축소판 생명나무를 가지고 있으며 신의 10개 속성이 인간에게 현시하고 있다는 의미이다.

생명나무는 그 빛이 내려온 순서와 그 빛을 연결하는 방법에 따라 그리고 히브리 22문자를 배열하는 방법에 따라 여러 형태의 생명나무가 존재한다. 정통 히브리 생명나무, 루리아 생명나무, 그라 생명나무, 서양 생명나무(헤르메틱 생명나무), 도리얼 생명나무 등이 있다.53)

생명나무의 핵심은 아래와 같다.

1. 생명나무를 구성하는 10개 세피로트는 아인(신)의 속성을 담고 있다.
2. 히브리 22문자는 아인(신)의 무한 힘이 흐르는 통로이다.
3. 생명나무(아담 카드몬, 신성 인간)가 물질계에 반영되어 나타난 모습이 인간(소우주, 소성인간)이다. 인간(아담)이 에덴동산에서 추방되기 전에는 인간은 신의 완전한 통로로 기능하였고 생명나무를 따라 신의 신성한 힘이 흐르듯 그 반영물인 우리에게도 신의 힘이 충만하게 흘렀다.
4. 우리 육체가 영혼의 몸이듯 우주는 신의 몸이다. 우주가 거대한 생명나무(아담 카드몬)로 표시되듯 이것을 닮은 우리 육체도 생명나무의 모습을 띠고 있다. 신의 속성을 반영하고 있는 생명나무는 인간의 육체에만 반영되어 비치는 것이 아니라 우리 마음에도 비치고 온 우주에 비친다. 그러므로 하나(신) 속에 모든 것이 있고 모든 것에 하나(신)가 깃들어 있다.
5. 인간에게 반영되어 있는 생명나무의 10개 세피로트는 우리 육체를 상징하고 히브리 22문자는 육체의 주요 기관과 내분비선 그리고 신체의 여러 부분을 상징한다. 22문자는 고유한 진동을 가지고 우

리 육체와 동조한다. 그래서 히브리 문자와 소리를 통하여 육체 치료가 가능하고 또한 육체의 신비 센터를 열 수 있다.

6. 생명나무는 우리에게 에덴동산(신과의 합일 상태)으로 돌아가는 길을 보여준다.

7. 에덴동산에서 추방되기 전에는 인간은 신의 속성을 지닌 완전한 신적 존재였다. 그 신성을 찾아서 자신의 위대함을 자각하는 일이 깨달음이고 에덴동산으로의 회귀이다. 생명나무의 10개 빛과 22히브리 문자를 통하여 신에게 다시 돌아가야 한다. 생명나무는 신과의 합일을 찾는 구도자에게 매우 중요한 열쇠이다.

8. 예수는 물질 육체로 32년을 살고 33년째에 물질계를 통과하여 상위계로 갔다. 우리도 이 32개의 길(생명나무의 10개 빛과 22문자)을 통하여 33번째 단계인 근원적인 존재에게로 돌아갈 수 있다.

9. 인간에게 존재하는 이 생명나무는 마음, 의식, 영혼, 치유 등 여러 차원으로 활용된다. 예를 들면 신의 마음이 작동하는 방법은 인간의 마음이 작동하는 원리와 다르지 않다. 다만 그것이 일어나는 공간의 속성에 영향을 받아 다르게 보일 뿐이다.

10. 생명나무를 통하여 신의 창조 능력이 인간에게 부여되어 있기 때문에 우리는 어느 정도는 생각으로 여러 가지 창조(치유, 발명, 문화 활동 등)를 할 수 있다. 신은 자신의 일부인 인간을 통하여 자신의 의지를 실현시키고 있다. 즉 창조를 위한 신의 손발이 인간이다. 다만 에덴동산에서 추방되어서 그 통로가 완전하지는 않다.

11. 생명나무는 인간을 살아 숨 쉬게 하는 힘일 뿐 아니라 우주 만물을 생동시키는 힘이기도 하다. 작은 씨앗 속에 나무와 풀의 모든 비밀이 담겨있고 유전자 속에 생명의 신비가 담겨있듯이 생명나무에 우주 창조와 우주 작동 원리가 담겨있다. 지극히 간단한 생명나

무 형상 속에 우주법칙의 비밀이 담겨있다는 것은 우리에게 큰 희망을 안겨준다. 왜냐하면 이것은 우주 신비를 여는 열쇠이고 인간의 비밀을 여는 열쇠이기 때문이다.

(6) 히브리 문자

카발라 철학을 논하면서 히브리 문자를 간과하고 지나갈 수는 없다. 이것은 카발라가 히브리 문자로 기록되었다는 이유 때문이 아니라 히브리 문자의 독특성 때문이다. 그러나 히브리어를 몰라도 카발라를 공부하는데 지장은 없다. 다만 히브리 문자는 다른 언어처럼 단순히 의미를 전하는 문자가 아니라는 점이다. 22문자의 소리는 특별한 진동을 지니고 있으며 이들 소리가 우주의 에너지를 운반하는 진언과 같은 역할을 한다. 또한 이 문자의 형태는 아무런 의미 없는 형상이 아니라 특별한 힘이 흐르는 장치이다. 그래서 카발라에서는 히브리 문자의 소리와 그 형상을 가지고 근원과 합일을 추구하는 명상 기법이 발달하였다.

(7) 사계(四界, 4개의 세계)

생명나무에 카발라 사상의 핵심이 함축되어 담겨있는데 생명나무의 중요한 사상 중 하나가 4계 이론이다. 생명나무 그림(생명나무의 4계와 3개 기둥, 56쪽)을 보면 1에서 10까지 10개의 빛이 나열되어 있다. 1, 2, 3 빛은 최고 상위의 삼각형을 형성하고 이들 빛은 영적 세계(영계)를 이룬다. 이 영적 세계는 앞으로 창조될 모든 것이 존재하는 계이며 발출의 계이다. 신성한 신의 세계라고 할 수 있다. 이어서 4, 5, 6 빛으로 이루어진 삼각형은 신성 마음의 계(멘탈계)를 형성한다. 이 계는 신의 마음이 작동하여 창조가 시작되는 계이다. 7, 8, 9 빛으로 이루어진 삼각형은 아스트럴계이며 여기에서 멘탈계에서 창조된 것이 형성되기 시작한다. 물질세계의 모든 기본 매트릭스(틀)는 아스트럴계에 존재한다. 마지막 10번째 빛은 우리가 사는 물질계를 형성하고 여기에 신이 창조한 것이 구체적인 모습을 띠고 나타난다. 4계는 우주의 창조 과정을 설명하고 있으며 이 우주는 눈에 보이는 물질세계 외에도 상위의 다른 존재의 계를 포함한다. 이 4계와 연계되는 것이 혼의 4국면으로 우리 혼은 4계에 따라 4개의 속성으로 나뉘어져 존재하고 있다.[54]

(8) 3개 기둥

생명나무의 또 다른 중요한 이론이 3개 기둥 이론이다. 생명나무 그림을 보면 중앙에 케테르, 티페레트, 예소드, 말쿠트가 위치하고 우측에는 호크마, 헤세드, 네차흐가 있고 좌측에는 비나, 게부라, 호드가 있다. 이들 빛의 속성을 보면 중앙은 무극이고 우측은 양이고 좌측은 음이다. 또한 우측의 헤세드는 자비의 속성을 나타내고 좌측의 게부라는 정의의 속성을 상징한다. 그래서 우측 기둥을 자비의 기둥, 좌측 기둥을 정의의 기둥이라 부른다. 여기에는 여러 상징이 숨어있다. (1)창조의 음양 법칙 (2)중간 기둥을 통하여 근원의 자리로 상승하는 방법 (3)자비와 정의의 균형 속에 존재하는 신.

세피로트와 대응물[55]

	세피로트	의미	신체부위	속성
1	케테르, Keter	왕관/창조 근원	머리	무극
2	호크마 Chokmah	지혜	뇌	양
3	비나, Binah	이해, 지성	마음	음
4	티페레트,Tiferet	아름다움	가슴/몸통	무극
5	헤세드, Chesed	자비/사랑	오른 팔	양
6	게부라. Geburah	힘/정의	왼 팔	음
7	예소드, Yesod	기초/토대	성기	무극
8	네차흐, Netzach	견고/승리	오른 다리	양
9	호드, Hod	광휘/영광	왼 다리	음
10	말쿠트, Malkhut	물질왕국	발	무극

(9) 신과 합일

영혼의 최종 목적은 원래의 자리(근원과 합일, 상징적으로 에덴동산)로 돌아가는 것이다. 근원으로 돌아가기 위하여 카발리스트들은 토라를 카발라적으로 공부하고 명상한다. 카발리스트들은 히브리 알파벳을 신의 문자로 보았으며 그 형상과 소리에 특별한 의미를 주었다. 이런 문자의 형태와 문자의 치환 그리고 소리에 근거한 카발라 고유의 명상법이 생겨났다. 특히 신의 4자 문자(YHVH, 야훼)에 대한 명상이 강조되었다. 그들은 히브리문자나 신의 이름 등에 대한 명상을 통하여 신과 영적 결속(데베쿠트)을 추구하였다. 카발라 명상에는 집중 명상, 관조명상, 자각명상, 공명상, 만트람 명상, 시각화 등이 있다.

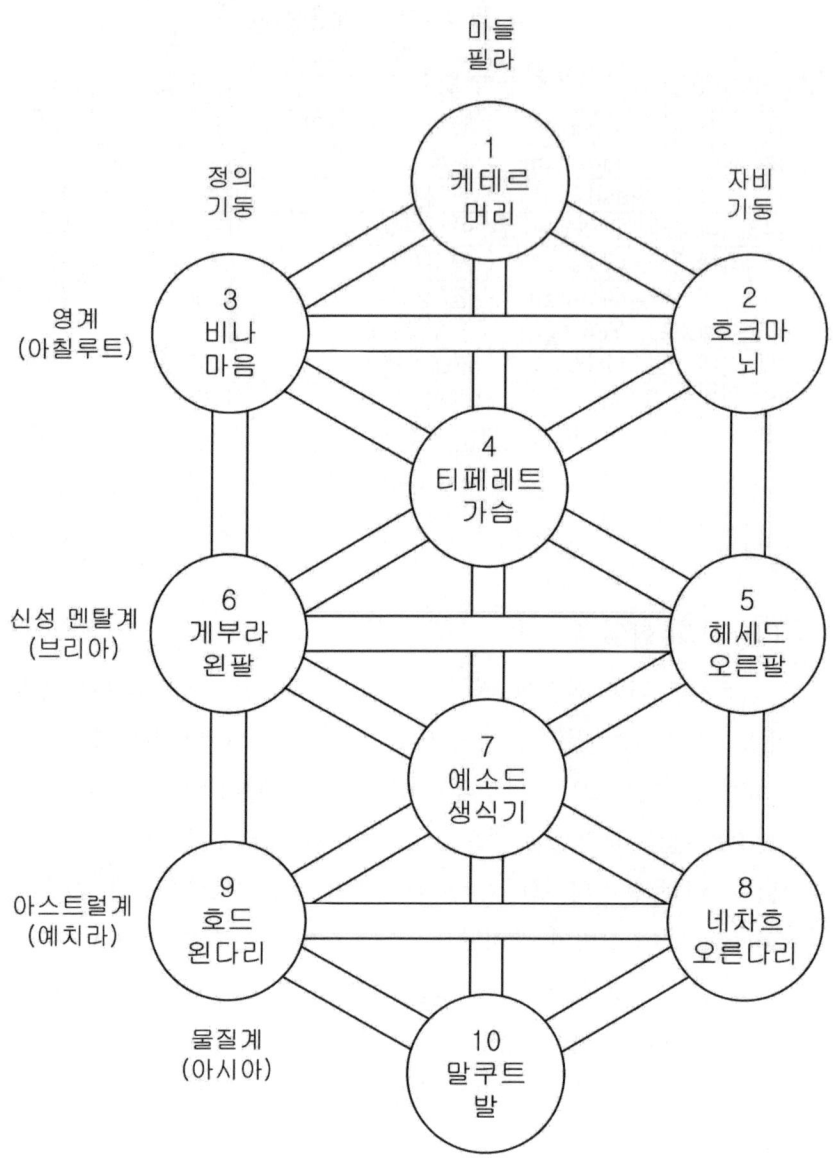

도리얼 생명 나무

(10) 신의 이름(YHVH)과 명상법56)

구약에서는 하느님을 여호와(Yehowah), 야훼(Yahweh), 예호바(Jehova)로 부른다. 이 이름은 신의 이름을 나타내는 히브리 4자 문자(요드헤바브헤, YHVH)에서 근원한다. 본래 히브리문자는 모음 없이 자음만 있었고 구약은 자음만으로 기록되었다. 자음 사이에 모음을 넣어 정확히 발음을 해야 하는데 이것은 사람의 기억력에 의존하였다.

신에 대한 경외감이 컸던 이스라엘 사람들은 신의 이름을 함부로 말하지 않았다. 대신 주님(Lord)의 의미를 지닌 Adonay(아도나이)에서 모음을 가져다 YHVH(요드헤바브헤) 사이에 넣어 신을 대신하는 이름을 만들었다. 그 이름이 야훼/여호와이다. 예외적으로 1년에 한번 열리는 대속죄일에 제사장은 신의 원래 이름을 발성할 수 있었다. 그러나 세월이 흐르면서 이 신을 지칭하는 올바른 발음법은 잊혔고 완전히 잃어버린 단어가 되어버렸다.

신의 진짜 이름은 여호와가 아니라 YHVH이다. 그러나 그 참 이름을 어떻게 발음하는지 모른다. 히브리 22문자 중 어떤 문자는 오늘날 발음과는 다르게 발음되었다. 이들 문자를 두고 여러 가지 논의가 있었다. 이 YHVH를 바로 발음할 수 있는 사람은 천국의 열쇠를 얻는다고 말하여지기도 하였다.

4자 문자(YHVH, יהוה)의 의미는 출애굽기 3장 14절에 나온다. 여기에 보면 신은 모세에게 이집트에 가서 히브리인들을 해방시키라고 말한다. 그러자 모세는 묻는다, "누가 나를 보냈다고 말하오리까?" 그러자 신은 "에헤예 아쉐르 에헤예"라고 말한다. 이것은 "나는 스스로 있는 자이다." "나는 곧 나다." "나는 영원히 존재하는 자다."로 번역되는데 신은 균형 속의 균형으로 존재한다고 하여 이것을 "나는 균형 속의 균형이다."라고 해석하는 학자도 있다.

　유대인들은 히브리 알파벳을 신의 문자로 생각하였고 문자마다 깊고 높은 의미와 강력한 힘이 내재하고 있다고 여겼기 때문에 YHVH의 이름을 굉장히 중요시하였다. 신의 이름과 형상은 신을 드러내는 징표이며 그 속에 신의 속성이나 특성이 반영되어 있어서 신의 이름을 알면 신과 동조할 수 있고 직접 대면할 수 있다고 생각하였다.

　신과 동조는 소리의 힘 즉 만트람(진언)과 밀접한 관계가 있다. 동양에서는 명상수련이나 치유 혹은 상위 존재와 동조를 위하여 소리(진동)를 사용하는 경우가 많다. 밀교의 진언이나 카발라 마법의 히브리어 발성이 대표적인 예이다.

　신은 말씀(진동)으로 우주의 모든 것을 창조하였고 우주는 진동으로 운행된다. 이 세상에 진동 아닌 것이 없다. 미립자, 원자, 분자는 진동이며 분자가 합쳐져서 이루어진 물질도 진동이다. 그러므로 진동의 비밀을 아는 자는 우주의 비밀 열쇠를 가진 셈이다.

　특정한 음과 음조 그리고 강세로 이루어진 소리는 특별한 기능이 있다. 티베트 불교의 진언, 인도 요가의 만트람, 카발라에 나오는 히브리 문자, 신의 이름, 천사 이름은 모두 소리의 진동과 관련이 있다. 신의 이름이나 천사 이름을 바르게 발성할 수 있으면 신이나 천사는 이에 반응한다. 이것은 상응의 법칙과 진동의 법칙 때문이다.

　소리는 에너지나 의지를 전하는 매체이다. 전기가 구리선을 통하여 흐르듯이 힘(에너지)이나 의지는 특정 진동을 지닌 소리를 통하여 흐른다. 그러므로 효력이 있으려면 용도에 맞는 올바른 소리와 발성자의 의지가 합쳐져야 한다. 같은 진언을 하여도 사람에 따라 효과가 다른 것은 발성자의 의지와 생각이 소리에 영향을 미친 까닭이다. 의지에는 발성자의 정성과 믿음 그리고 앎이 포함된다.

바른 소리와 의지가 결합되어도 발성법을 모르면 역시 효과가 없다. 진언할 때 조화로운 생각과 존경심을 유지해야 하고 육체와 마음은 최대한 이완되어야 하며 그리고 무엇보다도 들숨과 날숨의 원리에 따라 소리 내어야 한다.

진언은 신체 특정 부위를 자극하여 상위의 힘이 흐르도록 하기, 신체에 작동하여 세포 구조를 배열하거나 재배열하여 질병 치유하기, 오컬트 센터 열기, 부정적인 힘 몰아내기, 상위의 존재와 동조하기, 육체를 우주에 조화롭게 조율하기 등에 사용된다.

신의 이름을 진동시켜 근원적 존재와 동조하게 되면 합일이 일어난다. 그래서 카발리스트들은 신의 올바른 이름을 열정적으로 찾아왔다. 카발라 대표적 문헌인『세페르 예치라』에 보면 신이 히브리 문자인 요드 헤 바브(YHV)를 배합하여 6방향(동서남북상하)으로 우주를 봉인하는 구절이 나온다. 요드 헤 바브(YHV) 문자는 신의 이름인 테트라그라마톤(YHVH, 4자 문자)를 구성하는 문자이기도 하다. 이 강력한 문자(이 문자가 지닌 소리)를 가지고 신은 우주의 경계를 설정하였고 이것을 자신의 이름으로 하였다.

카발라에 보면 우주57)는 4계로 이루어졌는데 이 4계는 신의 이름인 YHVH로 표시된다. 영계는 요드(Yod), 신성 마음계는 헤(He), 아스트럴계는 바우(Vau), 물질계는 헤(He)로 표시된다. 신의 이름인 YHVH는 우주 즉 사계(四界)를 창조한 힘의 진동인 셈이다. 이것은 지상에 존재하는 가장 강력하고 위대한 소리이다.

4계의 창조를 통하여 신은 자신의 모습을 드러내었다. 4계는 YHVH로 구성된 신의 발출물로 신의 의지와 힘이 작동하는 신의 몸이기도 하다. 특정 만트람이 특정 신체부위를 깨우듯이 신의 이름은 우주(4계)를 진동시킨다. 그래서 이 신의 이름은 경외되었고 대중에게 숨겨졌다.

　카발라 가르침에 따르면 의식이 정화된 사람이 신의 이름을 바르게 발성하게 되면 원하는 것이 창조되나 그렇지 못한 사람이 이기적인 목적으로 신의 이름을 발성하면 스스로를 파괴하게 된다고 한다.

　카발라 특히 실천 카발라58)에서는 이 4자 문자에 대한 관심이 크다. 요드-헤-바브-헤를 4계의 순서에 따라 요드는 영계(케테르, 호크마, 비나마)에 헤는 멘탈계(티페레트, 헤세드, 게부라), 바우는 아스트럴계(예소드, 네차흐, 호드), 헤는 물질계(말쿠트)에 배열하지만59) 학자에 따라 그 배치가 다르다.

　요드-헤-바브-헤(YHVH, 테트라그라마톤)에서 요드(Yod)는 히브리문자로 ' 이다. 이 문자의 윗부분은 생명나무의 첫 번째 세피라와 대응하고 아래 부분은 헤(He, ה)와 함께 2번째 3번째, 4번째 세피라와 대응한다. 바브(Vav, ו)는 요드(')가 아래로 확장된 모습인데 4번째 세피라에서 9번째 세피라까지 대응한다. 헤와 바브 사이에 세피라가 겹치는 부분이 생겨난다. 두 번째 헤(He, ה)는 10번째 세피라와 대응한다.60) 요드를 1~2번째 세피라, 헤를 3번째 세피라, 바브를 4~9번째 세피라, 헤를 10번째 세피라에 배열하는 학자도 있다.61)

　이처럼 4자 문자(YHVH) 즉 신의 이름은 생명나무의 10개 세피로트와 대응한다. 그리고 생명나무가 모든 인간에게 반영되어 빛나고 있음을 고려하면 이 신의 이름(4자 문자)은 당연히 인간의 속성에 반영되어 있다. 소우주인 인간이 대우주인 신의 발출물이고 신의 모든 속성을 지닌 신성한 존재임을 고려하면 신의 이름인 4자 문자가 인간에게 반영되어 존재하는 것은 너무도 자연스럽다. 우리는 4자 문자로 이루어진 신성한 존재이기에 근원과 동조할 수 있고 합일할 수 있다. 신의 4자 문자(테트라그라마톤, YHVH) 모양은 다음과 같다.

(세로 배열)   (가로 배열)

신의 이름인 테트라그라마톤(YHVH)이 의미하는 것은 신은 모든 계를 아우르는 단일자이며, 이 4자 문자는 신과 동조할 수 있는 우주 비밀의 열쇠라는 것이다. 그러나 지금은 4자 문자를 바르게 발성할 수 없어서 이것은 잃어버린 이름이 되었다. 그러나 비밀 단체를 통하여 그 올바른 발성법이 구전되어 전해왔고 그 이름을 얻게 되면 운명의 주인이 된다.

카발라에는 여러 가지 명상법이 있고 그중에 카발라에만 특별한 것이 신의 이름 명상법이다. 이것은 카발라 명상에서 그만큼 신의 이름(형상과 발성)이 중요함을 보여주는 예이다.

명상법62)

최대한 이완할 수 있는 자세를 취한다.
마음이 잠잠해질 때까지 천천히 깊게
숨을 들이쉬고 내쉰다.

마음이 준비가 되면 신의 문자(4자 문자)를 보거나
아니면 눈을 감고 마음의 눈으로 그 문자를 본다.
문자 주변, 문자 사이, 문자 안의 공간을 알아챈다.
이 공간 속으로 녹아들도록 한다.
공간과 하나가 되고 텅 빔과 하나가 된다.
생각도 형상도 시간도 없는 공(空)의 공간이다.

이 공간 속에 머문다.
생각이나 외부 소음으로 집중이 흩어지면
이것을 알아차리고 다시 공간 속으로 몰입한다.

명상 중에 문자가 의식으로 들어온다면
문자 사이의 공간으로 다시 들어간다. 이것이 공이다.

2 성경 속의 신의 이름[63]

 거의 모든 카발라 문헌은 신의 이름이 신비 상태를 얻는데 중요한 역할을 한다고 한다. 그러나 성경(구약)에는 신의 이름 사용과 관련하여 이것을 명확하게 언급하는 구절이 없다. 그러나 성경을 잘 살펴보면 여러 곳에서 개인의 예언이 "신의 이름으로(in the name of God)" 행하여지는 것을 발견할 수 있다. 히브리어 문법에서 이것은 "신의 이름을 가지고(with the name of God)" 예언을 하는 것으로 해석이 될 수도 있다. 그러므로 이들 구절은 예언 상태를 얻기 위한 수단으로 신의 이름을 사용한다고 말하는 것이다.

 예언만이 아니라 깨달음을 얻는 방법으로 신의 이름을 사용하는 구절도 있다. 창세기(12:8)를 보면 "그는 신의 이름을 불렀다. He called in the name of the God."라고 되어있다. 이것은 통상적으로 그가 신의 이름으로 기도했다거나 세상에 신의 존재를 알렸다는 의미로 해석이 된다. 그러나 카발리스트들은 이 단어를 문자적으로 받아들여 해석한다. 즉 신의 이름(요드-헤-바브-헤)을 발성하였다고 한다.

 "그가 나의 이름을 알았으므로 나는 그를 높여주겠노라."(시편 91:14)의 구절도 유사하게 해석이 된다. 유명한 주석가인 랍비 아브라함 이븐 아즈라(Rabbi Abraham Ibn Ezra, 1089~1164)는 이것이 "그가 내 이름의 신비를 알았다."라는 의미라고 밝힌다. 이와 유사한 구절이 오래된 미드라쉬에 나오는데, 미드라쉬는 2세기의 성자인 랍비 핀하스 벤 야이르(Rabbi Pinchas ben Yair)의 말을 인용하여 "왜 사람들이 응답받지 못하는 기도를 하는가? 그들은 신의 이름을 사용하는 법을 모르기 때문이다."라고 밝힌다. "신의 이름을 안다는 것"은 실제로 그것을 사용하는 법을 안다는 것을 분명하게 보여주는 구절이다.

신의 이름이 지닌 힘에 대한 또 다른 예가 시편 20:7이다. "누구는 병거를 누구는 기마를 가지고 오지만 우리는 신의 이름을 말합니다. Some come with chariots, some with horses, but we utter the name of God." 일반적으로 이것은 기도를 의미하는 것으로 해석이 되나 문자 그대로 신의 이름을 발성하는 것으로 해석이 될 수 있다.

이것은 시편 20:5에서 특히 잘 드러난다. "우리는 그대의 구원으로 황홀해하며 신의 이름으로 위로 올라갈 것이며 신은 그대의 모든 요구를 충족시킬 것입니다. We will ecstasize in Your salvation, and in(with) the Name of God, we will ascend, God fill all your requests."

시편 118:10에도 유사한 개념이 보인다. "뭇 나라가 나를 에워쌌지만, 나는 신의 이름으로 그들을 말로써 물리쳤다. All nations surround me, but in the name of God I will destroy them with a word."

가장 중요하고 강력한 신의 이름은 테트라그라마톤(YHVH)이다. 탈무드는 이것이 발성될 수 있는 유일한 장소가 예루살렘의 성전 안이라고 한다. 이것은 속죄일에 죄를 고백하는 동안 10번 행하여졌다. 그러나 탈무드에 따르면 시몬(Simon)의 죽음 후(대략 기원전 291)에는 그 사용이 끝났다고 한다. 왜냐하면 신의 현존이 더 이상 성전에 현시하지 않았고 다른 사제들도 자신들이 자격이 없음을 알았기 때문이었다.

이러한 이름들이 왜 심오한 결과를 가져오는지에 대한 논의가 있다. 13세기 카발라 학자인 아브라함 아불라피아는 신의 이름 그 자체는 어떤 영적인 힘이 없으나 이것을 적절하게 사용하면 이런 힘을 발휘할 수 있는 의식 상태로 유도된다고 한다. 그러나 대다수의 카발리스트들은 이런 이유 외에도 신의 이름에는 내재하는 중요한 힘이 있다고 주장한다. 신의 이름은 여러 영적인 힘과 합체되어 있고 이름을 적절히 사용하면 이들 힘이 작동되고 우리 자신을 이들 힘에 묶을 수 있다고 한다.

많은 사람들은 신의 이름이 효력을 발생하려면 낭송만 되면 된다고 생각하는데 실제로 카발라 문헌에 보면 신의 이름을 사용하려면 낭송 외에도 따라야 할 다른 내용들이 나온다. 대부분의 경우에 신의 이름은 거의 만트라처럼 사용되었다. 연대가 1세기까지 거슬러 올라가는 신비 문헌인 헤칼토트(Hekhalot)에 보면 반복하여 낭송해야 하는 신의 이름과 문자 결합이 나오는데 이것이 사용자를 신비 상태로 이끈다고 한다.

그리고 신의 이름이 다른 모음 부호 세트를 지닌 다른 문자와 결합하여 낭송되는 경우도 있다. 신의 이름이 예후딤(Yechudim, 합일기법)으로 사용될 때 신의 이름을 구성하는 문자들은 깊은 집중과 함께 관조되어야 했다.

영지주의 대표적인 복음서인 〈빌립 복음서〉와 〈진리 복음서〉에서는 신의 이름이 중요하게 언급이 되나, 사람들은 카발라에 대한 이해가 없어서 해석을 못하고 있다.

3 카발라와 예수

기독교와 카발라를 연관 지으려는 시도는 중세 유럽에서 카발라를 접했던 일부 기독교 학자들에게서 시작되었다. 이들의 주장은 크리스천 카발라로 불렸다. 그러나 그들은 주로 카발라 가르침을 기독교 교리와 연관 지어 설명하려고 했지 예수를 카발라와 직접 연관 지어 설명하려고 하지는 않았다. 사실 기독교 교리라는 것이 예수가 아니라 교부들의 작품이어서 교회 교리를 카발라와 연관 짓는 일이 얼마나 의미가 있는지는 모르겠다. 그러나 카발라를 예수라는 인물과 연관 짓는 일은 전혀 차원이 다른 문제이다.

기독교인들에게는 놀라운 이야기겠지만 비밀 전승에 따르면 성경에 나오는 멜기세덱은 예수의 여러 전생 중에 한 분이었다. 이 멜기세덱이 아틀란티스 시대부터 전해온 카발라를 아브라함에게 전하였고 아브라함은 이것을 후대에 전하였다. 이런 카발라 전승을 고려하면 예수가 카발라에 정통하였다는 것은 충분히 짐작할 수 있다. 예수의 행적이나 말씀 등에서 이런 전승을 직접 확인할 수 있다.

4 신비의 인물 멜기세덱

멜기세덱은 신비의 인물이다. 창세기 14장 17~21절에 보면 아브라함이 멜기세덱에게 십일조를 바치는 내용이 짧게 나온다.

그러면 아브라함이 십일조를 바쳐 존경을 나타냈을 만큼 위대한 멜기세덱은 누구인가? 그에 대한 비의 기록에 따르면 멜기세덱은 까마득한 오랜 세월 동안 인류의 영적 성장을 위하여 봉사해 온 인물로 한 번도 추락한 적이 없는 위대한 영혼이었다.[64] 그래서 시작도 끝도 없는 영원한 사제로 표현이 되었다.

비밀전승에 따르면 그는 아틀란티스 시대에 지혜의 학교를 열어서 사람들에게 지혜와 지식을 전하였다. 아틀란티스를 구성하는 10개 섬의 지배자들도 멜기세덱의 자문을 구할 만큼 그는 위대하였다.

아틀란티스 문명이 저급한 혼들에 의하여 점차 붕괴되기 시작하였을 때 멜기세덱은 아틀란티스를 다스리던 영적 지배자와 아틀란티스의 앞날에 대하여 협의하였고 이후 지배자는 지구 균형을 변화시켜서 아틀란티스를 침몰시키고 만다.

당시 여러 대륙에 아틀란티스 식민지가 있었으며 식민지 주변에는 원시 수준의 사람들이 살고 있었다. 아틀란티스의 침몰과 함께 세계의 지각은 엄청나게 변화하였고 멜기세덱은 지혜의 학교가 위치한 안틸리아의 사람들을 인솔하여 다른 땅으로 이동하였다. 이들이 가지고 있었던 지혜 중에 오늘날 우리가 카발라라고 하는 것이 있었다. 카발라는 이들에 의하여 보존되었다.

이들은 오랜 세월 여러 지역을 돌아다니다가 이집트에 도착하여 성경에 나오는 아브라함을 만나게 된다. 멜기세덱은 여기서 국가 통치법과 여러 법칙을 아브라함 부족에게 가르쳤다.

아브라함 시대에 멜기세덱은 기억력이 비상한 유대인에게 카발라를 전수하였으며 이 카발라는 아틀란티스 문명에서 가르쳤던 엄청난 지식을 숫자와 문자 그리고 상징 속에 숨기고 있다. 아브라함에게 카발라를 전하고 멜기세덱은 다른 사역을 위하여 오랜 세월 자신을 수행해온 높은 의식의 사람들과 그 후손들로 "멜기세덱 교단"을 만들어 고대 가르침을 보존하게 하고 자신은 그들을 떠난다.

한동안 잊혔던 카발라를 모세가 다시 찾았고 모세는 이것을 부족장들에게 가르쳤고 이후 카발라는 비밀리 전해져왔다. 멜기세덱은 카발라와 고대지혜를 후대에게 전해준 사람이었다. 멜기세덱이 사라진 후에는 그 무리 일부가 남아서 이스라엘 연맹체의 사제 겸 왕이 되었다. 고대에 이들은 히브리인으로 알려졌으며 인종적으로 유대인은 아니었다. 아브라함 무리는 셈계 사람이었고 멜기세덱 사람들은 푸른 눈에 하얀 피부, 붉은 머리를 한 사람들이었다. 예수는 히브리인이었고 멜기세덱은 예수의 전생이었다.[65]

역사적 기록과 다른 이런 내용에 대해 반신반의하거나 아예 무시하는 사람도 있을 것이다. 그러나 비의 가르침에 대한 신뢰는 독자들의 몫이다. 역사의 알려진 부분보다 숨겨진 부분이 훨씬 많고 우리가 우주와 지구 그리고 우리 자신에 대하여 아는 것은 참으로 작다는 사실이다.

5 예수와 에세네파

신약성경에 보면 바리새파와 사두개파는 자주 등장하는 반면에 에세네파는 전혀 등장하지 않는다. 예수는 사두개파와 바리새파에 대하여 비난하면서도 이상하게도 이들과 더불어 당시 주요 종파였던 에세네파에 대해서는 언급하지 않는다.

기독교 사회에서 에세네파는 큰 주목을 받지는 못하였으나 최근에 쿰란의 사해 사본이 발견되면서 비로소 관심을 받기 시작하였다. 대부분의 학자들은 쿰란 공동체가 에세네파의 본거지였다고 주장하나 일부 학자들은 확실한 근거가 나오지 않았다며 이런 견해에 대하여 반대한다.

에세네파에 대한 기록은 유대인 역사가 필로(Philo of Alexandria. 대략 BC20~AD50)와 요세푸스(Flavius Josephus, A.D 37년경~100년경) 그리고 플리니(Pliny)의 글에서 나타나고 있다. 요세푸스, 알렉산드리아의 필로 그리고 플리니가 전하는 기록이 때때로 일치하지 않는 경우도 있다.

에세네파는 어떠한 종파였을까? 확실하게 드러난 것은 없지만 앞에 언급한 역사적 기록과 여러 학자들의 연구에 의하여 그 실체가 조금은 밝혀졌다. 다음은 〈가톨릭 백과사전(Catholic Encyclopedia)〉에 나오는 에세네파에 대한 글을 정리한 것이다. 여러 자료(필로, 요세푸스 등)를 바탕으로 신뢰할 수 있게 잘 정리되어 있어 에세네파를 이해하는데 도움이 된다. 그러나 여전히 베일에 싸여있는 단체임은 확실하다.

에세네파라는 이름은 처음 필로가 '신성한(holy)'이라는 의미의 단어 'hosios'를 사용한데서 유래했으며 요세푸스는 Essæi와 Esseni로 표기하였다. 그들의 숫자는 약 4,000명 정도였던 것으로 알려지는데 사해(Dead Sea)에서 떨어진 서쪽 지역에 주요 은거지가 있었던 것으로 알려져 있다. 이곳 외에도 외딴 곳에 작은 마을들을 이루며 살고 있었으나 더러는 도시에도 거주하였다. 에세네파는 BC 150년경에 시작되었고 AD1세기 말에 사라졌다.

그들은 모든 것의 창조주요 통치자요 전지하신 유일신을 경배했다. 모세는 가장 존경을 받았고 그의 이름을 모독하는 것은 죽음을 의미했다. 그들은 운명을 믿었지만 자유의지는 부인하지 않았다. 그들은 성전으로 희생제물을 보내기는 했지만 성전에서 동물을 죽여 피를 바치는 의식을 행하지 않았다. 그들은 경건한 마음을 신께 드리는 것이 가장 좋은 의식이라 여겼기 때문이다. 안식일은 엄격히 지켜졌고 모임에서는 연장자의 순으로 자리가 배정되었으며 그 모임에서는 성서가 낭독되고 회원 중에 지도적 위치에 있는 지혜로운 사람이 우화적인 방법으로 성서를 읽고 설명하였다. 의식 전에 몸을 깨끗이 씻는 것을 중요시 하였다.

그들의 내부 비밀 교리는 잘 알려져 있지 않다. 죽음은 환영받을 일로 여겨졌다 왜냐하면 그들은 "육체는 타락하기 쉽고, 육체를 구성하는 물질은 영원한 것이 아니지만, 반면에 영혼은 불멸하고 영원히 살아있으며, 가장 신비한 하늘로부터 생겨난 영혼은 내재하는 어떤 갈망에 의해 감옥에 들어가는 것처럼 육체 안으로 던져진다."라고 생각했기 때문이다. 육체의 속박에서 자유롭게 되었을 때 그들은 오랜 예속으로부터 자유를 얻고 위로 올라간다고 여겨서 대단히 기뻐했다.

에세네파는 특히 복종, 정직, 성적 금욕, 정의 그리고 절제를 중요한 덕목으로 생각했다. 그들은 병자들에 아주 큰 관심을 기울였고 연장자를 존중하였으며 방문자들에게 친절과 환대를 베풀었다. 모든 사람은 평등하다고 여겼고 노예제도는 자연을 거스르는 것으로 간주하였다. 큰 죄를 저지른 사람은 오랜 기간 추방되거나 완전히 추방되는 처벌을 받았는데 그 기간에 공동체 밖의 사람들이 제공하는 음식물을 먹지 말아야 했다. 그 결과로 큰 곤란을 겪고 가끔은 죽기도 했다.

모든 것을 공유했고 집마저도 자신의 소유물이 아니었다. 그들은 농사나 농기구 제작 혹은 가정용품 제작을 하며 살아갔다. 그러나 전쟁 무기는 생산하지 않았고 여행 중에는 방어용 이외에는 무기를 소지하는 것도 허용되지 않았다. 수확물과 노동 삯은 재산관리인이 관리하였고 관리인은 각자가 필요로 하는 것을 제공하였다. 의복이나 신발은 다 해질 때까지 사용하였다. 물물교환 이외에는 어떠한 상거래도 금지되었다. 공동체의 장, 사제, 재산관리인은 선거로 선출되었다.

그들의 일과를 보면 동트기 전에 기상하였으며 해가 뜨기 전까지는 불경스러운 주제에 대해서는 말하지 않았다. 그들은 마치 해가 떠오르도록 갈구하는 것처럼 열정적으로 기도하였다. 그들은 지정된 일터로 가서 5시간 일을 했다. 모두가 모였을 때 그들은 특별하게 악귀를 몰아낸 축성된 물로 목욕을 했다. 그리고 흰 옷을 입고 조용히 공동 식당으로 들어갔다. 식사 후에 다시 저녁까지 일을 하였다. 저녁 식사도 같은 방식으로 진행되었다. 이들 상당수는 장수를 하였고 마음과 육신은 로마인들이 그들에게 가한 끔찍한 고문에도 흔들림 없이 미소 지으며 죽음을 맞이

할 정도로 꿋꿋하였다.

　대다수의 에세네파 사람들은 결혼을 하지 않았는데 이것은 결혼을 잘못된 것으로 여겨서가 아니라 여성들을 신뢰하지 않았고 평화와 조화를 열망했기 때문이었다. 공동체는 어린아이들을 입양하였고 플리니(Pliny)가 말한 것처럼 "인생이란 거친 바다와의 싸움에서 지친" 어른들을 받아들여서 공동체를 유지하였다. 그들이 입회하면 그들에게는 목욕 시에 입을 앞치마(apron)와 흰 의복과 작은 삽이 주어졌다. 작은 삽은 구덩이를 파서 태양 광선으로부터 자신의 배설물을 덮는데 사용하기 위한 것이었다.

　그들은 1년 동안 공동체 밖에서 금욕적 규칙을 준수하였으며 이것은 그들의 극기를 시험하기 위한 것이었다. 그런 다음 2년간 육체적 시험이 주어지는데 그동안 그들은 공동체 정식 회원의 정결의식에 참여하였지만 그들의 식사에는 참여할 수 없었다. 그들이 이 모든 시험에 통과하면 완전한 구성원으로 받아들여졌으며, 신을 영광되게 하고 정의를 지키며 모두에게 특별히 지도자에게 충성을 바치겠다는 맹세를 하였다.

　그들은 동료에게 아무 것도 숨기지 않고 외부인들에게 아무 것도 발설하지 않겠으며 어떠한 일이 있어도 그들이 소유한 서적과 내용 그리고 천사들 이름을 비밀로 지키겠다는 것을 서약하였다.〈가톨릭 백과사전〉

　기독교 영지주의는 육체를 영혼의 감옥으로 여겼고 영혼의 불사와 윤회를 인정하였다. 위에 언급된 에세네 가르침 즉 "육체는 타락하기 쉽고, 육체를 구성하는 물질은 영원한 것이 아니지만, 반면에 영혼은 불멸하고 영원히 살아있으며, 가장 신비한 하늘로부터 생겨난 영혼은 내재하는 어떤 갈망에 의해 감옥에 들어가는 것처럼 육체 안으로 던져진다. 육체의 속박에서 자유롭게 되었을 때 그들은 오랜 예속으로부터 자유를 얻고 위로 올라간다고 여겨 대단히 기뻐했다."를 보면 기독교 영지주의 사상과 매우 비슷하다. 공식적인 회원이 되기 위해서는 1년의 예비단계, 2년의 입문단계를 합쳐 3년의 시간을 필요로 하였는데 원한다고 누구나 될 수 있는 것이 아니라 엄격한 심사를 통하여 강인하고 헌신적인 사람만을 엄선하였음을 알 수 있다.

마지막 구절, "외부인들에게 아무 것도 발설하지 않겠으며 어떠한 일이 있어도 그들이 소유한 서적과 내용 그리고 천사들 이름을 비밀로 지키겠다는 것을 맹세하였다."는 이들의 신비적 성향을 잘 보여준다. 그들이 소유한 서적은 무엇이며 그 천사의 이름을 비밀로 한 까닭은 무엇이었을까?

예로부터 우주의 비밀을 담고 있는 서적은 비의 단체를 통하여 비밀리에 전승되어 왔다. 이것은 의식 수준이 낮은 대중에게 공개되어 그 내용이 왜곡되거나 남용되는 것을 방지하기 위함이었다. 여기의 천사 이름은 일종의 만트람(진언)으로 우주 신비의 문을 열거나 신과 동조할 수 있는 진동의 힘이었다. 카발라에서 신의 이름과 천사 이름을 중시하고 이들 이름을 명상 도구로 사용하는 것도 같은 이유에서이다. 이들 이름은 외부에 누설되지 말아야 하였다. 이들은 신의 이름인 테트라그라마톤(YHVH)의 올바른 발음법을 비밀리 간직하여 왔을 것이다.

고대 비밀 전승에 의하면 예수는 카발라의 대가였으며 영지주의 사상은 카발라의 한 갈래였다. 에세네파는 고대 비밀가르침이 담겨 있는 서적들을 보존하여 왔고 다가올 예수의 우주적 사역을 준비한 단체였다. 예수는 에세네파의 보호 아래 자랐고 예수가 십자가에 못 박혀서 지상에서 자신의 임무를 완성하자 에세네파는 자신들의 역할을 완료했기에 조용히 역사에서 사라졌다. 십자가 사건 후에 이들의 존재에 대한 역사적 기록은 없다.

유대교의 비밀가르침은 카발라이고 예수의 비밀가르침은 영지주의이다. 카발라와 영지주의는 예수의 가르침이었다. 두 가르침(카발라와 영지주의)이 유사할 수밖에 없는 이유이다.

6 예수의 비밀가르침

　성경의 예수의 가르침은 참으로 훌륭한 도덕적 지침이다. 그러나 위대한 예수의 가르침이 이것뿐일까? 성경은 예수 가르침의 극히 일부분만을 담고 있다. 이것 말고 정말로 영원불변한 참 가르침은 신약성서에 기록이 되지 않았다. 일반 대중은 눈이 있어도 보지 못하고 귀가 있어도 듣지 못하는 사람들이어서 주로 도덕적 덕목을 설하였고 진리는 상징적으로 설해졌을 뿐이다. 마태복음66)에는 예수가 두 가지 방법으로 진리를 전하는 내용이 나온다. 대중이 아닌 준비된 제자들에게 전해진 가르침에는 우주법칙의 작동원리가 담겨 있었다.
　예수의 참 가르침을 알려면 우리에게는 두 가지 방법이 있다. 하나는 정경에 기록되지 않은 가르침을 찾아내는 것과 다른 하나는 비유로 설해진 성경 구절의 행간을 해석하는 일이다. 사실 예수는 우주 신비에 대한 모든 면(물질적, 정신적, 영적 측면)을 가르쳤다.
　"이것(정경)이 유일한 경전이니 이것 외에는 다른 것은 믿지 말라."라고 하늘에서 지침으로 내려온 것이 아니라, 예수 사후에 존재한 수많은 종파 중에서 정치적으로 승리한 로마 가톨릭 종파의 주장이 정경으로 인정받은 것뿐이다.
　참 종교는 박제된 것이 아니라 살아 움직인다. 모든 종교는 신의 의지에 대한 인간의 해석이며, 의식수준이나 시공간의 한계로 해석은 모든 것을 담을 수도 없고 완전한 것을 담을 수도 없다. 그러므로 완전한 종교, 완전한 경전은 있을 수 없다. 더구나 성경은 필사와 편찬 과정에서 여러 가지 이유로 내용이 추가되거나 제거되었고 내용이 변경되기도 하였다.

마태복음 13장에서 보듯이 예수가 제자들에게는 대중에게 주지 않은 다른 차원의 가르침을 준 것을 알 수 있다. 대중에게 가르쳐 주지 않은 규칙과 법칙이 있고 영지주의 가르침은 그 일부분이다. 지금 성경은 예수가 무지한 대중에게 가르친 우화와 도덕규범일 뿐이다. 예수의 참 신비 가르침은 대중에게 주어지지 않았다. 마태 10장 8절에 예수가 12제자를 파견하면서 이런 말을 한다.

"앓는 사람은 고쳐 주고 죽은 사람은 살려 주어라. 나병환자는 깨끗이 낫게 해 주고 마귀는 쫓아내어라. 너희가 거저 받았으니 거저 주어라."

이 구절에서 보면 제자들은 예수와 같은 치유능력을 지녔음을 알 수 있다. 아니면 예수가 그런 말을 할 수가 없었을 것이다. 즉 성경에는 나오지 않지만 제자들에게 여러 치유법칙이나 우주법칙을 가르쳤음을 보여주는 증거이다. 물론 가르침을 받은 제자들이 모두 이런 능력을 습득하였다는 뜻은 아니나 예수가 가르침을 주었다는 것은 확실하다. 이런 치유법칙이나 신비 가르침은 성경에 나오지 않는다.

열린 마음으로 종교와 경전을 봐야한다. 성경 자구에만 매여 소중한 것들을 놓치는 어리석음은 범하지 말아야 한다. 성경 구절에는 단순히 문자적 의미 외에도 깊은 뜻이 숨겨져 있는 경우가 많다. 그 뜻을 알아낸다면 우리는 예수의 참 가르침을 살짝 엿볼 수 있을 것이다. 영지주의 가르침은 예수의 신비 가르침의 일부이다.

이처럼 우리가 알고 있는 예수 가르침은 빙산의 일각임을 알아야 한다.

(관련된 성경 구절)

"예수께서 제자들 앞에서 이 책에 기록되지 않은 다른 기적들도 수없이 행하셨다."(요한복음 20:30)

"예수께서는 이 밖에도 여러 가지 일을 하셨다. 그 하신 일들을 낱낱이 다 기록하자면 기록된 책은 이 세상을 가득히 채우고도 남을 것이라고 생각된다."(요한복음 21:25)

7 예수와 카발라 상징

구약의 모세오경에 나오는 여러 가지 이야기는 사실을 기록한 것이 아니라 거의가 상징이다. 그래서 이야기를 문자 그대로 받아들이면 원래의 의미를 놓치게 된다. 구약은 유대신비사상인 카발라의 이해 없이는 그 숨겨진 뜻을 알 수가 없다. 카발라에서는 우주를 4개의 세계(영계, 멘탈계, 아스트럴계, 물질계)로 구분하는데 토라는 이 4개 차원으로 해석이 된다. 이 말은 4가지 의미가 중첩되어 있다는 것이다.

카발라의 대표적 서적인 〈조하르〉에서는 4개 차원을 상징적으로 외관, 육체, 영혼, 영혼의 영혼으로 표현한다. 모세오경 즉 토라에 나오는 이야기(외관에 해당)를 문자적으로 이해하면 너무도 많은 것을 놓치게 되며 터무니없는 이야기도 믿어야 하는 난처한 상황에 처하게 된다. 우리는 외관 안에 숨어있는 진짜 토라를 보는 지혜를 얻어야 한다. 그렇게 될 때 신의 숨이 토라를 통하여 이 세상에 작동하는 신비를 보게 된다.

신약도 구약만큼은 아니지만 적지 않은 글들이 카발라로 해석이 되어야만 진정한 의미가 드러난다. 〈요한계시록〉이 대표적 경전이다. 신약에서 예수가 한 말은 상당수가 도덕적 훈계지만 더러 카발라의 상징이 숨어있기도 하다.

흔히 카발라를 유대신비가르침으로 정의하는데 카발라는 소수의 준비된 사람들에게 구전으로 전해진 밀교이며 유대교는 일반 대중을 위한 현교였다. 이것은 기독교와 영지주의, 일반 불교와 티베트 불교의 관계에 비유될 수 있다.

예수는 이런 카발라 가르침에 통달하였다. 다만 대중들 수준이 낮아서 예수는 카발라 가르침보다는 누구나 알기 쉬운 도덕적 훈계나 하늘나라에 대하여 이야기할 수밖에 없었다. 그나마 예수의 카발라 사상이 어느 정도 반영된 가르침이 영지주의 복음서들이다.

신약에서 카발라 상징은 여러 가지 모습으로 나온다. 예수는 33살에 십자가에 못 박혀 돌아가신다. 33이란 숫자는 카발라에 나오는 상징적 숫자이다. 카발라의 핵심은 신(근원)과 인간(물질)을 연결하는 생명나무에 있는데 이 생명나무는 10개 빛과 22개 히브리문자로 이루어진다. 10개 빛과 22개 문자를 합쳐 32개의 길이 만들어지고 이것은 인간이 신에 도달하는 길이고 동시에 신이 인간으로 내려오는 통로이기도 하다. 이 32개의 길을 넘어서면 근원과 합일하고 이것은 숫자 33으로 표현된다. 예수의 33년 생애는 바로 카발라의 33 숫자를 상징한다. 즉 예수가 궁극적인 자리에 도달했음을 보여준다.

예수가 십자가에 못 박혀 돌아가신 것도 카발라의 상징이 숨어 있다. 카발라에 따르면 우주는 근원에서 확충되어 나온 4계(영계, 신성 마음계, 아스트럴계, 물질계)로 이루어져 있으며 우리는 물질계에 살고 있다. 우리가 이 4개의 세계를 넘어 궁극적인 자리에 도달할 때, 다른 말로 생명나무 32개의 길 너머 근원자의 자리(33으로 표현됨)에 이를 때 우리는 전체(무한자)와 하나가 된다.

십자가(+)를 보면 상하좌우 4개의 점이 있고 그 중심에는 점이 하나가 있다. 4개의 점은 4개의 세계를 의미하고 십자가 중심은 모든 것이 나온 원천 즉 무한자를 상징한다. 그래서 십자가는 완성을 의미하며 궁극적인 상태를 상징한다. 예수가 십자가에 못 박힌 것은 근원과 합일의 상징이었다.

히브리 22문자는 각각 문자마다 고유한 숫자 값이 주어지며 동시에 상징하는 의미가 있다. 히브리 마지막 문자 Tau(ת)는 그 수의 값이 400이고 의미는 "완성"이며 동시에 "십자가"이다. 즉 십자가는 완성이다.

12라는 숫자도 카발라와 관련된다. 예수의 12제자, 유대 12지파, 예수의 12세 행적 등이 그러하다. 예수의 어린 시절은 기록이 없다. 다만 예수가 12살에 되던 해에 부모를 따라 예루살렘을 방문하여 성전에서 학자들과 토론하는 내용이 나온다(누가 2:41~52).

12란 숫자의 근원은 히브리 22문자에서 찾을 수 있다. 히브리 문자는 창조에 사용되는 3개의 문자[3모자(母字)라 함], 두개의 세계(마음계와 아스트럴계)에 걸쳐있는 7개 문자[7복자(覆字)라 함], 12개의 문자{12단자(單子)라 함}로 구성된다.

히브리 22문자는 각각 특정한 진동을 지닌 소리인데(만트람), 크게는 우주 창조와 운행에 관여하고 작게는 인간의 신체로 흐르는 영적 에너지의 통로로 그리고 창조에너지로 작용한다.

유대 12지파와 관련하여 새로운 사실이 숨겨져 있다.[67] 오늘날 많은 사람들이 유대인을 이스라엘 연합과 동일시하는데 유대인은 이스라엘 12연합체의 한 부족일 뿐이었다. 오늘날 연구에 의하면 이스라엘 12지파를 구성한 야곱의 12 아들은 12 부족(르우벤, 시므온, 레위, 유다, 이사갈, 즈불룬, 오셉, 베냐민, 단, 납달리, 가드, 아셀)이었고 이들이 이스라엘 부족 연맹을 형성하였다고 한다.

기원전 1020년에 이스라엘 왕국이 탄생했는데, 다윗이 남쪽에 따로 유대 왕국을 이룩하면서 이 12부족은 6부족씩 남과 북으로 갈라지게 되었다. 그러나 이스라엘 왕국의 왕이 죽자 다윗왕은 이 두 왕국을 통합했고 그의 아들 솔로몬은 위세를 크게 떨쳤다. 그러나 솔로몬이 죽자 이 왕국은 다시 둘로 갈라지고 만다. 북쪽 이스라엘 왕국은 10부족, 남쪽의 유대 왕국은 2부족에 의해 지탱되고 있었다. 기원전 721년경에는 이스라엘 왕국이 앗시리아 군대에 의해 멸망하고 BC 586년에는 유대 왕국이 신바빌로니아의 침입으로 멸망하고 만다.

유대 왕국을 구성한 베냐민 부족과 유대 부족은 그 후에 혼혈을 통하여 거의 유대인이 되었다. 그러나 이스라엘 왕국의 10부족은 앗시리아에게 멸망당한 뒤에 역사에서 사라지고 말았다. 그들이 어디로 갔는지 기록이 남아있지 않다.[68]

8 영지 창조신화

영지주의자들은 자신들만이 신비 전통을 보존하는 존재임을 확신하고, 인간과 우주 그리고 신과의 관계를 논하는 방대한 작품들을 창작했다. 영지주의 신화에 보면 모든 것을 초월한 스스로 존재하는 유일신이 있다. 이 신이 에온이라 불리는 존재를 낳았고 신은 이들과 함께 충만한 영계(플레로마)를 형성하였다. 에온의 막내인 소피아의 실수로 그녀는 구약의 신에 해당하는 데미우르고스를 낳게 된다. 그들의 창조 신화는 구약 창세기를 기발하게 그리고 창의적으로 해석하여 보여준다. 그들은 이 신을 학파에 따라 다양한 이름을 부여하는데 〈요한비서〉에서는 얄다바오트로 나온다.

그러면 스스로 그리스도인으로 자처했던 영지주의자들이 왜 구약의 창세기와 그 신을 왜곡하면서까지 새로운 창조신화를 만들었을까? 스티븐 휠러는 세상의 악을 조물주에게 돌리는 영지주의 신화를 유일신론적인 하느님으로 인한 어려움에서 생겨난 것으로 보았다.[69] 그는 영지주의자도 일부 초대 기독교인들과 마찬가지로 구약의 하느님(복수심과 분노, 질투, 타민족에 대한 혐오 등)에 당혹스러워했고 그래서 그들이 구약을 상징적으로 해석하려 했다고 한다.[70]

그들은 인류 조상이 세상에 악을 가지고 왔다는 주장을 믿을 수 없어서 열등한 데미우르고스인 조물주에게 그 책임을 떠넘겼다. 그들은 세계는 타락한 것이 아니라 시작부터 불완전했다고 말한다. 영지주의자들에게 하느님이란 창조된 세계 너머에 있는 궁극적인 실제를 의미한다.[71]

성서학자 바트 어만은 창조신화의 동기를 이렇게 설명한다.

악인이 활개치고 의인이 고통 받는 세계, 유대인의 시련에 무심한 신이 과연 올바른 신인가? 전능한 신일 수가 없다. 그는 신일 수가 없다. 그래서 세계의 창조자 그 너머의 드러나지 않은 존재를 생각하게 되었다.72)

저명한 종교사학자인 일레인 페이절스는 데미우르고스와 아르콘 단어는 그리스도교회의 상층 교계를 암시하는 도전적이고 베일에 가려진 단어들일 수 있다고 했다.73) 영지주의 전문학자인 마들렌은 영지주의자들이 작품 전체에서 데미우르고스와 아르콘들이 지배하는 세상을 묘사한 것은 어쩌면 이 세상의 지배 체계를 부정적으로 암시하고자 한 것이 아닐까 라고 추측했다.74)

그 시대의 선각자였던 영지주의자들의 생각을 고려해 보면, 영지주의 우주 창조신화는 정통교회의 터무니없는 교리와 교회체계에 대한 반발로 예수가 전해준 영지의 기본 틀을 유지하면서도 새로운 내용을 첨가하여 화려하게 창작되었다고 본다. 창의력이 풍부하였고 지성이 뛰어났던 그 시대의 선도자였던 영지주의자들(예수의 비밀가르침을 전수받은 예수 제자와 이들에게 영지를 전수 받은 사람들)은 정통교회를 더러는 냉소적으로 더러는 연민으로 바라보았을 것이다.

예수 사후에 진리에 무지하고 많이 정치적이었던 교부들에 의하여 예수의 참 가르침은 크게 곡해되어 전혀 뜻밖의 교리가 생겨났다. 영지주의자들은 예수가 강조한 자신에 대한 지식과 자기 수련을 통한 구원이 아니라 믿음을 통한 구원이 교회 교리로 자리를 잡아나가자 크게 분노하고 안타까워했을 것이다. 정통교회에 대한 불신은 진리와는 조금 다르게 각색된 영지신화를 낳았을 것이다. 이것은 정통기독교인들의 그릇된 신앙과 교리를 깨부수기 위한 시도였다고 볼 수 있다. 불교로 말한다면 일종의 방편적 시도였을 것이다. 그러나 예수의 비밀가르침을 전수받은 그들은 구약의 문자적 의미 뒤에 숨겨진 참뜻은 알았을 것이다. 왜냐하면 구약은 4가지 차원으로 해석되고 예수는 4가지 의미를 전부 전수했을 것이기 때문이다.

영지신화에 이런 문제점이 있지만 모든 비의 가르침에 흐르는 기본 구조(인간 영혼은 신성한 존재 즉 신의 불꽃이고 지금은 무지 때문에 신성이 잠들어 있지만 결국은 진리를 통하여 신과 하나가 된다)는 변함이 없다. 이것이 영지주의의 위대함이다. 이런 영지주의자들을 질투하고 위험시하였던 주교들은 광적으로 이들을 박해하고 곡해하였던 것이다.

영지주의에 따르면 인간의 내면에는 신의 불꽃(신성, 불성)이 있는데, 원래 이것은 영적 세계에 존재지만 복잡한 이유로 인하여 물질 세상에 떨어져 육신 안에 갇히되어 있다. 그리고 이 신의 불꽃이 영적 세계로 복귀하려면 "영지"라는 비밀가르침을 통해 깨우침을 받아야 한다. 영지주의 신화는 다음과 같다.

(1) 요한 비밀의 서와 창조신화

요한 비밀의 서(Apocryphon of John, 요한 비서)는 부활하신 예수가 요한에게 인류의 창조, 타락, 인류의 구원에 대해 계시하신 내용을 담고 있다. 천상계인 플레로마의 형성에서 시작하여 불완전한 신인 얄다바오트와 그 수하세력인 아르콘의 유래, 그리고 그들에 의한 세상과 인간의 창조가 나온다. 그리고 이들 손아귀에서 인간을 구원하려는 신의 계획이 나온다. 영혼이 육체라는 감옥에서 벗어나 천상계로 돌아갈 수 있는 방법을 알려준다.

책에 보면 제일 꼭대기에 최고의 신이 있고 그에게서 에온들이 유출되는데 이 최상신과 에온들이 천상계인 플레로마(충만)를 형성한다. 에온의 막내에 해당하는 소피아(지혜)가 최고의 신을 연모하여 그분의 허락을 얻지도 않고, 자신의 짝인 배우자 에온의 동의도 구하지 않는 채, 홀로 잉태하여 얄다바오트를 출산한다. 소피아는 얄다바오트를 보고 실망하여 천상계 바깥에 버린다. 그러면서 얄다바오트에게 숨을 불어 넣어주는데 이 숨이 천상계의 영이다. 소피아의 영이 빠져나감으로써 충만했던 천상계에 그만큼의 결핍이 초래되고 이것은 나중에 인간 영혼의 천상계 복귀로 복구가 된다. 한편 버려진 얄다바오트(우두머리 아르콘)는 자신을 시중들 다른 아르콘들을 만들었고 아르콘들은 또 다른 힘들을 만들고 이들이 천사를 만들었다. 얄다바오트는 이들과 함께 물질계를 창조하고 인간을 만든다. 인간은 물에 비친 완전한 아버지의 형상에 따라 얄다바오트에 의해 만들어진다. 얄다바오트는 천상의 소피아에게서 받은 숨을 인간에게 불어넣어서, 인간은 얄다바오트가 만든 육체와 천상의 소피아에게서 유래한 영이 결합된 이중적 존재가 된다. 신성한 불꽃이 육체에 갇힌 것이다. 이들 아르콘들은 인간이 자신들보다 능력이 크다는 것을 알고는 인간을 물질세계로 쫓아낸다. 그리스도는 사람들에게 자신들의 기원이 하늘에 있음을 기억하게 하여 인간을 구원하려고 아래 세계로 파견된다. 육체에서 천상의 플레로마로 돌아가는데 필요한 것이 예수가 전한 영지(비밀 가르침)이다. 스스로를 구원하는 영지지식으로 깨달음을 얻을 때까지 인간은 윤회한다.[75]

(2) 발렌티누스 학파의 영지신화

영지주의 창조 신화에는 많은 변종(變種)이 있다. 예를 들면 결함 있는 데미우르고스(창조주)를 낳는데 있어서 소피아의 동기에 대한 견해나 소피아와 데미우르고스와의 관계는 다양하게 해석된다. 플레로마(충만, 신성영역)의 회복과 구원 과정에 대한 신화, 개인의 영적 고양(깨달음, 천상계로 복귀), 영지의 필요성 등은 발렌티누스 그노시즘의 핵심이다. 인간 개개인의 영지 획득은 우주차원에서 보면 플레로마의 회복이기도 하다. 발렌티누스는 대표적인 영지주의자로 그에게서 유명한 제자들이 나타나서 이들이 여러 학파를 이루었다. 다음의 짧은 이야기는 발렌티누스 학파의 영지주의 신화의 전형적인 내용이다.

태초에 엔노이아(Ennoia, 생각)라는 여성법칙과 함께 휴식 속에 영원히 존재하는 남성법칙인 초월적인 신이 있었고 이 합일로부터 두 개의 원초형태인 마음(Mind, 남성속성)과 진리(Truth, 여성 속성)가 생겨났다. 이어서 이러한 여성과 남성 법칙은 남성과 여성 속성으로 이루어진 30개의 다른 존재물을 방출하였는데 이것은 에온으로 불린다. 에온은 집합적으로 "플레로마(Pleroma)" 또는 "충만함"으로 알려진 신성한 영역을 구성한다. 이런 에온들(Aeons)중에서 첫 번째인 에온인 마음(Mind)만이 신의 위대함을 알고 이해하였으며 신을 볼 수 있었다. 그러나 가장 어린 에온인 소피아(Sophia, 지혜)는 열정적으로 신을 보려고 했다. 결국 이 열정의 고뇌로부터 남성 파트너의 동의나 지식도 없이 자신의 존재로부터 결점이 있는 발출물을 바깥으로 투사하였다.

이 미숙아인 데미우르고스가 물질 우주의 창조자가 되었으며 그는 자신을 완전한 신으로 생각하였다. 데미우르고스가 창조한 우주는 많은 영역으로 구성되며 각각의 영역은 그보다 낮은 권능을 가진 아르콘(Archons)에 의하여 통치된다. 이 아르콘들은 인간의 세계를 다스리는데 이 세계는 가장 낮은 타락한 영역이다.76)

9 카발라 우주 창조[77]

　예수가 카발라 대가였으며 영지주의는 카발라 가르침의 일부라고 앞에서 설명했다. 카발라 창조철학은 영지주의 창조신화에게 큰 영감을 주었을 것이다.
　카발라 창조론은 굉장히 복잡하고 다양하기까지 하다. 그러나 다행스럽게도 20세기의 위대한 카발라 학자인 도리얼 박사는 난해하고 복잡한 여러 학파의 카발라 창조이론 속에 숨겨진 상징을 현대인이 이해하기 쉽게 잘 풀어서 설명하고 있다. 설명이 구체적이고 사실적이다.

　시작도 끝도 없고, 공간도 존재도 없는 공(Void, 심연, 아인에 해당)에서 홀연히 빛(아인 소프에 해당, 무한)이 나타났다. 이 빛은 주변의 공(Void)을 밀어내며 한동안 계속 확장하였고 빛이 확장하는 가운데 조화로운 움직임과 무질서한 빛의 움직임이 나타났다. 확장을 끝낸 빛은 중심에 조화로운 빛, 바깥에 조화롭지 못한 빛(부정)으로 나뉘어져서 존재하였다. 조화로운 빛은 우주 알 또는 모든 것의 근원, 횃불을 든 자, 왕 중의 왕, 호아라고 불렸다. 이것이 바로 존재하는 모든 것의 첫 번째 원인이며 근원적 존재이다. 이 첫 번째 원인인 조화로운 빛은 무질서한 빛을 자신처럼 조화롭게 변형시키기 위하여 첫 번째 빛을 발출하니 여기서 창조가 시작된다. 이 첫 번째 빛은 창조의 숨이며 근원자의 의지이며, 우주의 법칙으로 모든 것은 여기에서 시작되어 여기로 돌아간다.

첫 번째 빛은 무질서한 빛(부질서)을 밀어내고 창조의 공간을 설정한다. 창조공간이 생기고 첫 번째 빛에서 순서적으로 9개의 신성 빛이 확장하여 나와 우주창조를 시작하였다. 그러므로 우주는 상징적으로 10개의 빛으로 구성되었다고 할 수 있다.

우주공간에 수많은 행성이 만들어지자 우주 중심에 있는 영태양(spiritual sun, 우주 물질태양의 원천, 물질태양은 영태양의 물질 통로이다)의 문이 열리고 신성한 에너지는 우주로 흘러들어왔으며 행성들은 물질 태양 주변을 돌고 마침내 우주는 살아 숨쉬기 시작했다.

창조의 숨으로 식물과 동물이 탄생하고 모든 것이 뜻대로 작동되자 '왕 중의 왕', '호아'의 확장인 '우주의식'은 자신을 무수히 많은 빛(영혼)으로 나누어 행성에 나타나 무질서한 빛(부정)을 조화로운 빛으로 변화시키는 일을 시작하였다. 한동안 뜻대로 우주는 작동하였고 모든 것이 좋았다. 자유의지를 가진 태초 영혼들이 일에 대한 욕심으로 부정(부조화한 빛) 속에 너무 깊게 몰입하다가 그만 무질서한 빛 속에 갇히고 말았다. 상징적으로 에덴동산에 더 이상 머물 수 없는 일이 일어났다. 이 일로 인간은 신성 힘을 잃고 신성 상태에서 추락하여 지금 우리의 영혼이 거주하는 물질육체로 들어왔다.

이후 인간은 윤회를 통하여 다양한 삶을 살아가면서 영적 진화의 길을 걷고 있으며 이것은 원래의 신아(神我)를 회복하는 과정이다. 근원으로 돌아가는 길은 카발라의 생명나무에 있으며 이것은 신과 인간을 연결하는 사다리이다.

이삭 루리아(Rabbi Isaac Luria, 1533~1572)는 루리아 학파의 창시

자로 독자적인 카발라 체계를 발전시킨 인물이다. 그의 사상은 근대 카발리즘의 출발점이다. 영지주의 창조신화보다는 늦게 나왔지만 까마득한 시절부터 구전으로 전해오던 카발라 이론을 문자로 기록한 것으로 보면 된다. 도리얼 박사의 우주창조론도 마찬가지로 고대로부터 전해온 가르침을 지금의 언어로 기록한 것이다. 이삭 루리아의 창조론은 이러하다.

창조 전에 신은 우주를 채우고 있었으며 창조를 결심하고 먼저 자신을 우주에서 철수시켰다. 이 과정을 '침춤'이라 한다. 신은 철수하여 남겨진 공간에 신성 빛을 내보내 자신을 닮은 아담카드몬을 형성하였다. 이어 신성 빛이 나왔으나 그 빛을 담는 용기가 깨어지는 사건이 일어난다(10개 중 아래의 7개 세피로트가 깨어짐). 용기가 왜 깨어졌는지에 대해서는 의견이 분분하다. 이 때 용기를 구성하던 빛은 불꽃으로 흩어져 일부는 다시 원래 나온 곳으로 올라가고 그렇지 못한 빛은 용기와 함께 내팽개쳐져서 악마의 거주지(생명나무의 그림자)로 알려진 켈리포트에 떨어졌다. 신성 빛은 이 부서진 파편으로 덮어 쓰여서 인간의 치료를 요하는 악의 힘이 되었다. 어둠에 사로잡힌 빛은 이 켈리포트를 먹여 살리는 생명력을 제공하게 된다. 이렇게 되자 신이 계획한 체계는 무너지고 원래 상태로 되돌리려는 티쿤(Tikkun) 즉 복원 과정이 시작된다. 깨어진 용기를 복원하는 일은 최상의 빛(신)의 노력으로 거의 완료되었으나 인간만이 할 수 있는 어떤 일이 있었으며 이 일을 위하여 인간이 창조되었다. 결국 복원은 인간에게 주어진 일의 완수에 달려있는 셈이다. 인간의 목적은 물질세계를 영적 상태로 복원시키는 일이며 이것은 켈리포트의 세계로부터 완전한 분리를 의미한다. 켈리포트가 방해할 수 없는 상태에서 모든 창조물은 신과 영원한 동조(同調)를 이룰 수 있다. 그러나 아담(모든 인간을 상징)의 추락으로 이 일은 좀 더 복잡하게 전개된다. 원래 주어진 일 외에 영혼 자신도 원래의 상태로 복귀해야 하는 일이 그것이다. 복원(티쿤) 과정은 인간의 신성한 행위를 통하여 성취된다. 계명을 실천하고, 기도를 올리고, 자비와 정의의 행동을 하면 불꽃은 들어 올려 진다. 선행과 바른 삶, 영적인 행동을 통하여 이 파편/껍질을 찾아 이 속에 갇힌 신성 빛을 해방시키는 일이 인간의 역할이다. 그러므로 삶은 어둠으로부터 빛을 해방시키는 끝없는 전쟁인 셈이다.

이처럼 루리아 이론은 복잡하고 이해하기 어렵다. 이것을 문자 그대로 받아들여야 한다는 주장과 인간의 수준에 맞추어 설명된 비유나 상징으로 이해하여야 한다는 주장이 있다. 그러나 우리가 기억할 것은 루리아 이론은 많은 카발라 이론 중 하나일 뿐이라는 것이다. 이것이 후대 카발라에 커다란 영향을 미쳤지만 그렇다고 이것이 카발라 창조론을 대표하지는 않는다. 카발라 창조론에 대한 해석을 두고 의견이 나누어지듯이 영지주의 신화에 대해서도 마찬가지이다.

카발라 이론이 영지주의 신화로 각색이 되면서 새로운 내용이 첨가되어 상당한 변화가 일어났다고 생각한다. 그러나 근원적인 존재에 대한 인정, 신에게서 발출된 신성한 인간, 물질세계의 존재 이유, 악의 근원, 윤회, 영지를 통한 구원, 신과 합일 등에 있어서는 기본 구조가 유지되고 있다고 할 수 있다. 카발리스트들과 비의 가르침 신봉자들처럼, 영지주의자들도 창조라는 관념 대신 신성한 존재로부터 발출이라는 개념을 사용했다.

10 근원적 존재에 대한 영지주의와 카발라 시각

　카발라는 모든 것 뒤에 숨어있는 아인 소프(Ain Soph)라는 존재를 상정한다. 아인 소프는 무한 혹은 한계 없음으로 번역되는데 이것은 "모든 원인의 원인", "고대의 날들" 등으로 불리기도 한다.
　아인 소프의 속성에 대하여 여러 가지 의견이 있으나 이것이 인간 이해를 초월한 근원적 존재라는 것에는 일치한다. 아인 소프를 설명하면서 존재란 용어가 사용되었지만 이것은 우리가 생각하는 그 어떤 존재가 아니다. 이것은 형상도 없고 속성도 없고 시작도 끝도 없다. 아인 소프에 대한 적당한 말을 고른다면 아무것도 없는 무(無)가 아니라 인간 마음이 알고 있는 그 어떤 것도 아닌 그러나 모든 것이 내재되어있는 상태, 불교로 말하면 공(空)의 상태와 비교될 수 있을 것이다. 존재나 비존재의 상대적 개념을 넘어서 있다. 이것은 영지주의에서 말하는 참 하느님과 같다. 영지주의자인 바실리데스의 우주 창조론을 보면 이와 유사한 개념이 나온다.

　공(空)이란 물질(物質)도 본질(本質)도 아니며 본질의 텅 빔도 아니다. 공은 단순성도 구성의 불가능성도, 개념 없음도, 지각없음도 아니었고 인간도 천사도 신도 아니었다. 인간이 이름 붙일 수 있는 그 어떤 것도 아니었으며 인간의 지각과 개념의 범위 안에 있는 어떤 작용(움직임)도 아니었다. 생각 없고 느낌 없고, 결정함도 선택함도 강요함도 바램도 없는 존재 너머의 신성이 우주를 창조하려고 의지하였을 때(만약 우리가 시간 공간 너머 상태의 '시기'에 대해 말할 수 있다면 그 '때'), 비존재의 상태는 인간의 이해력으로는 도저히 알 수 없는 것이었다.[78]

3장 영지주의 복음서의 카발라적 해석

1 나그함마디 문서

우리는 영지주의자들에 대해서는 두 가지 원천을 통하여 알 수 있다. 첫째는 영지주의 반대자들이 집필한 문헌이고, 둘째는 영지주의자들이 직접 집필한 문서이다. 나그함마디 문헌이 발굴되기 전에는 영지주의 반대자였던 교부들의 문헌이 매우 소중한 자료였다. 사실 기독교를 반대할 목적으로 영지주의를 심하게 왜곡한 교부들 때문에 오랫동안 영지주의가 이단이라는 편견이 있었다. 그러다가 계몽주의 경향과 18~20세기 오컬트 부활을 통해 관심이 조금 증대되다가, 나그함마디 문서가 발견되면서 영지주의는 새로운 조명을 받게 되었다. 물론 원천 문서로는 나그함마디 문서 이전에 18~19세기에 발견된 필사본들(런던, 옥스퍼드, 베를린 필사본)이 있었으나 1945년의 나그함마디 필사본이 영지주의 연구를 완전히 변화시켰다.

1945년 북부 이집트의 나그함마디(Nag Hammadi)에서 여러 파피루스 문서가 발견되었다. 이들 문서는 콥트어로 된 3세기 혹은 4세기경의 영지주의 문서였다. 이 13권의 파피루스 뭉치 속에는 모두 52편의 글이 있는데 중요한 것으로는 〈진리 복음서, The Gospel of Truth〉〈도마복음서, The Gospel of Thomas〉〈야고보 비밀의 서, The Apocryphon of James〉〈요한비서, The Apocryphon of John〉〈빌립 복음서, The gospel of Philip〉 등이 있다. 이들 문서는 영지주의의 기원과 사상 그리고 영지주의와 초기 기독교와의 관계를 규명하는데 중요한 자료를 제공하고 있다.

나그함마디 문서는 단일한 주제를 지닌 문서들의 집록이 아니라 그것이 영지주의 사상을 표방하든 아니든 간에 다양한 종교적 신앙과 실천을 표방하고 있다. 하느님, 세계, 그리스도, 종파와 같은 문제들이 경전의 주요 주제들이다. 이들 중에는 예수가 사도들에게 비밀리에 전한 가르침도 있는데 이것에는 사도 도마와 야고보 그리고 빌립이 쓴 복음서가 포함된다. 이들 복음서가 사도 이름을 차용한 위서인지 여부를 떠나서 간절하게 진리를 전하는 의도는 분명하게 보인다.

경전들 중 상당수가 세상을 창조하고 다스리는 신을 참다운 신으로 여기지 않았고 그 너머에다 유일한 신을 상정한다. 이들 중 어떤 경전들은 창조신을 구약의 야훼와 동일시하기도 했다. 세상의 창조를 자신이 하느님이라고 착각한 열등하고 무지한 신이 일으킨 우주적인 대재앙으로 주장한다. 그러면서 우리가 어떻게 이곳에 거주하게 되었고 어떻게 이곳을 벗어날 수 있는지를 설명한다. 구원을 가져다줄 것으로 비밀 지식 즉 영지를 말한다. 나그함마디 문서의 기독교 관련 문서에서는 예수 그리스도가 인류에게 영지를 가져다주는 것으로 말하고 있다. 현재 나그함마디 문서들은 모두 이집트 카이로의 콥트 박물관에 보관되어 있다.

나그함마디 문서에서 발견된 코덱스들과 각 코덱스에 포함된 문서들의 전체 목록은 다음과 같다.[79]

코덱스 I
(1) 사도 바울의 기도(The Prayer of the Apostle Paul): 시편과 바울 서간에 근거한다.
(2) 야고보 비밀의 서(Apocryphon of James): 예수가 부활 이후 550일 만에 베드로와 야고보에게 나타나서 비밀 가르침을 전한다.

(3)진리 복음서(Gospel of Truth): 영지주의 교리 강론으로 보인다.

(4)부활론(Treatise on the Resurrection): 수신인의 이름을 따서 〈레기노스에게 보내는 편지〉로도 불린다. 영혼의 부활에 대하여 논한다.

(5)3부 논문(Tripartite Tractate): 상위계와 창조와 인간의 관계를 논한다.

코덱스 II

(1)요한 비서(요한 비밀의 서, Apocryphon of John): 부활한 예수가 창조와 인간의 타락 그리고 구원을 요한에게 계시하며 설명한다. 영지주의 창조 신화가 실려 있다.

(2)도마 복음서(Gospel of Thomas): 대표적인 영지주의 복음서로 동양종교 가르침과 유사한 예수의 어록이 실려 있다.

(3)빌립 복음서(Gospel of Philip): 경고나 금언의 내용이 담겨있고, 새로운 내용의 창세기 구절이 나오고 신비스러운 성례전이 언급되고 있다. 특히 신방의 성례전이 주목받는다.

(4)아르콘들의 실체(Hypostasis of the Archons): 세상과 인간의 기원을 보여주는 계시서이다. 이 논고는 아르콘의 종말과 영지주의자들의 영적 본질이 빛과 영광 속에서 아버지와 만날 것을 약속한다.

(5)세상의 기원에 대하여(On the Origin of the World): 우주와 인간 생성론과 종말론에 관한 영지주의 중심사상을 열거한다.

(6)영혼에 대한 해석(Exegesis on the Soul): 영혼의 타락과 재상승을 논한다.

(7)용사 도마의 서(Book of Thomas the Contender): 예수와 도마가 나눈 종말에 관한 계시적 대화이다.

코덱스 Ⅲ

(1)요한 비서(Apocryphon of John): 코텍스 Ⅱ(1)와 같은 것.

(2)이집트인들의 복음서(Gospel of the Egyptians): 세상 역사와 영지주의자들의 운명을 논한다.

(3)축복받은 자 유그노스토스(Eugnostos the Blessed): 세상을 초월한 볼 수 없는 천상의 영역을 다섯 신적 위계로 나누어 설명한다.

(4)예수 그리스도의 소피아(The Sophia of Jesus Christ): 앞의 (3)에 이어서 예수 그리스도의 구속(救贖) 사업과 소피아에게 종속된 세력들이 이 세상을 지배하면서 빛을 손상하고 있음을 첨가했다.

(5)구세주의 대화(Dialogue of the Saviour): 예수와 세 명의 제자인 유다, 마리아, 마태와의 대화를 담고 있다.

코덱스 Ⅳ

(1)요한 비서(Apocryphon of John): 코텍스 Ⅱ(1)과 같은 것.

(2)이집트인들의 복음서(Gospel of the Egyptians): 코텍스 Ⅲ(2)와 같은 내용.

코덱스 Ⅴ

(1)축복받은 자 유그노스토스(Eugnostos the Blessed): 코텍스 Ⅲ(3)과 같은 내용.

(2)바울 계시록(Apocalypse of Paul): 바울이 셋째 하늘을 지나 넷째에서 열째 천국까지 경험한 황홀경을 묘사한다.

(3)야고보의 첫째 계시록(First Apocalypse of James): 예수와 의인 야고보와의 대화이다. 예수가 야고보가 당할 수난에 대하여 위로한다.

(4)야고보의 둘째 계시록(Second Apocalypse of James): 순교를 참관한

사제가 야고보의 아버지에게 자신이 본 사실을 알리는 내용이다.
(5)아담 계시록(Apocalypse of Adam): 아담이 셋(seth)에게 13단계로 된 영지주의적 세계 역사를 13왕국의 우의적 표현으로 계시한다.

코덱스 VI

(1)베드로와 열두 사도의 행전(Acts of Peter and the Twelve Apostles): 내용을 네 묶음으로 나누면, 처음 세 부분의 우의적 비유는 〈헤르메스 목자〉의 편집과 유사하다.
(2)천둥, 완전한 지성(The Thunder, Perfect Mind): 천둥(여성)은 완전한 지성으로 최상의 신으로부터 오는 초월적 계시자이다.
(3)권위 있는 가르침(Authoritative Teaching): 영혼의 기원과 영혼이 처한 환경, 그리고 마지막 운명에 대한 강론.
(4)우리의 위대한 권능의 사색(Concept of Our Great Power): 이 권능은 모든 신을 초월하는 최상의 신이다. 육신의 창조와 구원의 역사, 그리고 세상 종말을 논하는 영지주의적 묵시록이다.
(5)플라톤 국가(Plato's Republic): 불의에 관한 논고이다.
(6)제8위와 제9위에 대한 담론(Discourse on the Eighth and Ninth): 천상 세계를 두고 아버지(헤르메스)와 아들(타트)이 나누는 대화. 헤르메스주의(Hermetica)에 속한 논서이다.
(7)감사의 기도(The Prayer of Thanksgiving): 신이 되는 지식을 받음에 감사한다. 헤르메스주의(Hermetica)에 속한 문헌이다.
(8)아스클레피우스(Asclepius): 헤르메스주의(Hermetica) 문헌이다.

코덱스 VII

(1)셈의 해설(Paraphrase of Shem): 성서의 창조론과 관계되는 영지

주의적 우주생성론과 구원의 역사이다.

(2)위대한 셋의 둘째 논서(Second Treatise of the Great Seth): 셋이 구원된 그리스도의 육신으로 나타나 이전의 구원 역사를 가르친다.

(3)베드로의 영지주의적 계시록(Gnostic Apocalypse of Peter): 예수의 투옥과 죽음, 그리고 예수의 영적 육신이 천상 플레로마의 지성적 빛과 합일됨을 예수의 계시를 통하여 알게 된다.

(4)실바누스의 가르침(Teachings of Silvanus): 세상을 거부하며 비관주의로 쓴 영지주의 지혜서.

(5)셋의 세 개 돌기둥(Three Steles of Seth): 신의 세 가지 본성을 묘사한다.

코덱스 VIII

(1)조스트리아노스(Zostrianos): 조스트리아노스가 가르친 천상 여행을 셋의 후손인 선택된 자들에게 알리는 계시서이다.

(2)베드로가 빌립에게 보낸 서한(Letter of Peter to Philip): 예수가 십자가에 매달려 처형될 때와 그 후 전달한 비밀 교시로 주로 베드로의 수위권을 다룬다.

코덱스 IX

(1)멜기세덱(Melchizedek): 셋파에 속하는 계시서이다. 멜기세덱이 예수 그리스도와 영지주의 구세주 셋과 동일시된다.

(2)노레아의 생각(Thought of Norea): 노레아는 셋에게 대응하는 여성이다. 그녀는 더럽혀지지 않은 처녀로 영지주의자들에게 도움을 준다.

(3)진리의 증언(Testimony of truth): 출산을 장려하는 법, 육신의 부

활, 성행위를 반대하고 그리스도를 상징하는 뱀이 생명과 지식을 계시한다.

코덱스 X
(1)마르사네스(Marsanes): 마르사네스가 체험한 하계와 상위계의 각종 신적 실체들을 설명한다.

코덱스 XI
(1)지식에 대한 해석(Interpretation of Knowledge): 마태복음 구절을 인용하여 구세주와 성부의 관계 그리고 구세주의 수난을 설명하고 바울 서간 구절을 인용하여 교회가 그리스도 신비체험임을 영지주의교회에 적용한다.
(2)발렌티누스파의 해설문들: 발렌티누스파의 비밀 교과서로 창조의 기원과 구원 과정을 설명한다.
(2)abcd: 기름부음, 세례, 성찬에 관한 단편들이다.
(3)알로게네스(Allogenes): 셋은 계시를 받아 자기 아들 메소스에게 두려움과 무지를 극복하고 인식을 획득하여 충만한 영성생활에 이르는 길을 가르친다.
(4)힙시프로네(Hypsiphrone): 힙시프로네가 자신의 처녀성을 세상에 허락하면서 받은 계시이다.

코덱스 XII
(1)섹스투스 금언(Sentences of Sextus): 금언이 수록되어있다.
(2)진리 복음서(Gospel of Truth): 코덱스 I(3) 내용임.
(3)단편들

코덱스 XIII

(1)트리모르픽 프로테노이아(Trimorphic Protennoia): 세편으로 된 계시서.

(2)세상의 기원(Origin of the World): 시작부의 10행만 판독이 가능한 상태이다.

2 야고보 비밀의 서(야고보 비서)

예수와 두 제자(베드로와 야고보) 사이에 대화 형태로 진행되는 예수의 비밀 가르침이다. 처음에는 그리스어로 작성되었다고 보고 있으나 전해지는 필사본은 이집트 콥트어로 번역된 것이다. 이것은 4세기에 사라졌다가 1945년에 발견된 나그함마디 장서에서 다시 모습을 드러내었다. 나그함마디 장서의 코덱스1에 있는 다섯 개 문서 중 두 번째 것이다. 가장 빠르면 1세기 늦으면 2세기 말이나 3세기 초에 작성되었던 것으로 보인다.

원본에는 제목이 없으나 본문에 보면 예수가 야고보와 베드로에게 비밀 가르침을 드러내고 영의 전차를 타고 승천하는 내용에 근거하여 학자들이 「야고보 비밀의 서」라는 제목을 붙였다. 이 문헌은 가장 많은 주목을 받고 있는 대표적 영지주의 문서인 "도마복음서"와 비슷한 내용이 담겨있어 흥미를 끈다.

이 문서를 번역하면서 사용한 영어 번역본은 제임스 로빈슨(James M. Robinson)의 The Nag Hammadi Library(HaperOne, New York, 1990) p29에 실린 프랜시스 윌리엄(Francis E. Williams)의 저서 "The Apocryphon of James(Introduction and Translation)"이고, 참고 서로는 윌리스 반스톤(Willis Barnstone)의 "The Other Bible(Harper & Row, San Francisco, 1984)" p343에 실린 론 캐머런(Ron Cameron)의 "The Other Gospels(Westminster Press, Philadelphia, 1982)"이다.

원문은 절을 구분하는 번호가 없으나 여기서는 임의로 절을 나누었다.

야고보 비밀의 서 1절

예수의 비밀 가르침

James writes to [...]: Peace be with you from Peace, love from Love, grace from Grace, faith from Faith, life from Holy Life! Since you asked that I send you a secret book which was revealed to me and Peter by the Lord, I could not turn you away or gainsay (?) you; but I have written it in the Hebrew alphabet and sent it to you, and you alone.

야고보가 그대에게 글을 씁니다. 하늘의 평화로부터 평화가, 하늘의 사랑으로부터 사랑이, 하늘의 은총으로부터 은혜가, 하늘의 신앙으로부터 신심이, 그리고 거룩한 생명으로부터 생명이 그대와 함께 하기를 바랍니다. 그대는 주님이 나와 베드로에게 계시한 비밀의 책을 보내달라고 요청하였습니다. 나는 그대의 요청을 외면할 수 없어서 히브리어로 내용을 써서 그대에게만 보냈습니다.

해석 야고보가 편지를 보내는 사람이 누구인지 알 수는 없지만 예수가 비밀리에 전해준 가르침을 오직 이 사람에게만 보낼 정도로 믿을 만하다는 뜻이다. 야고보가 히브리어로 보낸다는 것은 상대자가 유대인일 가능성이 크다. 그리고 예수 당시에 팔레스타인에서는 히브리어는 거의 문헌 속의 언어로만 존재했고 상위층은 그리스어를 대중은 아람어를 사용했다. 그러므로 야고보가 예수와 나눈 언어도 아람어일 것이다. 그런데도 굳이 히브리어로 보내는 것은 비밀 가르침이어서 대중이 읽지 못하도록 하기 위함일 수도 있다.

But since you are a minister of the salvation of the saints, endeavor earnestly and take care not to rehearse this text to many - this that the Savior did not wish to tell to all of us, his twelve disciples.

그러나 그대는 성도들의 구원의 사제이므로, 이 책을 다른 사람들에게 말하지 않도록 각별히 유념해 주십시오. 왜냐하면 구세주께서 12사도에게도 드러내려 하지 않았던 내용이기 때문입니다.

해석 야고보는 예수가 12제자들에게도 드러내려고 하지 않았던 가르침임을 밝힌다. 예수 가르침은 지금 우리가 알고 있는 4복음서의 가르침과 〈도마복음〉이나 〈야고보 비밀의 서〉처럼 영지주의 가르침으로 구분된다. 전자는 현교이고 후자는 비밀 가르침(밀교)이다.

But blessed will they be who will be saved through the faith of this discourse. I also sent you, ten months ago, another secret book which the Savior had revealed to me. Under the circumstances, however, regard that one as revealed to me, James; but this one ... [untranslatable fragments]

... the twelve disciples were all sitting together and recalling what the Savior had said to each one of them, whether in secret or openly, and putting it in books - But I was writing that which was in my book - lo, the Savior appeared, after departing from us while we gazed after him.

그러나 이 책의 내용을 믿어서 구원을 받게 되는 사람은 복이 있을 것입니다. 나는 이미 10달 전에 구세주가 내게 드러낸 다른 비밀의 책은 그대에게 보냈습니다. 그러므로 그 책도 나 야고보에게 계시된 비밀의 내용으로 생각하시고 간수하시기 바랍니다. 12사도가 모두 한자리에 모여서, 구세주가 각자에게 공개적으로 한 말이든 비밀스럽게 한 말이든 기억해서 여러 책으로 기록하고 있었습니다. 내가 내 책에 있는 내용을 기록하고 있을 때, 놀랍게도 이전에 우리가 응시하는 가운데 우리 곁을 떠났던 구세주가 나타났던 것입니다.

해석 정경은 예수 가르침의 극히 일부분일 뿐이다. 지금 살아남아 정경으로 인정받고 있는 가르침은 수준 낮은 대중을 상대로 설해진 것이기 때문에 거의가 도덕적 지침이나 덕목이다. 이와는 별도로 수준이 되는 사람들에게는 비밀리에 우주 법칙과 고대 지혜를 설하였다. 그러나 로마 교회의 박해 속에 이런 가르침은 거의가 사라져버렸다. 나그함마디에서 발견된 영지주의 문헌은 기적적으로 살아남은 소중한 문헌 중 일부이다.

    12사도 각자가 예수에게 받은 내용을 책으로 기록하였다는 것은 정경 외에도 예수의 가르침이 상당히 많았다는 의미이다. 이런 증거는 요한복음(20:30, 21:25)에서도 살짝 엿볼 수 있다. "예수께서는 제자들 앞에서 이 책에 기록되지 않은 다른 기적들도 수없이 행하셨다." "예수께서는 이 밖에도 여러 가지 일을 하셨다. 그 하신 일들을 낱낱이 다 기록하자면 기록된 책은 이 세상을 가득히 채우고도 남을 것이라고 생각된다."

야고보 비밀의 서 2절
하늘나라는 너희 스스로 충만해져야 갈 수 있노라!

And five hundred and fifty days since he had risen from the dead, we said to him, "Have you departed and removed yourself from us?" But Jesus said, "No, but I shall go to the place from whence I came. If you wish to come with me, come!" They all answered and said, "If you bid us, we come." He said, "Verily I say unto you, no one will ever enter the kingdom of heaven at my bidding, but (only) because you yourselves are full. Leave James and Peter to me, that I may fill them."

그분이 죽음에서 부활한지 550일이 지난 뒤에서 그분에게 "주님은 우리에게서 떠나버렸나이까?"라고 물었습니다. 그러자 예수께서는 "그렇지는 않다. 그러나 나는 내가 왔던 그곳으로 돌아갈 것이다. 나하고 같이 가고 싶다면 오너라." 라고 말했습니다.

사도들 모두가 "주님이 명령하신다면 가겠습니다."라고 대답했습니다. 그분은 "진실로 너희에게 말하노니, 내가 명령한다 해도 어느 누구도 하늘나라에 들어갈 수는 없느니라. 다만 너희들 자신이 충만하게 되어야 들어갈 수 있노라. 내가 야고보와 베드로 두 사람을 충만하게 할 터이니 두 사람은 따로 남으라."라고 말했습니다.

해석 오늘날 기독교 교회에서는 구원을 위해서 하느님과 예수에 대한 거의 맹목적인 믿음을 강조하지만, 여기서 예수는 분명히 다른 말을 한다. 예수는 자신이 명령한다 해도 즉 자신에 대한 믿음이 아니라, 너희 스스로가 충만하게 되어야(내적으로 지혜롭게 되어서 들어갈 자격이 되어야) 하늘나라 즉 구원이 가능하다고 말한다. 이것이 정통기독교와 영지주의 가르침의 결정적 차이이다. 여기서 충만하게 되기 위해서 필요한 것이 바로 예수가 전하는 비밀 지식 즉 영지(그노시스)이다. 영지주의에서 충만함은 플레로마이고 이것은 에온으로 구성된 영원한 영역을 말한다.

사실 이것은 너무도 상식적인 말이지만 믿음을 최고로 강조하는 기독교에서는 이것을 받아들이지 못한다. 우주법칙 중에 중요한 것이 원인과 결과의 법칙(카르마 법칙)인데 이것은 쉽게 말해서 뿌린 대로 거둔다는 말이다. 그러므로 어느 누구도 우리를 대신할 수 없다는 말이기도 하다. 예수가 우리에게 지혜를 전해서 우리가 영적으로 성장하도록 도와줄 수는 있어도 아직 수준이 되지 않은, 즉 영적으로 성숙하지 못한 사람을 예수 마음대로 하늘나라에 보낼 수는 없다. 이를 어기면 조화롭게 운행되는 우주는 대 혼란에 빠질 것이다. 신도 우주법칙에 따라 우주를 다스리고 그 우주 법칙은 신의 신성한 의지(말씀)이기도 하다

And having called these two, he drew them aside and bade the rest occupy themselves with that which they were about.
The Savior said, "You have received mercy ... (7 lines missing)
Do you not, then, desire to be filled? And your heart is drunken; do you not, then, desire to be sober? Therefore, be ashamed! Henceforth, waking or sleeping, remember that you have seen the Son of Man, and spoken with him in person,

and listened to him in person."

그분이 두 사람을 불러서 옆에 두고는, 나머지 사도들은 하던 일에 계속하라고 명령했습니다. 구세주는 이렇게 말했습니다. "너희에게 자비가 내렸다…….. 그대들은 충만해지기를 원하지 않느냐? 너희 마음이 취해 있는데도 깨어나기를 원하지 않느냐? 부끄러운 줄 알아라. 앞으로 너희는 깨어있든지 잠자고 있든지, 사람의 아들(인자)을 보았고, 사람의 아들과 직접 이야기를 나누었고, 그분의 말씀을 직접 귀 기울여서 들었다는 것을 기억하라."

해석 예수가 영지 가르침을 제자들에게 전한 것은 자비심 때문이었다. 제자들의 마음이 취해 있다는 것은 제자들이 물질세계 즉 환영의 세계에 매여 진실을 바로 보지 못한다는 뜻이다. 예수가 전해주는 소중한 영지 가르침을 듣고도 여전히 꿈에서 깨어나려는 의지를 보이지 않는 제자들에게 예수는 부끄러운 줄 알라고 나무란다. 예수는 제자들이 자신에게 직접 전해들은 영지 가르침을 기억하라고 당부한다.

야고보 비밀의 서 3절
예수를 본 사람은 화가 있도다!

"Woe to those who have seen the Son of Man; blessed will they be who have not seen the man, and they who have not consorted with him, and they who have not spoken with him, and they who have not listened to anything from him; yours is life!"

"사람의 아들을 본 사람들에게 화가 있도다. 사람의 아들을 보지 못한 사람, 그와 사겨보지 못한 사람, 그와 이야기를 나눠보지 못한 사람, 그에게 한 마디도 들어보지 못한 사람은 축복 받았도다. 생명이 너희 것이다."

해석 예수를 본 사람에게 화가 있다는 말은 첫째로 기존 유대체계를 거부하는 예수의 가르침 때문에 박해를 받을 것이란 말이고, 둘째로 사람들의 사유체계를 뒤흔들 예수의 가르침으로 인하여 크게 고통 받게 된다는 의미이다. 그런 점에서 예수를 접하지 못한 사람들은 역설적이지만 축복(?)받은 것이다. 물론 그들이 환영 속에 살아가는 불쌍한 존재인 것은 변함이 없다. 이런 위험을 무릅쓰고 예수 가르침을 받아들인 사람들은 생명을 얻은 것이 된다.

영지주의 복음서인 〈도마복음〉 2절에 이와 관련된 흥미로운 구절이 있다. "구하는 자는 찾을 때까지 구함을 멈추지 말라. 그가 찾게 될 때 불안하게 될 것이요, 그 불안은 놀라움으로 바뀔 것이며 마침내 그는 모든 것을 지배하리라."

제자들이 구하는 진리, 즉 예수 가르침이 마음을 편안케 하지 않고 불안하게 한다는 말은 위에서 설명한 것과 마찬가지 이유에서이다. 예수의 영지 가르침에서는 그대는 신의 일부분이며 이 세상은 환영이니 물질 집착을 버리라고 가르친다. 모든 것은 꿈이니 집착하지 말고 버리라니 사람들은 불안할 수밖에 없을 것이다. 더군다나 자신이 신의 속성을 지닌 신성한 존재라니 이것은 유대사회에서는 절대자에 대한 불경을 저지르는 것이어서 처음에는 사람들 마음은 두려움으로 불안해질 것이다.

"Know, then, that he healed you when you were ill, that you might reign. Woe to those who have found relief from their illness, for they will relapse into illness. Blessed are they who have not been ill, and have known relief before falling ill; yours is the kingdom of God. Therefore, I say to you, 'Become full, and leave no space within you empty, for he who is coming can mock you." Then Peter replied, "Lo, three times you have told us, 'Become full'; but we are full."

"그러므로 너희가 다스리도록, 너희가 병들었을 때 그분이 치유해 주었음을 알라. 병이 나은 사람들에게 화가 있도다. 왜냐하면 다시 병이 들 것이기 때문이다. 병든 일이 없고, 병이 들기 전에 구원을 발견한 사람은 복이 있도다. 하느님의 왕국이 너희 것이다.

그래서 내가 너희에게 말하노니, 충만해져서, 너희 안에 빈 구석이 없게 하라. 충만하지 않으면 앞으로 올 사람이 너희를 비웃을 수 있기 때문이다." 그러자 베드로가 "그래서 주님께서 우리에게 충만해지라고 3번이나 말씀하셨습니다. 그러나 우리는 이미 충만해 있습니다."라고 대답했습니다.

해석 병이 들지 않도록 예수 가르침(이 가르침에는 우주법칙과 물질조화 법칙, 치유법칙 등이 있다)을 통하여 구원을 얻으라는 말이고, 그러면 하느님 왕국이 제자들 것이라고 말한다. 여기서 병은 육체 질병만이 아니라 영적 질병 즉 무지도 포함된다. 예수가 자신의 가르침(영지)으로 충만해지라는 말(신성 자각, 깨달음)에, 베드로는 이미 그 말을 여러 번 들었다면서, 이미 자신들은 충만하다고 말한다.

뒤에 보면 알겠지만 그들은 여전히 충만하지 않았기 때문에 예수가 하는 말이었다.

야고보 비밀의 서 4절
영으로 충만해져라!

The Savior answered and said, "For this cause I have said to you, 'Become full,' that you may not be in want. They who are in want, however, will not be saved. For it is good to be full, and bad to be in want. Hence, just as it is good that you be in want and, conversely, bad that you be full, so he who is full is in want, and he who is in want does not become full as he who is in want becomes full, and he who has been filled, in turn attains due perfection. Therefore, you must be in want while it is possible to fill you, and be full while it is possible for you to be in want, so that you may be able to fill yourselves the more. Hence, become full of the Spirit, but be in want of reason, for reason 〈belongs to〉 the soul; in turn, it is (of the nature of) soul."

　구세주께서는 이렇게 답했습니다. "그래서 내가 너희에게 결핍 속에 있지 않도록 충만해지라고 하는 것이니라. 결핍 속에 있는 사람들은 구원 받지 못할 것이다. 왜냐하면 충만은 좋은 것이고 결핍은 나쁜 것이기 때문이다.

　앞으로 너희가 결핍 속에 있는 것이 좋고, 충만함에 있는 것은 나쁘다. 결핍 속에 있는 사람이 충만하게 되면, 충만하게 된 사람은 당연히 완전함을 얻으려 하기 때문이다. 이처럼 충만함에 머무는 사람은 결핍 속에 있고, 결핍 속에 있는 사람은 충만하게 되지 않는다.

그러므로 너희는 너희를 충만케 할 수 있는 동안은 결핍 속에 있어야 하고, 너희가 결핍 가운데 있을 수 있는 동안은 충만해지도록 하여라. 그래서 너희는 자신을 더욱 충만케 할 수 있을 것이니라. 그러므로 영으로 충만하고 이성은 작아져라. 이성은 혼에 속하고 이성은 혼의 속성이기 때문이니라."

해석 결핍은 나쁜 것이므로 충만해지라고 하면서 바로 뒤에서는 "앞으로 너희가 결핍 속에 있는 것이 좋고, 충만함에 있는 것은 나쁘다." 라고 말한다. 이 말은 제자들이 자신들은 충만해 있다고 생각하면서 그 상태에 만족해서 머물려고 하자 예수가 주의를 주는 구절이다. 영적 성장에 만족하지 말고 여전히 부족함을 느껴서 더 큰 성장을 추구하라는 말이다. 이것은 제자들만이 아니라 많은 사람들이 범하는 실수이다. 예수는 혼의 신성한 속성인 이성을 넘어서 혼 수준 너머의 하느님의 속성인 영(신성)으로 충만해지라고 한다.

야고보 비밀의 서 5절
하느님께서 너희를 나 예수와 같게 만들 것이다.

But I answered and said to him, "Lord, we can obey you if you wish, for we have forsaken our fathers and our mothers and our villages, and followed you. Grant us, therefore, not to be tempted by the devil, the evil one." The Lord answered and said, "What is your merit if you do the will of the Father and it is not given to you from him as a gift while you are tempted by Satan? But if you are oppressed by Satan, and persecuted, and you do his (i.e., the Father's) will, I say that he will love you, and make you equal with me, and reckon you to have become beloved through his providence by your own choice."

그래서 나는 "주님, 주님이 원한다면 저희는 주님을 따를 수 있습니다. 우리는 부모와 마을을 버리고 주님을 따라 나섰나이다. 그러니 사악한 악마에게 유혹당하지 않게 하소서."라고 대답했습니다.

주님께서 대답하시길 "너희가 아버지의 뜻을 행하면 너희의 공덕이 무엇이겠느냐? 너희가 사탄에게 유혹받는 것은 아버지가 너희에게 선물로 준 것이 아니지 않겠느냐? 너희가 사탄에게 억압과 박해를 받아도 아버지의 의지를 실천한다면, 내가 말하노니, 아버지가 너희를 사랑하고, 아버지가 너희를 나와 동등하게 만들 것이고, 그분은 너희가 자유로운 선택에 따라 아버지의 섭리를 통하여 사랑받는 사람이 되었다고 인정할 것이다."

해석 제자들이 악마에게 유혹당하지 않게 해달라고 하니 예수가 제자들이 아버지 뜻을 따르고 실천하는 공덕으로 하느님이 제자들을 예수와 동등하게 만들어줄 거라고 말한다. 우리를 하느님 아들과 같게 만들어준다는 말에 기독교인들은 거짓이라며 크게 분노하고 놀라겠지만, 사실, 영지주의나 그 모태인 카발라에서는 인간을 신에게서 발출된 신의 일부분으로 보기 때문에 이것은 너무도 당연한 말이다. 누구나 영지 가르침을 통하여 내면의 신성을 밝히면 신과 합일하기 때문이다.

고대 지혜의 가르침에서는 신의 의지를 신의 창조 숨으로 보며, 아울러 이것을 우주법칙 즉 진리와 동일시한다. 그래서 신의 의지를 따르고 행한다는 것은 맹목적 믿음으로 신을 따른다는 뜻이 아니라 우주법칙 즉 진리(영지)를 배워 이것으로 자신과 세상을 밝히고 신의 창조계획에 적극적으로 참여한다는 의미이다.

야고보 비밀의 서 6절
죽음을 경멸하고 삶을 생각하라.

"So will you not cease loving the flesh and being afraid of sufferings? Or do you not know that you have yet to be abused and to be accused unjustly; and have yet to be shut up in prison, and condemned unlawfully, and crucified ⟨without⟩ reason, and buried as I myself, by the evil one?"

그러므로 너희는 육체를 사랑하는 것을 그만두고 고통에 대한 두려움을 그만두어라. 아니면 사악한 자에게 내가 당한 것처럼, 너희가 부당하게 비난받고, 억울하게 기소되어 감옥에 갇혀서, 유죄판결을 받고, 이유 없이 십자가에 못 박혀서, 묻히게 된다는 사실을 모르느냐?

해석 육체는 물질을 상징하고 이것에는 모든 물질 욕망이 포함된다. 붓다는 물질에 대한 집착으로 고통이 생긴다고 하였고 이를 극복하기 위한 8개의 바른 길(8정도)을 제시하였다. 팔정도 중에 정견은 바른 견해이며, 이것은 우주의 법칙을 바르게 아는 지혜를 뜻한다. 그러므로 정견은 영지주의 가르침의 영지에 해당한다고 할 수 있다. 예수는 육체에 집착하지 말고 영지를 통하여 고통을 극복하라고 말한다.

"Do you dare to spare the flesh, you for whom the Spirit is an encircling wall? If you consider how long the world existed ⟨before⟩ you, and how long it will exist after you, you will find that your life is one single day, and your sufferings one single hour. For the good will not enter into the world. Scorn death, therefore, and take thought for life!"
영이 너희를 지키는 든든한 성벽인데도 감히 육체를 아끼려고 하느냐? 너희에 앞서 이 세상이 얼마나 오랫동안 존재했으며, 너희 이후에 이 세상이 얼마나 오랫동안 존재할지를 생각해 본다면, 너희 삶이 단 하루이고 너희 고통도 단 한 시간에 불과함을 깨달을 것이다. 왜냐하면 좋은 것은 세상에 들어오지 않을 것이기 때문이다. 그러므로 죽음을 경멸하고 삶을 생각하라.

해석 영이란 단어는 성경에서만이 아니라 여러 분야에서 자주 사용되는 말이나 그 의미는 상황이나 문맥에 따라 많이 다르다. 눈에 보이지 않은 다른 차원의 실체(엔터티, 선한 영, 악령 등)의 의미가 있고, 성경에 나오는 하느님의 영에서처럼 인간을 살아있게 하는 신의 신성한 속성(힘)의 의미가 있다. 성경의 영은 히브리어로는 루아흐(바람, 숨, 호흡)인데 이것은 신의 숨이며 이 숨에는 신의 신성한 속성, 의지, 우주법칙, 창조능력, 생명 에너지 등이 포함된다. 한마디로 신의 신성한 모든 속성을 담고 있는 것이 영이다. 한편 영과 구별되는 단어가 성령인데 이것을 영과 같은 의미로 보는 사람도 있고 다르게 받아들이는 사람도 있다.

성경에 보면 성령은 특별히 진리의 영으로 언급이 된다. 그런 점에서 성령은 하느님의 영의 속성 중에서 특별히 진리 부분을 강조한 것으로 볼 수가 있다. 그래서 삼위일체의 성령 즉 성신은 흔히 우리가 알고 있는 인격적 존재가 아니라 신의 말씀이고 진리이다. 그리고 신의 발출/확장인 우리 혼에는 이런 신의 영적 속성이 당연히 존재한다. 다만 우리는 무지로 인하여 그것을 인식하지 못하고 있을 뿐이다. 혼(soul)은 신처럼 위대한 영적인 존재이다. 혼이 없다면 인간은 인간답게 존재할 수 없고 그래서 짐승과 다를 것이 없을 것이다. 동물에게는 이런 신성한 혼 대신에 모든 생명을 살아있게 하는 생명력(life force)이 존재한다. 물론 이 생명력도 신의 영에서 흘러나온 에너지의 일부이다.

무구한 세월 속에 우리에게 주어진 삶이 얼마나 짧은지 깨닫고 영원히 살듯 물질에 집착하지 말고 살아가면 고통도 한순간이라는 말을 한다. 그리고 물질계는 자신의 약점과 부족함을 극복하기 위하여 주어진 학습의 장(카르마가 작동하는 세계)이어서 좋은 것이 세상 속으로 들어오지 않는다고 말한다.

죽음은 내면의 신성이 깨어있지 못한 상태. 삶은 내면(신성)이 깨어 있어서 살아있는 상태를 말한다. 그래서 무지 속에 있는 사람은 육체는 살아있지만 죽은 사람이라고 불린다. 그러므로 우리는 죽음을 경멸하고 삶을 구해야 한다. "죽은 사람이 죽은 사람을 장사하라는(마태 8:22)"라는 성경구절에서 죽은 사람이란 바로 내면의 신성이 깨어있지 못한 사람을 말하는 것이었다. 영지주의 대표적 성서인 〈도마복음〉 첫 구절은 "이것은 살아있는 예수의 말씀이다"라고 시작된다. 예수는 내면이 살아있는 분이셨기에 그러했다. 우리는 살아있는 사람이 되어야 한다.

야고보 비밀의 서 7절
내 십자가를 믿지 않으면 아무도 구원받지 못하리라.

"Remember my cross and my death, and you will live!"
But I answered and said to him, "Lord, do not mention to us the cross and death, for they are far from you."
"나의 십자가와 나의 죽음을 기억하라. 그러면 너희가 살 것이다." 그러나 나는 이렇게 말했습니다. "주님, 십자가와 죽음은 이제 당신과 관계가 없으니 저희에게 십자가와 죽음에 대해 말씀하시지 마소서."

해석 앞 구절에서 "죽음을 경멸하고 삶을 생각하라"면서 이어서 예수는 자신의 십자가와 죽음을 기억하면 살게 된다고 즉 내면이 깨어난다고 말한다. 그러나 제자들은 아직 이 십자가와 그 죽음이 상징하는 말이 무슨 의미인지 모르고 외람되게 과거의 십자가 사건을 더 이상 언급하지 말라고 한다.

The Lord answered and said, "Verily, I say unto you, none will be saved unless they believe in my cross. But those who have believed in my cross, theirs is the kingdom of God. Therefore, become seekers for death, like the dead who seek for life; for that which they seek is revealed to them. And what is there to trouble them? As for you, when you examine death, it will teach you election. Verily, I say unto you, none of those who fear death will be saved; for the kingdom belongs to those who put themselves to death. Become better than I; make yourselves like the son of the Holy Spirit!"

주님께서 말씀하시길. "진실로 내가 너희에게 말하노니, 내 십자가를 믿지 않으면 아무도 구원받지 못하리라. 그러나 나의 십자가를 믿는 자들은 하느님 나라가 그들의 것이니라. 그러므로 생명을 갈구하는 죽은 자들처럼 너희는 죽음을 구하는 자들이 되어라. 자신들이 구하는 것이 자신들에게 나타나기 때문이다. 그런데 그들을 괴롭히는 것이 무엇이냐? 너희에 관해 말하자면, 너희가 죽음을 조사할 때, 죽음은 너희가 선택되었음을 가르쳐줄 것이다. 진실로 내가 너희에게 말하노니, 죽음을 두려워하는 자들은 아무도 구원받지 못할 것이다. 하느님 나라는 자신을 죽음에 던지는 자들의 것이니라. 나보다 더 나은 사람이 되어라. 너희 자신을 성령의 아들과 같게 만들라!"

해석 예수는 자신의 십자가를 믿지 않으면 아무도 구원받지 못하겠지만 십자가를 믿는 자들은 하느님 나라가 그들의 것이라고 다시 말한다. 여기서 십자가를 믿는다는 말은 "예수가 우리의 죄를 대신해서 십자가에서 돌아가셨으니 예수 믿고 구원받자."라는 정통교회의 교리가 아니라, 십자가의 상징 속에 숨어 있는 진리를 통하여 죽음에서 깨어나라는 것, 즉 구원받으라는 의미이다.

　이것은 영지주의 사상의 모태인 카발라에서 가르치는 십자가를 이해하여야 알 수 있는 구절이다. 카발라에서는 이 우주가 근원에서 확충되어 나온 4계(영계, 신성 마음계, 아스트럴계, 물질계)로 이루어져 있다고 한다. 우리가 이 4개의 세계를 넘어 궁극적인 자리에 이를 때, 우리는 전체(무한자)와 하나가 된다. 그런데 십자가(+)를 보면 상하좌우 4개의 점이 있고 그 중심에 점이 하나가 있다. 이 십자가 4개의 점은 4개의 세계를 의미하고 십자가의 중심은 모든 것이 나온 원천 즉 무한자를 상징한다. 그래서 십자가는 완성을 의미한다. 예수가 십자가에 못 박히신 것은 바로 근원과 합일을 통하여 완전하게 되었음을 상징하는 사건이었다. 예수가 십자가를 통하여 완성을 이루었듯이 제자들도 예수처럼 십자가를 통하여 구원받으라는 말이다.

　그 방법으로 "생명을 갈구하는 죽은 자들처럼 너희는 죽음을 구하는 자들이 되어라."는 이상한 말을 한다. 죽은 자가 생명을 갈구하듯 그렇게 열렬하게 물질 욕구를 죽이라는 의미이다. 생생하게 살아있는 물질욕망을 죽이는데 두려움이 있어서는 안 된다. 생명처럼 소중하게 여겨지는 물질집착을 내려놓아야 구원을 얻을 수 있음을 말한다.

　예수는 제자들에게 자신보다 더 나은 사람이 되라고 하면서 그들 자신을 성령의 아들과 같게 만들라고 한다. 누구나 진리를 통하여 혼을 깨우면 예수처럼 위대한 존재가 되고 성령의 아들, 진리의 아들, 진리의 전달자가 된다는 말이다.

야고보 비밀의 서 8절
예언의 머리!

Then I asked him, "Lord, how shall we be able to prophesy to those who request us to prophesy to them? For there are many who ask us, and look to us to hear an oracle from us."
The Lord answered and said, "Do you not know that the head of prophecy was cut off with John?"
But I said, "Lord, can it be possible to remove the head of prophecy?"
The Lord said to me, "When you come to know what 'head' means, and that prophecy issues from the head, (then) understand the meaning of 'Its head was removed.' At first I spoke to you in parables, and you did not understand; now I speak to you openly, and you (still) do not perceive. Yet, it was you who served me as a parable in parables, and as that which is open in the (words) that are open.
"Hasten to be saved without being urged! Instead, be eager of your own accord, and, if possible, arrive even before me; for thus the Father will love you."

그리고 나는 "주님, 예언을 요구하는 사람들에게 어떻게 예언해야합니까? 예언을 요구하는 사람과 신탁을 듣고 싶어 하는 사람이 많기 때문입니다." 라고 물었습니다.

주님은 "예언의 머리가 요한과 함께 잘려졌다는 것을 모르느냐?"라고 말했습니다. 그래서 나는 "주님, 예언의 머리를 제거하는 것이 가능하겠나이까?"라고 말했습니다. 주님은 나에게 이렇게 대답하셨습니다.

"머리가 무엇인지, 그리고 예언이 머리에서 나온다는 것을 안다면, 예언의 머리가 제거되었다는 의미를 이해할 것이다. 처음에 내가 비유로 말할 때 너희는 알아듣지 못했다. 이제는 드러내놓고 말하는데도 너희는 여전히 알아듣지 못하구나. 아직까지 너희들은 비유 중의 하나의 비유로, 드러내놓고 하는 말 중의 하나로 나를 받드는구나. 재촉당하지 말고 서둘러 구원받도록 하라. 스스로 열심히 하여, 가능하다면 나마저도 능가하라. 그리하면 아버지가 너희를 사랑할 것이니라."

해석 도마복음 46조에 "예수께서 말씀하시길, '아담으로부터 세례 요한까지 여자에게서 태어난 사람들 가운데 세례 요한보다 더 위대한 자가 없으니 왜냐하면 그의 눈이 파괴되지 않았기 때문이니라.'"라는 말이 나온다. 눈이 파괴되지 않았다는 말은 세례 요한의 머릿속에 있는 제3의 눈(송과선)이 열려있다는 것이다.

고대지혜의 가르침에서 송과선은 혼이 거주하는 장소이고 보통 사람의 경우는 이 제3의 눈은 거의 닫혀 있어서 신성한 혼의 힘이 나오지 못한다. 그런 점에서 3의 눈(영안)이 열려서 예언을 할 수 있었던 요한은 영적으로 뛰어난 사람이었다. 그는 헤롯의 잘못을 지적하여 옥에 갇혔다가 헤로디아의 음모에 의해 목이 배여 죽임을 당하였다. 이제 요한만한 능력자가 사라졌기에 예언은 없다는 예수의 말을 제자들은 이해를 못하고 있다.

예수는 상황에 따라 비유로 혹은 드러내어 설법했지만 제자들 수준은 예수의 기대만큼 높지는 않았다. 예수는 제자들에게 늘 자신을 능가하라고 격려하는 모습을 보인다. 다만 예수 자신에 대한 믿음이 아니라 가르침에 대한 각자의 열의를 강조한다.

"Come to hate hypocrisy and the evil thought; for it is the thought that gives birth to hypocrisy; but hypocrisy is far from truth."
"위선과 사악한 생각을 미워하라. 사악한 생각이 위선을 낳고 위선은 진리가 아니기 때문이다."

해석 예수가 싫어하는 것이 사악한 생각과 위선이었다. 우리는 기도나 안식일 등에서 위선적인 모습을 보이는 바리새인에 대한 예수의 강한 비판을 성경에서 볼 수 있다. 금기 음식물이나 안식일 등은 사람을 위하여 있는 것이지, 그것을 위하여 사람이 있는 것은 아니기 때문이다. 자신의 기도를 하느님이 들으라고 통성 기도하는 풍조는 예수님 시절이나 지금이나 변함이 없다. 신은 번지르르한 말이 아니라 진실을 다하여 마음으로 하는 기도를 더 좋아한다. 예수는 남에게 보여주는 기도 대신에 아무도 듣는 이 없는 골방(머리 중심의 송과선)에 들어가서 기도하라고까지 하였다. 십계명 중 하나가 "거짓말을 하지 말라"이다.

"Do not allow the kingdom of heaven to wither; for it is like a palm shoot whose fruit has dropped down around it. They (i.e., the fallen fruit) put forth leaves, and after they had sprouted, they caused their womb to dry up. So it is also with the fruit which had grown from this single root;

when it had been picked (?), fruit was borne by many (?). It (the root) was certainly good, (and) if it were possible for you to produce the new plants now, 〈you〉 would find it."
[when the fruit was picked, fruits were collected by many harvesters. It would indeed be good if it were possible to produce these new plants now; for then you would find the Kingdom, Ron Carmeron 영어 번역]

"하늘의 왕국이 시들어 버리지 않도록 하라. 왕국은 열매가 풍성하게 떨어져 있는 야자나무 가지 같기 때문이다. 열매에서 잎이 나오고 싹이 트면 이것은 야자나무의 생산력을 말라버리게 한다. 이와 같이 이 하나의 뿌리에서 자라난 열매도 마찬가지이다. 열매를 수확했을 때 많은 사람이 열매를 거두었다. 이제 새로운 식물들을 생산할 수가 있다면 참으로 좋겠다. 왜냐하면 이 때 너희는 왕국을 발견할 수 있을 것이기 때문이다."

해석 이것은 정경에서도 많이 보이는 하늘나라에 대한 비유이다. 그러나 정경에 나오는 비유는 쉽게 의미가 다가오나, 이 글은 드러난 문맥만으로는 상당히 해석하기 어렵다. 바로 앞에서 예수는 사악한 생각에 대하여 설명하였는데 이 구절은 사악한 생각에 대한 추가적인 설명으로 보인다. 사악한 생각으로 천국 같은 평온한 마음을 흔들지 말라는 뜻이다. 보통 하나의 생각에서 출발하여 여러 가지 부정적인 생각이 연이어 일어나서 천국 같은 우리의 평온한 마음을 어지럽힌다. 그리고 이런 생각은 진동으로 존재하기 때문에 자신만이 아니라 외부로 흘러나가서 다른 많은 사람들에게 영향을 미친다. 이런 생각의 사슬에서 벗어나려면 새롭고 긍정적인 생각을 하여야 한다는 뜻이다.

야고보 비밀의 서 9절
내가 전하는 가르침(영지)에 대해 열성을 가져라!

"Since I have already been glorified in this fashion, why do you hold me back in my eagerness to go? For after the labor, you have compelled me to stay with you another eighteen days for the sake of the parables. It was enough for some ⟨to listen⟩ to the teaching and understand 'The Shepherds' and 'The Seed' and 'The Building' and 'The Lamps of the Virgins' and 'The Wage of the Workmen' and the 'Didrachmae((The Double Drachma)' and 'The Woman.'"

"내가 이미 이런 식으로 영광스럽게 되었는데, 너희는 왜 기꺼이 가려하는 나를 붙잡는 것이냐? 일이 끝났는데도, 너희는 비유 때문에 18일을 더 있어 달라고 강하게 요구하였느니라. 어떤 사람들은 그동안 가르침에 충분한 주의를 기울여서 '목자들'과 '씨'와 '건물'과 '처녀들의 등불들'과 '일꾼들의 품삯'과 '2배의 엽전'과 '여인'의 비유를 이해했도다.

해석 예수의 사역이 끝났는데도 제자들이 예수가 설한 비유가르침에 대하여 알려달라고 예수를 잡아두고 있다. 예수는 비유를 이미 이해한 사람들도 있는데 아직도 모르느냐는 말을 한다. 학자들은 여기에 나오는 비유 중에 'The Shepherds'는 누가복음(15:4~6), 'The

Seed'는 마가복음(4:3-9 or 4:26~29 or 4:30~32), 'The Building'은 마태복음(7:24~27)과 누가복음(6:47~49), 'The Lamps of the Virgins'는 마태복음(25:1~12), 'The Wage of the Workmen'은 마태복음(20:1~15), 'Didrachmae(The Double Drachma)'은 누가복음(15:8~9), 'The Woman'은 누가복음(18:2~8)에 나오는 구절로 추정하기도 한다.

"Become earnest about the word! For as to the word, its first part is faith; the second, love; the third, works; for from these comes life. For the word is like a grain of wheat; when someone had sown it, he had faith in it; and when it had sprouted, he loved it, because he had seen many grains in place of one. And when he had worked, he was saved, because he had prepared it for food, (and) again he left (some) to sow. So also can you yourselves receive the kingdom of heaven; unless you receive this through knowledge, you will not be able to find it."

"말씀에 대해 열성을 가져라! 말씀의 첫째는 믿음이요, 둘째는 사랑이요, 셋째는 일이다. 이것들에게서 생명이 나오기 때문이니라. 말씀은 밀알과 같나니, 어떤 사람이 그것을 뿌리고는, 그것에 대해 믿음을 가졌느니라. 그것이 싹이 나자, 그것을 사랑했나니, 그가 하나에서 많은 밀알을 보았기 때문이니라. 그리고 그가 이 일을 했을 때, 그는 구원을 받았나니, 그는 음식을 위해 밀알을 준비해 두었고, 또 (일부는) 씨뿌리기 위해 남겨 두었기 때문이니라. 너희도 그렇게 하늘의 왕국을 받아들일 수 있느니라. 너희가 지식을 통해 이것을 받아들이지 않는다면, 너희는 그것을 발견할 수 없으리라."

해석 예수 말씀은 구원에 필요한 영지(지식)이기에 제자들에게 열성을 가지라고 말한다. 예수는 자기 자신이 아니라 자신이 전하는 가르침에 집중하라고 강조한다. 말씀의 첫 번째는 믿음인데 이것은 가르침에 대한 믿음을 의미한다. 둘째로 사랑인데 이것은 진리에 대한 사랑과 중생에 대한 사랑을 의미한다. 자신이 믿는 가르침에 사랑이 있어야 하고, 무지 속을 헤매는 중생에 대한 자비심이 있어야 한다. 이것은 보살의 정신이고 지상에 내려와 사역하신 예수의 마음이었다. 그리고 마지막으로 이런 마음가짐으로 사역하는 것이다. 말만이 아니라 직접 가르침을 삶에 적용하고 동시에 사람들에게 가르침을 전하라는 말이다. 그렇게 할 때 구원을 얻는다고 말한다. 예수는 분명히 말한다, "지식(영지)을 받아들이지 않으면 하늘나라를 알 수 없느니라."

불교에서 강조하는 신해행증은 위의 내용과 유사하다. 이 내용은 가르침을 믿고(信), 가르침을 이해하며(解), 가르침을 실천하고(行), 마침내 가르침을 완성한다(證)'는 뜻이다.

야고보 비밀의 서 10절
진리에 눈을 떠서 삶이 주는 환영에 속지마라.

"Therefore, I say to you, be sober; do not be deceived! And many times have I said to you all together, and also to you alone, James, have I said, 'Be saved!' And I have commanded you to follow me, and I have taught you what to say before the archons. Observe that I have descended and have spoken and undergone tribulation, and carried off my crown after saving you. For I came down to dwell with you, so that you in turn might dwell with me. And, finding your houses unceiled, I have made my abode in the houses that could receive me at the time of my descent."

"그러므로 너희에게 말해 두지만, 깨어있도록 하고, 속지 말라. 그리고 내가 너희 모두에게 자주 말했고 또한 그대 야고보에게도 말했듯이, 야고보야 '구원을 받아라.'라고 말했도다. 그리고 나를 따르라고 명령했고, 아르콘들 앞에서 할 말을 가르쳐 주었다. 내가 아래로 내려와서, 말을 했고, 고난을 당했고, 너희를 구원한 후에 왕관을 받았다는 것을 눈여겨보라. 내가 너희와 함께 하려고 내려왔나니, 이는 너희가 나와 함께 하게끔 하기 위함이니라. 그리고 너희 집들에 지붕이 없는 걸 보고 내가 내려올 때 나를 받아들일 수 있는 그 집들에 내 거처를 정했도다."

해석 그러므로 진리에 눈을 떠서 삶이 주는 환영에 속지마라. 내 말을 따르면 진리로 구원받으리라. 나는 그대를 잡아가두고 있는 아르콘(영지주의 창조신화에 나오는 불완전한 신들)에게 벗어나는 방법을 이야기해 주었다. 내가 영지(가르침)를 가지고 세상에 내려와 진리를 전하고 박해받고 너희들을 구원한 것은 너희와 함께 하려는 뜻이었다. 많은 사람들이 마음의 문을 닫고 기존 도그마에 매여 있었으나 너희들은 마음이 열려있어서(지붕이 없는 것), 너희들을 제자로 삼았느니라.

　아르콘은 여러 영지주의 학파의 우주창조론에 나오는 데미우르고스(불완전한 창조자)와 함께 우주를 다스리는 권능들이다. 이 우주 너머에 참된 하느님이 존재한다고 한다. 이 아르콘들은 인간 육체에다 신의 불꽃을 가두어놓으려고 한다. 참 하느님에게서 그리스도가 세상에 내려온 목적은 이 세계에 갇힌 영혼들이 아르콘들이 지배하는 영역을 통과하여 영원한 영역으로 들어갈 수 있도록 하기 위해서였다.

"Therefore, trust in me, my brethren; understand what the great light is. The Father has no need of me, - for a father does not need a son, but it is the son who needs the father - though I go to him. For the Father of the Son has no need of you."
"그러므로 형제들아, 나를 믿고, 위대한 빛이 무엇인지 알라. 아버지는 나를 필요로 하지 않으시니, 아버지는 아들이 필요 없기 때문이니라. 그러나 아들은 아버지가 꼭 필요하니라. 내가 그분께 가노라. 아들의 아버지는 너희들도 필요로 하지 않으신다."

해석 예수는 자신처럼 내면에 신의 불꽃을 지닌 제자들에게 형제라고 말하면서 자신을 믿고 위대한 빛이 무엇인지 알라고 한다. 빛은 통상적으로 진리, 내면의 영혼, 예수 같은 성자, 신 등을 상징한다. 깨달음을 빛에 비유하여 빛을 보는 단계, 빛 속으로 들어가는 단계, 마지막으로 빛이 되는 단계로 나누기도 한다. 이처럼 빛은 밝음, 충만함, 깨달음, 근원, 진리 등을 내포하고 있는 신성한 단어이다. 여기서 위대한 빛은 예수가 전하는 진리(영지)이다. 하느님에게는 수많은 아들(신의 불꽃들, 영혼)이 있으나 아들에게는 오직 하느님만이 유일한 아버지이다. 신이 없으면 우리가 존재할 수 없으나 우리가 없어도 신은 존재한다.

"Hearken to the word, understand knowledge, love life, and no one will persecute you, nor will anyone oppress you, other than you yourselves."
"말씀에 귀를 기울이고, 지식을 이해하고, 생명을 사랑하여라. 그러면 너희 자신 외에는 아무도 너희를 박해하거나 억압하지 못하리라."

해석 나에 대한 믿음이 아니라 내가 전하는 진리에 귀 기울여서 그 의미를 이해하고 죽은 것(환영, 무지)이 아니라 살아있는 것(진리, 빛)을 사랑하라. 그러면 아무도 그대를 해하지 못하고 그대는 자유롭게 되리라. 그대를 해하거나 괴롭히는 것은 그대 자신뿐이다.

야고보 비밀의 서 11절
진리를 받지만 말고 세상에 전하라.

"O you wretches; O you unfortunates; O you pretenders to the truth; O you falsifiers of knowledge; O you sinners against the Spirit: can you still bear to listen, when it behooved you to speak from the first? Can you still bear to sleep, when it behooved you to be awake from the first, so that the kingdom

of heaven might receive you?
Verily, I say unto you, it is easier for a pure one to fall into defilement, and for a man of light to fall into darkness, than for you to reign or not reign." [In truth I say to you, it is easier for a holy one to sink into defilement, and for a man of light to sink into darkness, than for you to reign - or even not to reign! Ron Cameron 영어번역본]

"오, 비참한 너희들! 오, 불행한 너희들! 오, 진리를 아는 체하는 너희들! 오, 지식을 왜곡하는 너희들! 오, 신성한 영에 거역하는 너희 죄인들이여! 처음부터 말을 해야 마땅한 너희가 아직까지도 듣기만 하려고 하느냐? 하늘의 왕국이 너희를 받아들이도록 처음부터 깨어있어야 마땅한 너희가 아직까지도 잠만 자려고 하느냐?

내가 진실로 너희에게 이르노니 너희가 다스리거나 심지어 다스리지 않는 것보다는 순결한 사람이 더러움으로 떨어지고 빛의 사람이 어둠으로 떨어지는 일이 오히려 쉬울 것이다."

해석 진리(영지)를 전해주었지만 여전히 깨닫지 못한 제자들을 보고 예수가 크게 힐난한다. 작은 지식으로 아는 척하고(위선) 심지어 진리를 왜곡하여 영에 거역하는 제자들을 보고 죄인이라고 한다. 가르침을 받았으면 그것을 자신의 것으로 만들어서 세상 사람들에게 전해주어야 하는데 그런 소명의식 없어서 행동하지 않는 제자들을 나무란다. 내면을 깨워서 하늘나라에 들어가려 하지 않고 잠만 자려는 즉 진리에 귀 기울이는 대신에 물질 욕망에 빠져있는 제자들을 나무란다.

이어지는 문장은 의미 전달이 불명확하다. 나그함마디 영지주의 문서는 그리스어를 콥트어로 번역한 것으로 추정된다. 그래서 번역 과정에서 오역(역자의 그리스어 이해 부족으로 단어 오기, 역자의 내용 이해 부족으로 그릇되게 번역 등)을 생각할 수 있고, 콥트어 필사본의 보존 상태가 좋지 않아 훼손된 부분도 상당하다.

"I have remembered your tears and your mourning and your anguish, (while you say) 'They are far behind us.' But now, you who are outside of the Father's inheritance, weep where it is necessary and mourn and preach what is good, as the Son is ascending as he should. Verily I say unto you, had I been sent to those who listen to me, and had spoken with them, I would never have come down to earth. So, then, be ashamed for these things."

"나는 너희의 눈물과 애통함과 고뇌를 기억한다. 이제 그것들은 우리 뒤 저 멀리에 있도다. 이제 아버지의 유산 밖에 있는 너희는 필요할 때 울고, 아들이 예정대로 하늘로 올라갈 때 애통해하며 선한 것을 전파하여라. 내가 진실로 너희에게 이르노니, 내가 내 말에만 귀를 기울이는 자들에게 보내져서 그들과만 말하게 되었더라면, 나는 결코 지상에 내려오지 않았으리라. 그러므로 이제 그들(그것들) 앞에서 부끄러워하여라."

해석 제자들은 무지로 인하여 고통 속에 살았고 예수는 이들에게 영지 가르침을 전해주었다. 이제 이런 고통을 어느 정도 극복하여서 고통은 삶의 뒤편으로 물러나 있으니, 이제는 예수의 가르침을 세상에 전하라고 한다. 앞 구절에서처럼 예수는 자신의 말에만 귀를 기울이고, 행동하지 않으면 아무런 소용이 없다고 분명하게 말한다. 예수는 제자들을 매개체로 삼아 하느님의 말씀을 세상에 전하려고 세상에 내려왔기 때문이다. 그래서 소극적인 태도, 자신만의 지식 충족에 만족해하는 태도를 부끄러워하라고 말한다.

야고보 비밀의 서 12절
너희는 하느님의 아들이다!

"Behold, I shall depart from you and go away, and do not wish to remain with you any longer, just as you yourselves have not wished it. Now, therefore, follow me quickly. This is why I say unto you, 'For your sakes I came down.' You are the beloved; you are they who will be the cause of life in many. Invoke the Father, implore God often, and he will give to you. Blessed is he who has seen you with Him when He was proclaimed among the angels, and glorified among the saints; yours is life. Rejoice, and be glad, as sons of God. Keep his will, that you may be saved; accept reproof from me and save yourselves. I intercede on your behalf with the Father, and he will forgive you much."

"보라, 나는 너희를 떠나 멀리 가련다. 너희 스스로가 원치 않듯이, 나는 너희와 더 오래 머물기를 바라지 않도다. 그러므로 빨리 나를 따르라. 너희에게 말해 두지만, '내가 너희 때문에 내려왔도다.' 너희는 사랑받는 자들이고, 많은 사람에게 생명의 원인이 될 것이다. 아버지 하느님에게 청하고, 자주 간구하여라. 그러면 그분께서 주시리라. 그분께서 천사들 가운데서 선포되고 성자들 가운데서 영광스럽게 되셨을 때, 그분과 함께 있는 너희를 본 자는 복이 있도다. 생명은 너희 것이니라. 하느님의 아들들로서 기뻐하고 즐거워하여라. 구원 받기 위해 그분의 의지를 행하라. 나의 꾸지람을 듣고 스스로를 구원하여라. 나는 너희를 대신해 아버지께 탄원할 터이니, 그분께서 너희를 많이 용서하시리라."

해석 욕망과 환영의 세계를 떠나가겠다. 너희들도 이런 세상에 오래 머물고 싶지 않듯이 나 또한 그러하다. 그러니 내 말(영지)을 따라라. 내가 이 세상에 내려온 것은 너희들 때문이노라. 너희들은 내가 전해준 영지 지식으로 사랑받고 사람들에게 생명(깨달음, 살아있음, 깨어있음)을 주는 자가 되리라. 하느님에게 청하고 그분과 함께하여라. 생명이 너희 것이니라. 너희는 하느님의 아들이니 기뻐하고 자랑스러워하라. 구원받으려면 너희 의지가 아니라 하느님의 의지를 행하라.

여기서 예수는 제자들을 "하느님의 아들들"로 부르며 기뻐하라고 한다. 정통기독교인들은 상상도 할 수 없는 말을 하느님의 독생자로 알고 있는 예수가 한 것이다. 사실 이런 주장은 모든 위대한 영적 가르침에서 나오는 기본적인 내용이어서 놀랄 일도 아니다. 시공간을 초월하여 모든 사조와 사상을 통하여 흐르는 변함없는 진리는 "영원의 철학"이라고 불리기도 하고, "고대지혜의 가르침"으로 불리기도 한다. 고대지혜의 가르침으로 불리는 이유는 누군가 진리를 새롭게 창조하는 것이 아니라 고대로부터 존재하는 있는 것을 드러내는 것뿐이기 때문이다.

    인간이 신의 신성한 일부분, 신의 불꽃, 신의 확장이라는 내용은 모든 진실한 영적 가르침에서는 가장 근본적인 것이다. 우리 모두는 하느님 아들이다. 우리는 이런 하느님 아들의 자격을 당당히 주장하고 그 권한을 받아들여야 한다.

    우리가 구원 받으려면 개인의 의지가 아니라 신의 의지를 우선해야 한다. 신의 의지와 어울리지 못하는 개인의 의지는 욕망에 불과하지만 신의 의지는 우주법칙이고 우주계획이기 때문이다. 그래서 예수가 십자가에 못 박히기 전날에 이렇게 기도한다. "아버지, 아버지의 뜻에 어긋나는 일이 아니라면 이 잔을 저에게서 거두어주십시오. 그러나 제 뜻대로 하지 마시고 아버지의 뜻대로 하십시오(누가 22:42)."

    다음 구절도 같은 의미이다. "너희는 먼저 하느님의 나라와 하느님께서 의롭게 여기시는 것을 구하여라. 그러면 이 모든 것도 곁들여 받게 될 것이다(마태 6:33)."

    예수는 또한 제자들에게 스스로 자신들을 구원하라고 한다. 왜냐하면 구원은 믿음이 아니라 각자의 앎(knowing)을 통하여 일어나기 때문이다.

야고보 비밀의 서 13절
자신의 힘으로 구원을 얻어라!

And when we had heard these words, we became glad, for we had been grieved at the words we had mentioned before. But when he saw us rejoicing, he said, "Woe to you who lack an advocate! Woe to you who stand in need of grace! Blessed will they be who have spoken out and obtained grace for themselves."

우리는 전에 했던 말 때문에 슬펐는데 이 말씀을 듣고는 마음이 즐거워졌습니다. 그러나 우리가 기뻐하는 것을 보시고는 주님께서 이렇게 말씀하셨습니다. "대변자가 필요한 자들에게 화가 있도다! 은혜가 필요한 자들에게 화가 있도다! 솔직하게 의견을 말하고 자신의 힘으로 은혜를 얻은 자들에게 복이 있도다."

해석 "나는 너희를 대신해 아버지께 탄원할 터이니, 그분께서 너희를 많이 용서하시리라."라는 앞 구절에서의 예수의 격려성 말에 제자들이 오해하고 기뻐하자, 예수는 제자들에게 다시금 진실을 말한다. 자신들의 노력이 아니라 대변자 즉 자신들을 대신해서 자신들을 하늘나라로 이끌어줄 사람을 필요로 하는 사람은 화가 있고, 노력 없이 신의 은총으로 구원 받기를 바라는 사람은 화가 있을 거라고 말한다. 제자들은 예수 같은 대변자를 추종하려고 했고, 신으로부터 일방적인 은총을 기대하였다. 예수는 분명하게 자신의 힘으로 구원을 얻은 자는 복이 있다고 말한다. 정통적인 기독교 구원관을 부정하는 내용이다.

"Liken yourselves to foreigners; of what sort are they in the eyes of your city? Why are you disturbed when you cast yourselves away of your own accord and separate yourselves from your city? Why do you abandon your dwelling place of your own accord, making it ready for those who want to dwell in it? O you outcasts and fugitives, woe to you, for you will be caught!"

"너희를 이방인으로 비유해보라. 이방인이 너희 성읍 사람들의 눈에 어떻게 보이겠느냐? 너희가 스스로 자신을 버리고 스스로를 성읍과 분리하면서 왜 곤란스러워하느냐? 너희는 왜 자신의 뜻으로 거처를 버리고는, 그곳에 거주하기를 원하는 사람들에게 내어줄 준비를 하느냐? 오, 유배당한 자이고 도망자인 너희들, 너희에게 화가 있도다. 너희는 잡힐 것이기 때문이도다!"

해석 예수가 자신의 신성한 존재를 자각하지 못하는 제자들을 비유를 들어 나무라는 내용이다. 이것은 이렇게 쓸 수 있다. "하느님 나라(성읍, 깨끗한 마음)에 살아가는 하느님의 아들인 너희가 마치 이방인처럼 행동하구나. 너희 내면(하늘나라)에는 신의 불꽃(신성한 영혼)이 있는데 너희는 그것을 인정하지 않고 스스로 그것으로부터 멀어지면서 힘들다고 하구나. 신성한 내면을 버리고 나와서는 그곳에 거주하고 싶어 하는 존재들(조화롭지 못한 부정적 혹은 파괴적 생각)에게 그곳을 내어주려고 하구나. 천국을 버리고 도망 다니는 너희에게 화가 있을 것이다."

야고보 비밀의 서 14절
하느님이 인간을 맹목적으로 사랑한다고 생각하느냐!

"Or do you perhaps think that the Father is a lover of

mankind, or that he is won over without prayers, or that he grants remission to one on another's behalf, or that he bears with one who asks?"

"아니면, 혹시 너희는 아버지께서 인간을 사랑하신다고 생각하느냐? 그분이 기도 없이도 설득당할 수 있다고 생각하느냐? 그분이 다른 사람을 위하여 어떤 사람을 용서하신다고 생각하느냐? 그분이 무언가를 부탁하는 자를 참아 주신다고 생각하느냐?"

해석 영지를 통한 내면 각성을 추구하지 않고 신에게만 매달리는 사람을 과연 신이 사랑하겠는가? 부모가 사랑과 엄함을 통하여 아이를 훈육하는 것이 지혜로운 태도이듯 신도 사랑과 정의(엄함)로 우주와 인간을 다스린다. 사람들은 "신은 사랑이다."라고 하는데 사랑은 신이 지닌 여러 속성 중 하나일 뿐이다. 신의 여러 속성은 "카발라 생명나무"80)에 자세히 나온다.

 마찬가지로 기도 없이 신이 과연 감응하겠는가? 자신을 변화시키려는 노력 없이 믿기만 하면 신이 알아서 다 해주리란 생각은 어리석다고 말하고 있다. 여기서 기도는 무언가를 갈구하는 그런 의미의 기도가 아니라 내면을 정화하여 신과 동조할 수 있는 상태를 만드는 것을 말한다. 사람들은 기도하는 법을 몰라서 신으로부터 답변을 듣지 못한다.81)

 신은 다른 사람을 위하여 어떤 사람을 용서하지 않으며, 자격 없는 사람이 요청하는 것을 들어주지도 않는다. 이것은 우주법칙 중의 원인결과의 법칙(카르마 법칙)을 말하는 것으로 자신이 행한 것은 자신이 책임져야 한다는 것이다. 신은 사사로이 원칙 없이 우주를 다스리는 것이 아니라 우주법칙에 따라 행동한다. 만약 이 법칙이 지켜지지 않으면 질서정연한 우주는 순식간에 무질서로 변하여 파괴될 것이다. 신은 인간을 사랑했기 때문에 예수를 내려 보내 인류가 구원을 얻을 수 있도록 영지 가르침을 전하게 했다.

"For he knows the desire, and also what it is that the flesh needs! (Or do you think) that it is not this (flesh) that desires the soul? For without the soul, the body does not sin, just as the soul is not saved without the spirit. But if the soul is saved (when it is) without evil, and the spirit is also saved, then the body becomes free from sin. For it is the spirit that raises the soul, but the body that kills it; that is, it is it (the soul) which kills itself. Verily, I say unto you, he will not forgive the soul the sin by any means, nor the flesh the guilt; for none of those who have worn the flesh will be saved. For do you think that many have found the kingdom of heaven? Blessed is he who has seen himself as a fourth one in heaven!"

"그분은 욕망을 아시며 또한 육체가 필요로 하는 것이 무엇인지를 아신다. 영혼을 갈구하는 것이 이 육체가 아니지 않느냐? 혼이 없이는 육체가 죄를 범치 못한다. 이는 영이 없으면 혼이 구원받지 못하는 것과 같도다. 그러나 만일 혼이 악함이 없어서 구원받으면, 그 영도 구원되고, 그러면 육체도 죄에서 벗어나느니라. 혼을 살아있게 하는 것은 영이지만, 그것을 죽이는 것은 몸이기 때문이니라. 다시 말하면, 혼을 죽이는 것은 혼이니라. 내가 진실로 너희에게 이르노니, 그분은 결코 혼의 죄를 용서치 않으실 것이며, 육체의 죄도 용서치 않으시리라. 왜냐하면 육체를 입은 자들은 그 누구도 구원을 얻지 못할 것임이기 때문이니라. 그런데도 너희는 많은 이들이 하늘 왕국을 발견했다고 생각하느냐? 하늘에서 자신을 네 번째 사람으로 본 사람은 복이 있도다!"

해석 여기서 육체와 혼과 영의 관계가 나온다. 혼이 거하는 곳이 육체이고 혼은 신의 영적인 속성(영)을 통하여 살아있는 신성한 존재가 된다. 그래서 사람을 신의 불꽃이라고 부른다. 원래는 혼과 영은 하나로 작동하는 신성한 존재였으나 에덴동산에서 추락(상징적 의미)으로 혼은 무덤과 같은 물질에 들어오게 되었고 물질의 어둠으로 영은 가려지게 되었다. 이런 상태의 혼을 내면의 신성이 잠자고 있다고 한다. 영을 다시 밝히면 혼은 생명을 얻게 되고 영과 연결된 혼은 살아있는 혼이 된다. 영지복음서에는 예수를 "살아있는 분"으로 표현한다.

예수는 육체(물질욕망)에 매여 살아가는 사람은 결코 하늘나라를 발견할 수 없는데도 여전히 헛된 꿈을 꾸고 있다고 나무란다.

야고보 비밀의 서 15절
너 자신을 알라!

When we heard these words, we were distressed. But when he saw that we were distressed, he said, "For this cause I tell you this, that you may know yourselves. For the kingdom of heaven is like an ear of grain after it had sprouted in a field. And when it had ripened, it scattered its fruit and again filled the field with ears for another year. You also, hasten to reap an ear of life for yourselves, that you may be filled with the kingdom!"

우리는 그 말에 의기소침했습니다. 그런 우리 모습을 보고는 주님이 이렇게 말했습니다. "내가 이런 말을 한 것은 너희가 너희 자신을 알게 하려는 것이다. 왜냐하면 하늘의 왕국은 밭에서 싹이 난 곡식 이삭과 같기 때문이다. 곡식이 익으면 곡식은 자신의 열매를 밭에 흩뿌려서 또 다른 해를 위하여 밭을 이삭으로 채운다. 너희도 스스로 열심히 생명의 이삭을 추수하여서 왕국으로 채워지도록 하여라."

해설 예수의 말에 순간순간 감정적 반응을 보일 정도로 아직은 높은 수준에 이르지 못한 제자들이었다. 그래서 예수는 의기소침한 제자들에게 아주 핵심적인 말을 한다. "하늘나라는 믿음이나 의존이 아니라 너희 자신을 알아야 들어가느니라."

"너 자신을 알라"라는 말은 대표적인 영지주의 복음서인 도마복음 67절(예수께서 말씀하시길, "모든 것을 알되 자기 자신을 모르는 사람은 아무것도 모르는 사람이니라.") 도마복음 3절("너희가 네 자신을 알게 되면 너희는 알려질 것이요 살아계신 아버지의 자녀가 자신임을 깨닫게 되리라. 그러나 자신을 모른다면 빈곤 가운데 사는 것이며 빈곤 그 자체이니라.")에도 나온다. "자기 자신을 아는 것은" 모든 것의 출발점이고 끝이기 때문이다.

사람들이 그토록 찾는 구원은 외부에서 오는 것이 아니라 내면의 자신을 아는 것에서 온다. 자신이 누구인지 알게 될 때는 신이 무엇이며, 우주가 무엇인지, 신과 자신과의 관계가 무엇인지 알게 되며 세상의 주인이 되는 것이다. 붓다가 35세에 깨달음을 얻고 80세까지 법을 설한 것도 우리 자신이 붓다임을 알라는 것이었고 예수가 우리에게 전한 복음도 하느님이 우리 안에 있고 우리가 하느님 안에 있으니 우리 자신을 알면 신을 알게 된다는 말이었다. 자신을 알라는 지극히 평범한 말에 우주와 바꿀 수 없는 진리가 숨겨져 있다.

이어서 천국의 비유가 나온다. 여기서 하늘나라는 깨달음 상태를 말하고 이런 상태에서는 내면의 불꽃은 빛나고 이것으로 많은 사람이 도움을 받을 수 있다는 뜻이다. 그러므로 내면의 불꽃을 깨워서 깨달으라는 말이다.

"And as long as I am with you, give heed to me, and obey me; but when I depart from you, remember me. And remember me because when I was with you, you did not know me. Blessed will they be who have known me; woe to those who have heard and have not believed! Blessed will they be who have not see, yet have believed!"

"그리고 내가 너희와 함께 하는 동안, 내게 주의를 기울이고, 나를 따르라. 그러나 내가 너희를 떠나도, 나를 기억하라. 내가 너희와 함께 있었으나, 너희는 나를 알지 못하였다. 그러므로 나를 기억하라. 나를 알아 본 자들은 복이 있으리라. 그러나 내 말을 듣고도 믿지 않은 사람들에게는 화가 있으리라. 나를 보지 않았으나 믿은 사람들에게는 복이 있으리라."

해석 예수와 함께하는 동안은 예수가 전하는 말에 주의를 기울이고, 예수가 제자들을 떠나게 되면 그가 전해준 가르침에 귀를 기울이라는 말이다. 귀가 있어도 듣지 못하고 눈이 있어도 보지 못하는 제자들이었다. 눈앞에 위대한 예수를 보고도 그가 어떤 사람인지 그가 전하는 메시지가 무엇인지 아직은 충분히 이해하지 못한 제자들을 보고, 예수는 제자들이 자신을 알아보지 못했다고 말한다. 예수가 누구인지 알아본 사람은 즉 그 가르침을 이해한 사람은 복이 있으나 그렇지 못한 사람은 무지 속에 고통당할 것이니 화가 있게 된다. 비록 예수를 만나지는 못했지만 그 가르침을 따르는 사람도 복이 있다.

야고보 비밀의 서 16절
내가 전하는 가르침은 너희에게 안식을 줄 것이다!

"And once more I prevail upon you, for I am revealed to you building a house which is of great value to you when you find shelter beneath it, just as it will be able to stand by your neighbors' house when it threatens to fall. Verily, I say unto you, woe to those for whose sakes I was sent down to this place; blessed will they be who ascend to the Father! Once more I reprove you, you who are; become like those who are not, that you may be with those who are not."

"나는 다시 한 번 너희를 설득하노라. 왜냐하면 나는 너희가 안식처를 발견할 매우 소중한 집을 지어주는 자일 것이기 때문이다. 너희가 그 집에서 안식을 찾듯이 그렇게 그 집은 무너질 위험이 있는 너희 이웃의 집들을 지탱해 줄 수 있을 것이다. 정말 너희에게 말해 두지만, 내가 이 세상에 내려온 이유가 되는 사람들에게 화가 있도다! 아버지에게 올라가는 사람들은 복이 있도다. 다시 한 번 너희를 꾸짖노니, 존재하는 너희는 존재하지 않는 사람처럼 되라. 이는 존재하지 않는 사람들과 함께 하도록 하려는 것이다."

해석 예수는 자신을 제자들이 마음의 안식을 얻을 집을 지어주는 사람이라고 한다. 안식은 진리/영지로 얻어지는 것이고 예수가 전하는 이 진리는 제자들만이 아니라 물질 욕망에 매여 힘들게 살아가는 주변 사람들도 지켜주게 된다. 예수는 물질 감옥에 갇힌 불행한 사람들을 위하여 지상에 내려왔다. 깨달아서 하느님에게 돌아가는 사람은 복이 있다고 하겠다. 존재하는 너희는 즉 아직 하늘로 올라가지 못한(깨닫지 못한) 너희는 존재하지 않는 사람 즉 하느님에게 돌아가는 사람을 닮아라.

"Do not make the kingdom of heaven a desert within you. Do not be proud because of the light that illumines, but be to yourselves as I myself am to you. For your sakes I have placed myself under the curse, that you may be saved."
But Peter replied to these words and said, "Sometimes you urge us on to the kingdom of heaven, and then again you turn us back, Lord; sometimes you persuade and draw us to faith and promise us life, and then again you cast us forth from the kingdom of heaven."
"하늘의 왕국을 너희 안에서 사막으로 만들지 말라. 눈부시게 빛나는 빛이 있다고 오만하지 말라. 오히려 내가 너희에게 한 것처럼 너희도 그렇게 처신하여라. 너희를 위하여 나를 저주에 맡겼는데 이는 너희를 구원하려 함이다."

그 말에 베드로가 "주님, 어떤 때에는 주님이 우리를 하늘의 왕국으로 들어가라고 재촉하시고, 또 어떤 때에는 다시 돌아가도록 합니다. 어떤 때에는 우리를 설득하여 믿음으로 몰아가서 생명을 약속하고, 또 어떤 때에는 하늘의 왕국에서 우리를 내치십니다."라고 말했습니다."

해석 하늘의 왕국(신성한 마음 상태나 예수가 전한 가르침 상징)을 사막 즉 가치 없게 만들지 말라고 한다. "눈부신 빛"은 우리의 신성한 마음 상태나 예수의 가르침을 의미하고 이것을 보았거나 전해 들었다고 자만하지 말라고 한다. 예수 가르침(영지)은 듣고 나서 이것을 삶에 적용하는 것이지 듣기만 해서는 안 되기 때문이다. 예수가 보여준 대로 그렇게 제자들이 행하라고 한다. 예수는 인류를 구원하려는 보살의 마음으로 자신을 희생해가며 육체를 입고 이 세상에 태어났다. 그리고 우리가 알고 있듯이 십자가에 못 박히는 수난을 당하였다.

제자들이 예수의 말을 잘 이해하지 못하여서, 예수는 상황에 따라 자주 격려와 꾸중으로 제자들을 자극하였다. 앞에서 보았듯이 이런 말에 자주 마음이 흔들렸던 제자들이었다. 베드로의 말은 그래서 나온 것이다.

But the Lord answered and said to us, "I have given you faith many times; moreover, I have revealed myself to you, James, and you (all) have not known me. Now again, I see you rejoicing many times; and when you are elated at the promise of life, are you yet sad, and do you grieve, when you are instructed in the kingdom? But you, through faith and knowledge, have received life. Therefore, disdain the rejection when you hear it, but when you hear the promise, rejoice the more. Verily, I say unto you, he who will receive life and believe in the kingdom will never leave it, not even if the Father wishes to banish him."

그러나 주님께서 우리에게 대답하셨습니다. "나는 너희에게 여러 번 믿음을 주었도다. 더욱이, 나는 야고보에게 나 자신을 드러내었느니라. 그런데도 너희는 나를 알지 못하였도다. 나는 너희가 종종 기뻐하는 것을 본다. 너희는 생명에 대한 약속으로 기분이 고양될 때 우울해하고, 너희가 하늘나라에 대해 가르침을 받을 때 슬퍼하느냐? 그렇지 않을 것이다. 너희는 믿음과 지식을 통해 생명을 받았도다. 그러므로 거부하는 말을 들으면 그것을 경멸하고 약속에 대해서 들을 때는 더욱 더 기뻐하여라. 내가 진실로 이르노니, 생명을 영접하고 왕국을 믿게 되는 사람은 결코 그곳을 떠나지 아니하리니, 아버지께서 그 사람을 내쫓고자 하실지라도 그러하리라."

해석 예수의 가르침에도 불구하고 제자들은 여전히 예수가 누구인지 그가 전하는 진리가 무엇인지 정확하게 알지는 못했다. 제자들은 생명을 가져다주는 예수 가르침을 믿음과 지식으로 받아들였다. 그러니 진리를 거부하는 말을 들으면 경멸하고 진리를 받아들이겠다는 약속의 말을 들으면 기뻐하라고 한다. 생명 즉 진리를 받아들여 깨달음의 세계를 알게 되면 하느님이라도 그 깨달음의 상태에 있는 사람을 강제로 어찌하지 못한다.

야고보 비밀의 서 17절
예수를 선포한 자들은 복이 있도다.

"These are the things that I shall tell you so far; now, however, I shall ascend to the place from whence I came. But you, when I was eager to go, have cast me out, and instead of accompanying me, you have pursued me. But pay heed to the glory that awaits me, and, having opened your heart, listen to the hymns that await me up in the heavens; for today I must take (my place at) the right hand of the Father. But I have said (my) last word to you, and I shall depart from you, for a chariot of spirit has borne me aloft, and from this moment on, I shall strip myself, that I may clothe myself. But give heed; blessed are they who have proclaimed the Son before his descent, that when I have come, I might ascend (again). Thrice blessed are they who were proclaimed by the Son before they came to be, that you might have a portion among them."

"이것이 지금까지 내가 너희에게 해 주고 싶은 내용이다. 그러나 이제 내가 왔던 곳으로 올라갈 것이다. 그러나 내가 간절하게 가려고 했을 때 너희는 나를 내쫓고 나와 함께하는 대신에 나를 추적하였다. 그러나 나를 기다리는 (하늘의) 영광에 주목하고, 마음을 열고, 하늘에서 나를 기다리는 찬송에 귀를 기울여라. 왜냐하면 오늘 나는 아버지의 오른편에 자리를 잡아야 하기 때문이다. 이제 마지막 말을 다했으니 너희를 떠날 것이다. 영의 전차가 나를 위로 들어올렸다. 이제부터는 나는 옷을 입기 위하여 옷을 벗을 것이다. 그러나 잘 보아라. 내가 내려온 다음에 다시 올라가도록 하기 위해서 내가 세상에 내려오기 전에 아들을 선포한 자들은 복이 있도다. 이 세상에 오기도 전에 아들에게 증명된 사람들은 세 배로 복이 있도다. 너희가 그들 중 한몫을 얻을 수 있으리라."

해석 대다수 영지주의 복음서처럼 이 복음서도 예수 부활 후에 예수가 전한 비밀 가르침에 대한 이야기이다. 고대 지혜의 전승에 따르면 예수가 부활 후에도 상당 기간 제자들에게 정경에 나오는 그런 도덕적 수준의 내용이 아니라 우주의 신비와 우주법칙 그리고 그 작동 원리 등을 가르쳤다고 한다. 예수가 이제 제자들을 떠나면서 여러 가지 당부의 말을 한다. "나는 옷을 입기 위하여 옷을 벗을 것이다."라는 말은 혼을 구속하고 있는 육체를 벗고 영혼이 지닌 원래의 옷을 입는다는 의미이다. "영의 전차"는 카발라 명상에 나오는 용어이다.

　예수가 이 세상에 내려오기 전에 먼저 예수를 맞이할 준비를 하고 예수를 선포한 사람들은 세례 요한이 속하였던 에세네파와 은밀히 신비 지식(영지)을 전하던 여러 신비학교(Mystery Schools)의 교사들이었다. 1세기 무렵에 근동지역(일반적으로 북동 아프리카, 서남 아시아, 발칸 반도를 포함하는 지중해 동쪽 연안지역을 가리키는 말.)에는 여러 신비학교가 존재하였다. 태어나기도 전에 예수가 증명한 사람들은 예수 가르침을 전할 예정된 사람들을 가리킨다. 제자들도 그들 중 하나가 될 수 있음을 말하고 있다.

Having said these words, he departed. But we bent (our) knee(s), I and Peter, and gave thanks, and sent our heart(s) upwards to heaven. We heard with our ears, and saw with our eyes, the noise of wars, and a trumpet blare, and a great turmoil.
And when we had passed beyond that place, we sent our mind(s) farther upwards, and saw with our eyes and heard with our ears hymns, and angelic benedictions, and angelic rejoicing. And heavenly majesties were singing praise, and we, too, rejoiced.

이 말씀을 하시고, 그분께서는 떠나셨습니다. 베드로와 나는 무릎을 꿇고 감사를 드렸으며, 마음을 하늘로 올려 보냈습니다. 그러자 우리는 전쟁 속의 소음과 나팔 소리 그리고 엄청난 소란스러움을 귀로 듣고, 눈으로 보았습니다. 우리는 이 상태를 지나 마음을 더 위로 보냈습니다. 우리는 찬송과 천사들의 감사기도와 천사들의 환희를 눈으로 보고, 귀로 들었습니다, 천상의 위대한 존재들이 찬송을 드리고 있었으므로, 우리도 기뻐했습니다.

해석 예수가 떠나자 야고보와 베드로가 예수를 따라가고자 마음을 하늘로 올리는 모습이다. 이것은 몸에서 영혼을 다른 차원의 세계로 투사하는 아스트럴 투사(유체이탈) 상태로 보인다.

"전쟁 속의 소음과 나팔 소리 그리고 엄청난 소란스러움을 귀로 듣고, 눈으로 보았다." 구절은 에스겔 비전의 시작 부분과 조금 닮았다(나는 북쪽에서 불어오는 폭풍을 보았고 거대한 구름과 번쩍이는 불과 그 주변으로부터 타오르는 불빛을 보았고 그 중심으로부터 불 한가운데 있는 하쉬말의 모습을 보았다. 에스겔 1:4).

또한 엘리야의 예언체험과도 유사하다(11. 신이 그에게 말하시길, "앞으로 나가서 신 앞에 있는 산 위에 서거라." 그리고 신께서 지나가시는데 **크고 강한 바람**이 일어 산을 뒤흔들고 신 앞에 있는 단단히 박혀있는 바위를 산산 조각내었다. 그러나 신께서는 바람 가운데 계시지 않았다. 바람이 지나간 다음에 **엄청난 소음**이 일어났다. 그러나 신은 그 소음 가운데도 계시지 않았다. 12. 소음에 이어서 **불**이 일어났다. 그러나 신은 불 가운데도 계시지 않았다. 불길이 지나간 다음에 조용하고 부드러운 소리가 있었다. 열왕기상 19:11~12).82)

야고보 비밀의 서 18절
야고보와 베드로를 질투하는 제자들

After this again, we wished to send our spirit upward to the Majesty, and after ascending, we were not permitted to see or hear anything, for the other disciples called us and asked us, "What did you hear from the Master. And what has he said to you? And where did he go?"
그 다음에 우리는 영을 전능하신 분에게 올려 보내고 싶었습니다. 우리가 올라갔을 때 어떤 것도 보거나 듣는 것이 허락되지 않았습니다. 그런데 나머지 제자들이 우리를 소리쳐 부르고는 "스승에게 무슨 이야기를 들었는가? 그분이 뭐라고 말했는가?" 그분은 어디로 갔는가?"라고 질문했습니다.

해석 야고보와 베드로가 예수가 올라간 하느님 영역에 도달하려고 영혼을 들어 올렸으나 아직 그곳에 들어갈 준비가 되어있지 않아서 그들은 아무 것도 듣거나 볼 수가 없었다. 이들의 수준은 여기까지였다. 야고보와 베드로를 제외한 제자들은 스승인 예수에게서 두 사람이 무엇을 전해 들었는지 궁금하고 질투도 나서 소리쳐 부르니 두 사람의 의식이 육체로 돌아온다.

But we answered them, "He has ascended, and has given us a pledge, and promised life to us all, and revealed to us children who are to come after us, after bidding us love them, as we would be saved for their sakes"
And when they heard (this), they indeed believed the revelation, but were displeased about those to be born. And so, not wishing to give them offense, I sent each one to another place. But I myself went up to Jerusalem, praying that I might obtain a portion among the beloved, who will be made manifest.

우리는 "그분은 승천하셨고 우리에게 약속하셨고, 우리 모두에게 생명을 약속하셨고, 우리 뒤에 태어날 자녀들을 드러내 보여주었소. 그 자녀들 때문에 우리가 구원을 받기라도 할 것처럼, 그 자녀들을 사랑하라고 명했소."라고 대답했습니다.

이 말을 들은 제자들이 진실로 그 계시를 믿었지만, 앞으로 태어날 사람들에 대해서는 기뻐하지 않았습니다. 그래서 나는 그들을 자극하고 싶지 않아서, 그들 각자를 다른 장소로 파견했습니다. 나는 앞으로 드러날 사랑스러운 자녀들 가운데서 한몫을 받을 수 있도록 기도하면서 예루살렘으로 갔습니다.

해석 두 사람이 예수에게 들은 내용을 전하자 제자들은 그 말을 받아들이면서도 앞으로 태어날 사람들에 대해서는 기뻐하지 않았다. 왜냐하면 자신들이 예수의 제자이고 축복받은 자들로 생각해왔는데, 자신들이 아니고 앞으로 태어날 아이들을 더 중시하는 것에 대해 기분이 좋지 않았기 때문이었다. 야고보는 이런 제자들의 질시와 불만을 알고는 바로 이들을 예수 가르침을 전하게끔 여러 곳으로 파견하였다. 야고보는 초대 예루살렘 교회의 책임자였다.

야고보 비밀의 서 19절
영지의 전파와 구원

And I pray that the beginning may come from you, for thus I shall be capable of salvation, since they will be enlightened through me, by my faith - and through another (faith) that is better than mine, for I would that mine be the lesser. Endeavor earnestly, then, to make yourself like them, and pray that you may obtain a portion with them. For because of what I have said, the Savior did not make the revelation to us for their sakes. We do, indeed, proclaim a portion with those for whom the proclamation was made – those whom the Lord has made his sons.

당신이 시발점이 되어서 내가 구원 받을 수 있기를 기도합니다. 왜냐하면 그들은 나를 통해, 나의 믿음을 통해, 그리고 나보다 더 나은 믿음을 통하여 깨어날 것이기 때문입니다. 그래서 나는 내 믿음이 그들보다 더 작았으면 합니다. 그러므로 그대는 그들처럼 되려고 진실 되게 노력하고, 그들과 함께 한몫을 얻도록 기도하십시오. 내가 지금까지 이야기한 것 외에 구세주는 그들을 위해서 다른 계시를 우리에게 주지 않았습니다. 우리는 주님이 선포한 사람들 즉 주님이 자기 자녀로 삼은 사람들과 함께 나눌 몫을 선포합니다.

해석 야고보는 자신이 전해 받은 예수의 가르침을 글로 보내면서 받는 사람이 시발점이 되어서 자신이 구원받기를 기도한다면서 겸손하게 글을 맺는다. 그는 예수의 가르침을 전하는 일이 매우 소중하다는 것을 알고 있었고 자신을 통하여 예수가 미리 인정한 아이들이 영적으로 깨어나기를 바라고 있다. 그리고 그것이 공덕을 쌓는 일임을 알고 있었다. 이 편지를 받는 자에게도 가르침을 잘 전하여 덕을 쌓으라고 한다. 예수가 자신의 자녀로 인정한 사람들은 예수의 말씀을 따르는 사람들과 앞으로 태어날 아이들이고 제자들도 그들 중에 속한다. 이것으로 〈야고보 비밀의 서〉는 끝이 난다.

3 빌립 복음서

　빌립 복음서는 나그함마디 장서의 코덱스 II에 있는 7개의 문서 중 세 번째 것이다. 콥트어 본문은 3세기경에 쓰인 그리스 본문을 번역한 것이다. 빌립 복음서라는 제목은 빌립이 책 안에 언급된 유일한 사도라는 사실에서 기인했을 것이다. 성례전과 윤리에 관한 신학적인 글을 모은 책으로 다양한 여러 영지주의적 사상들이 혼합되어 실려 있다.

　이 문헌은 신약성서 정경의 복음과 같이 격언, 비유, 대화, 예수 말씀, 성서주석, 교리 같은 다양한 문학 양식을 사용하나 신약성서의 복음서와는 다르다. 책에는 17개의 예수의 말씀이 나오고 그중에 9개는 정경에서 발견되는 예수 말씀에 대한 인용과 해석이다. 정경에 없고 여기에만 나오는 예수의 말씀은 수수께끼처럼 알 수가 없어서 영지주의 시각에서 해석이 되어야 한다.

　또한 예수에 관한 새로운 기사들도 있다. 마리아로 불린 세 명의 여성 동료들 이야기, 목수 요셉이 예수가 매달릴 십자가를 만들었다는 이야기도 나온다. 빌립 복음서는 일관성 있는 방식으로 체계적으로 정리되어 있지는 않다. 전체 흐름은 산만하고 주제가 갑자기 변하기도 한다. 전체 흐름은 산만하고 연결이 되지 않는 경향이 있지만, 어떤 주제나 개념의 설명에 있어서는 일정한 논리적 흐름을 유지하고 있다.

　이 복음에 따르면 인류의 문제는 남녀의 분리로부터 기인한다. 이브가 아담으로부터 분리되었을 때, 근원적인 남녀 동체의 통일성은 깨어졌고 그리스도가 오신 목적은 아담과 이브를 재결합시키기 위해서라고 나온다. 그래서 신방의 성례에 대한 상징의 글이 많이 나온다. 남편과 아내가 신방에서 하나가 되듯이, 그리스도께서 일으키시는 재결합은 영적인 신방에서 일어난다. 전부 영지의 언어를 알아야 풀 수 있는 말이다.

 빌립 복음서는 문맥의 독특한 배열과 문학적인 양식을 고려하면 기독교 영지주의 성례전의 교리문답에서 주로 발췌한 것으로 추정된다. 성례전의 입회의식에 대한 중요성과 신성한 이름의 의미, 특별히 예수의 이름을 설명하고 삶을 위한 권면을 제공한다.

 참고한 영어 본은 모두 Wesley W. Isenberg의 번역본이나, 책이나 인터넷 사이트에 따라 그 내용은 조금씩 다르게 정리되어 있다. 이 책의 소개 글도 이 영어 본을 참고하였다.

(1)윌리스 반스톤(Willis Barnstone)의 "The Other Bible(Harper & Row, San Francisco, 1984, pp87~100)"에 실린 Wesley W. Isenberg의 "The Gospel of Phillip"
(2)http://www.gnosis.org/naghamm/nhl.html The Gospel of Philip (Wesley W. Isenberg 번역)
(3)http://wesley.nnu.edu/sermons-essays-books/noncanonical-literature/noncanonical-literature-gospels/the-gospel-of-phillip/"
(3)제임스 로빈슨(James M. Robinson)의 The Nag Hammadi Library(HaperOne, New York, 1990) pp139~160.
(4)원래 절을 구분하는 번호가 없으나 여기서는 임의로 절을 나누었다.

빌립 복음서 1~4절
하느님의 모든 영적 속성을 당당히 주장하라.

(1) A Hebrew makes another Hebrew, and such a person is called "proselyte". But a proselyte does not make another proselyte. [...] just as they [...] and make others like themselves, while others simply exist.

한 사람의 히브리인이 다른 한 사람을 히브리인으로 만들게 되면 그는 개종자가 된다. 하지만 그 개종자가 또 다른 사람을 개종자로 만들기는 어렵다. …… 자신들은 …….그대로 존재하려는 다른 사람들을 자기들처럼 만들려고 한다.

해석 첫 구절은 빠진 부분이 있어 그 의미를 파악하기 어렵다.

(2) The slave seeks only to be free, but he does not hope to acquire the estate of his master. But the son is not only a son but lays claim to the inheritance of the father.

노예는 자유를 원할 뿐 주인의 재산을 탐하지는 않는다. 하지만 아들은 아들일 뿐만 아니라 아버지에 대한 상속권도 요구한다.

해석 노예는 주인의 은혜를 받아서 노예 신분에서 해방되기를 바라면 살아간다. 그는 감히 주인의 신분과 재산, 권한 등을 탐낼 수 없고 아예 마음에 그런 생각이 일어나지도 않는다. 노예근성이 깊게 박혀있기 때문이다. 그러나 주인의 아들은 자신의 아버지가 지닌 모든 것을 요구할 수 있다.

여기서 노예는 자신의 내면에 신의 불꽃이 존재하는 것을 모르고 무지 속에 살아가는 사람들이고 아들은 신의 아들인 예수일 수 있고, 자신의 내면에 신의 불꽃이 존재함을 아는 깨달은 사람일 수도 있다. 이들은 하느님의 아들 자격으로, 하느님에게서 발출된 신성 빛의 자격으로, 당당하게 하느님이 지닌 모든 영적인 속성을 주장한다. 피조물로 그리고 노예로 자신을 설정하고 살아갈 것인가, 신의 아들로 자신을 설정하고 신처럼 살아갈 것인가에 따라 우리의 운명이 바뀐다. 정통기독교의 죄악 중 하나가 신성한 인간을 신의 피조물로 만들어 버린 것이다. 그대가 하느님에서 나온 신성한 존재라면 그대는 당당히 그 위대함을 주장해야 한다. 두드려라 그러면 열릴 것이고, 요청하라, 그러면 주어질 것이다.

(3) Those who are heirs to the dead are themselves dead, and they inherit the dead. Those who are heirs to what is living are alive, and they are heirs to both what is living and the dead. The dead are heirs to nothing. For how can he who is dead inherit? If he who is dead inherits what is living he will not die, but he who is dead will live even more.

죽은 자에게 상속받는 자들은 스스로 죽은 것이므로, 죽은 자의 것을 상속받는다. 그러나 살아 있는 자에게 상속받는 자들은 살아 있으므로 그들은 산 자와 죽은 자의 것을 동시에 상속받는다. 죽은 자들은 아무 것도 상속받지 못한다. 왜냐하면 죽은 자가 어떻게 상속받을 수 있겠는가? 만일 죽은 자가 살아 있는 자의 것을 상속받으면, 그는 죽지 않고, 훨씬 더 오래 살 것이다.

해석 앞의 구절에 이어지는 비유의 글이다. 죽은 자는 무지로 인해 노예로 살아가는 사람이고, 살아있는 자는 예수처럼 내면의 신의 불꽃을 깨운 자들이다. 그러므로 죽은 자의 상속자(죽은 자를 따르는 사람)는 죽은 자의 유산(무지 등)만을 받고, 살아 있는 자의 상속자(깨달은 자를 따르는 사람)는 진리를 전해 받는다. 내면의 영이 깨어나지 못하여 노예 상태에 있는 사람은 아무 것도 받지 못한다. 그들은 눈이 있어도 보지 못하고 귀가 있어도 듣지 못하기 때문이다. 그러나 기회가 되어 살아있는 자에게서 진리를 전해 들으면 그들은 죽음과 같은 무지에서 벗어날 수 있다.

(4) A Gentile does not die, for he has never lived in order that he may die. He who has believed in the truth has found life, and this one is in danger of dying, for he is alive.
이방인(이교도)은 죽지 않는데 이는 그들이 죽기 위해 살지 않았기 때문이다. 하지만 진리를 믿는 자는 생명을 발견하였고 죽을 위험에 처해 있다. 그는 살아 있기 때문이다.

해석 참된 구도자는 진리에 목숨 걸고 살아가나, 물질에 매여 살아가는 사람은 그렇지 못하다. 깨어나기 위해서는 자아가 죽고 새롭게 태어나야 한다. 누구든 진리를 발견하면 영이 살아나서 옛날의 나는 죽게 된다. 먼저 에고가 죽어야 영이 산다.

빌립 복음서 5~6절
그리스도 오심의 비의적 의미

(5) Since Christ came, the world has been created, the cities adorned, the dead carried out.
그리스도께서 세상에 오시고 세상이 창조되었고, 성읍들은 아름답게 꾸며졌으며, 죽은 자들은 치워졌다.

해석 문자적 의미로는, "예수 그리스도가 세상에 오자, 그의 가르침으로 세상은 새롭게 변했고 그의 가르침을 받아들이지 못한 영적으로 죽은 사람들은 버려졌다." 그러나 상징적으로 보면 그리스도는 내면이 밝아져서 원래의 자신(신의 불꽃)을 찾은 사람을 일컫는 말이다. 그리스도 재림은 각자의 내면에서 일어나는 영적 개화를 일컫는 말이다. 우리가 그리스도(깨달은 자)가 되면 기존의 무지의 눈으로 보이던 환영의 세상은 사라지고 새로운 세계가 창조되어 눈앞에 펼쳐지게 된다는 말이다. 이런 세계에서 죽은 자가 거주할 공간은 없다.

(6) When we were Hebrews, we were orphans and had only our mother, but when we became Christians, we had both father and mother.
우리가 히브리인이었을 때 우리는 고아였으며 어머니밖에 없었으나 우리가 그리스도인이 되었을 때 우리는 아버지와 어머니를 모두 갖게 되었다.

해석 여기서 히브리인은 무지한 사람을, 그리스도인은 깨달은 자를 상징한다. 무지 속에서는 신과 분리 상태로 고아처럼 버려졌으나 진리를 통하여 깨닫게 되면 신과 합일 상태에 놓인다는 말이다. 에덴동산에서 인간의 추락은 신과의 분리를 초래하였고 그 결과로 인간은 무지에 휩쓸려서 자신의 신성한 속성을 볼 수가 없었다. 이것은 아버지로부터 멀어진 사건이었다. 아버지는 영적 부모, 어머니는 육체적 부모를 상징한다. 깨닫게 되면 영적으로 육체적으로 완전하게 되어 우리는 아버지와 어머니를 모두 갖게 되는 것이다. 어떤 카발라 단체에서는 인간의 혼을 신의 여성적 속성을 상징하는 셔키나(신의 임재)로 보기도 한다.

빌립 복음서 7절
겨울에 기도하지 말라!

(7) Those who sow in winter reap in summer. The winter is the world, the summer the other Aeon (eternal realm). Let us sow in the world that we may reap in the summer. Because of this, it is fitting for us not to pray in the winter. Summer follows winter. But if any man reap in winter he will not actually reap but only pluck out, since it will not provide a harvest for such a person. It is not only now that fruit will not come forth, but also on the Sabbath his field is barren.
겨울에 씨를 뿌리는 자는 여름에 거둔다. 겨울은 이 세상이요, 여름은 에온(영원한 세계)이다. 여름에 거두기 위해 이 세상에 씨를 뿌리자. 그러므로 겨울에 기도하지 않는 것이 합당하다. 겨울이 지나면 여름이 온다. 그러나 누군가 겨울에 거두면 그는 실제로 거두는 것이 아니라 단지 잡아 뽑는 것이 된다. 이런 식으로는 그는 수확을 얻지 못한다. 지금 열매가 나오지 않을 뿐 아니라 안식일에도 그의 밭에는 수확이 없다.

해석 겨울은 이 세상을 상징하고 여름은 에온 즉 영원하고 충만한 세상을 상징한다. "여름에 거두기 위해 이 세상에 씨를 뿌리자"라는 말은 이 물질 세상에서 벗어나 영원한 평화가 있는 에온으로 들어가기 위하여 노력(씨 뿌리는 것)을 해야 한다는 말이고, 겨울에 기도하지 말라는 말은 이 물질세계에 미련을 두어서 안정과 번영을 추구하지 말라는 뜻이다. 겨울에 거둘 것이 없듯이 물질세계인 환영의 세계에서 우리가 얻을 것이 없으니 집착하지 말라는 의미이다.

빌립 복음서 8절
그리스도가 세상에 오신 이유!

(8) Christ came to ransom some, to save others, to redeem others. He ransomed those who were strangers and made them his own. And he set his own apart, those whom he gave as a pledge according to his plan. It was not only when he appeared that he voluntarily laid down his life, but he voluntarily laid down his life from the very day the world came into being. Then he came first in order to take it, since it had been given as a pledge. It fell into the hands of robbers and was taken

captive, but he saved it. He redeemed the good people in the world as well as the evil.
[The Christ came! Some indeed he ransoms, yet others he saves, yet for others he atones°. Those who were alienated he ransomed,[1] he brought them to himself. And he saved those who came to him. These he set as pledges in his desire. Not only when he appeared did he appoint the soul as he desired, but since the day of the world's origin he appointed the soul. At the time he desires he came first to fetch it, since it was placed among the pledges. It came to be under the bandits and they took it captive. Yet he saved it, and he atoned for both the good and the evil in the world(Patterson Brown translation, 패터슨 브라운 영어번역 참고]

그리스도는 어떤 이들의 몸값을 치르시려고, 어떤 이들을 구원하시려고, 어떤 이들을 구해주시려고 오셨다. 그는 낯선 자들의 몸값을 치르시고, 그들을 자신의 것으로 만드셨다. 그는 자신의 계획에 따라 약속된 이들을 구별해두셨다.

그가 혼을 지정하신 것은 그가 나타나셨을 때만이 아니라 세상이 존재하게 된 바로 그날부터였다. 그리고 그가 그것(혼)을 취하려고 처음 나오셨으니 그것은 그렇게 약속되었기 때문이다. 그것(사람들 혼)은 강도들의 손에 떨어져 사로잡혀있었으나 그가 그것을 구하셨다. 그리고 그는 세상의 선한 자만이 아니라 악한 자들도 구하셨다.

해석 그리스도가 오신 이유를 설명한다. 여기서 강도는 사악한 존재인 아르콘을 의미하는 것으로 보인다. 예수는 인간이 아르콘의 손아귀에서 벗어나도록 인간에게 영지가르침을 전하였다. 영지주의에서 말하는 아르콘은 카발라의 킬리포트(생명나무 그림자, 어둠의 세력)에 해당한다. 인간의 혼이 물질에 갇힌 이유에 대해서는 영지주의와 카발라가 약간 다르게 설명하나 근원으로 돌아가는 방법으로 영지가르침이 제시되는 것은 같다.

빌립 복음서 9절

이원성을 넘어서라!

(9) Light and Darkness, life and death, right and left, are brothers of one another. They are inseparable. Because of this neither are the good good, nor evil evil, nor is life life, nor death death. For this reason each one will dissolve into its earliest origin. But those who are exalted above the world are indissoluble, eternal.

빛과 어둠, 삶과 죽음, 오른쪽과 왼쪽은 서로의 형제들이다. 그들은 분리될 수 없다. 왜냐하면 그들은 선은 선이 아니고, 악은 악이 아니며, 삶은 삶이 아니고, 죽음은 죽음이 아니기 때문이다. 이런 이유로 이들 각각은 태초의 근원으로 녹아 들어갈 것이다. 그러나 이런 세상 위로 높여진 사람들은 해체될 수 없어서 영원하다.

해석 이원성에 대한 이야기이다. 우주의식(신)은 모든 한계를 초월한 존재이므로 이원성 너머에 있다. 천국은 이원성을 극복한 자가 가는 곳이다. 물질계에만 선과 악, 빛과 어둠, 삶과 죽음이 있다. 그러나 이들 모두는 근원에서 나온 것이다. 다만 자신의 한정된 생각이나 개념을 가지고 보니 구분되어 보일 뿐이다. 우리에게 어떤 대상이나 사물은 원래 그대로의 대상이나 사물이 아니라 우리의 생각이 개입되어 반영된 대상이나 사물일 뿐이다. 카발라에서 어둠(부질서, 부조화, 악 등)은 조화롭지 못한 빛으로 표현되며 이것은 조화롭게 조율되면 바로 빛이 된다. 어둠을 조화로운 빛으로 변화시키는 일이 우리에게 주어졌다고 한다. 즉 본질적으로 빛과 어둠은 분리될 수 없고 같다. 선과 악은 상대적 개념이고 삶과 죽음도 마찬가지이다. 즉 선에 점수(최고 점수 1에서 최하 점수 100까지)를 매긴다면 5는 7에 비하면 선하겠지만 1에 비하면 악이 된다. 물질계의 삶과 죽음은 반대 개념이 아니라 푸른 하늘에 구름이 일어나 사라지듯이 그렇게 환영의 세계에서 일어나서 사라지고 다시 일어나는 물결일 뿐이다. 물질 삶과 죽음의 반대는 영적으로 깨어남이다. 환영의 세계인 물질계를 넘어선 사람은 삶과 죽음을 넘어선 것이며 근원과 합일되어 영원히 존재한다.

빌립 복음서 10절

개념에 매이지 말라

(10) Names given to the worldly are very deceptive, for they divert our thoughts from what is correct to what is incorrect. Thus one who hears the word "God" does not perceive what is

correct, but perceives what is incorrect. So also with "the Father" and "the Son" and "the Holy Spirit" and "life" and "light" and "resurrection" and "the Church(Ekklesia)" and all the rest – people do not perceive what is correct but they perceive what is incorrect, unless they have come to know what is correct. The names which are heard are in the world to deceive. If they were in the Aeon (eternal realm), they would at no time be used as names in the world. Nor were they set among worldly things. They have an end in the Aeon.

세상 만물에 주어진 이름은 참으로 기만적이다. 이름은 우리의 생각을 올바른 것에서 그릇된 것으로 돌려놓는다. 그래서 "하느님"이라는 말을 듣는 자는 올바른 것을 인식하지 못하고 그릇된 것을 인식한다. 이것은 "아버지"와 "아들" "성령" "생명" "빛" "부활" 그리고 "교회" 등 그 모든 것도 마찬가지이다. 사람들은 올바른 것을 알게 되지 않으면 올바른 것을 인식하지 못하고 그릇된 것을 인식한다. 우리가 듣는 이름들은 우리를 속이기 위해 세상에 있다. 만일 이름들이 에온(Aeon, 영원한 영역을 구성하는 존재) 안에 있다면 그것들은 결코 세상에 있는 이름처럼 쓰이지 않을 것이다. 그 이름들은 이 세속적인 것에 놓여있지 않았고 에온 안에 있다.

해석 이와 유사한 의미를 도마복음 22절(눈이 있는 자리에 눈을, 손이 있는 자리에 손을, 발이 있는 자리에 발을, 닮은 것이 있는 자리에 그 닮은 것을 만들 때, 그대들은 천국에 들어가리라.)에서 찾을 수 있다. "산은 산이고 물은 물이다."라는 선어록도 같은 의미를 담고 있다. 이 내용은 있는 그대로 보라는 의미이다. 자신의 한정된 생각이나 개념을 가지고 산과 물 혹은 신을 보게 되면 그것은 산은 산이 아니고 물은 물이 아니고 신은 신이 아닌 것이다.

그러므로 우리에게 비추어지는 어떤 대상이나 사물은 원래 그대로의 순수한 대상이나 사물이 아니라 우리의 생각이 개입되어 반영된 대상이나 사물일 뿐이다. 인간의 숫자만큼 신이 존재하다는 말도 같은 뜻이다.

하느님은 우리의 개념으로 한정지울 수 없고 생각할 수도 없는 존재이나 우리가 그것에 이름을 부여하는 순간 그것은 더 이상 원래의 하느님이 아닌 것이다. 기독교의 하느님, 영지주의자의 하느님, 카발라의 하느님, 한국 정통 신앙에서의 하느님 등은 모두 참 하느님을 한정시키는 이름이다. 말 그대로 우리는 이름에 속는다. 참된 이름은 이 세상에 아니라 이 세계 너머의 영원한 영역에만 있다. 개념을 넘어서라는 말이다.

빌립 복음서 11절
신의 이름을 아는 자

(11) One single name is not uttered in the world, the name which the Father gave to the Son; it is the name above all things: the name of the Father. For the Son would not become Father unless he wore the name of the Father. Those who have this name know it, but they do not speak it. But those who do not have it do not know it.

단 하나밖에 없는 유일한 이름은 이 세상에서 말해지지 않는다. 아버지께서 아들에게 주신 이름이요, 모든 것 위에 있는 이름이다. 이것은 바로 아버지의 이름이다. 아들이 아버지의 이름을 입지 않고는 아들은 아버지가 되지 못하기 때문이다. 이 이름을 가진 자들은 그것을 알지만 말하지 않는다. 그것을 가지고 있지 않은 자는 그것을 알지 못한다.

해석 하나 밖에 없는 유일한 이름은 신의 이름이다. 이것은 신, 하느님, GOD, 알라, 천지신명처럼 절대자를 지칭하는 보통명사가 아니라 신을 부르는 고유명사를 말한다. 우리 모두는 사람이지만 각자에게 고유한 이름이 있듯이 신에게는 고유한 이름이 있다. 유대교에서 그것은 YHVH(요드 헤 바브 헤, 야훼)로 불리었고 그 정확한 발음은 알려지지 않고 있다. 이 신의 이름을 발성할 수 있는 사람은 신에 이르는 열쇠를 가지고 있는 것과 마찬가지라고 한다. 이 신의 이름이 왜 우주를 관통하는 힘이고 우주 법칙인지는 카발라를 알아야 한다.[83]

But truth brought names into existence in the world for our sakes, because it is not possible to learn it (truth) without these names. Truth is one single thing; it is many things and for our sakes to teach about this one thing in love through many things.

그러나 우리를 위하여 진리는 이름들이 세상에 존재하게 하였다. 이들 이름 없이는 그것(진리)을 가르칠 수 없기 때문이다. 진리는 단일한 것이면서 동시에 많은 것으로 존재한다. 이것은 이 많은 것을 통해 사랑 속에 있는 이 단일한 것에 대하여 우리가 알라고 가르친다.

해석 세상에는 이름들 즉 사물이나 생각을 표현하는 단어들이 있어서 진리를 표현할 수 있다. 진리는 하나지만 많은 모습(이름들)으로 드러나며, 이 다양한 모습들을 통하여 모든 것이 근원하는 하나의 진리를 알아야 한다.

빌립 복음서 12~13절
인간의 성장을 방해하는 사악한 세력들

(12) The powers (rulers, archons) wanted to deceive man, since they saw that he had a kinship with those that are truly good. They took the name of those that are good and gave it to those that are not good, so that through the names they might deceive him and bind them to those that are not good. And afterward, what a favor they do for them! They make them be removed from those that are not good and place them among those that are good. These things they knew, for they wanted to take the free man and make him a slave to them forever.

지배자들(archons, 아르콘)은 인간을 속이기 원한다. 왜냐하면 그들은 인간이 아주 선한 이들과 친밀하다는 것을 보았기 때문이다. 그들은 선한 이들의 이름을 취해 선하지 않은 이들에게 주었다. 그들은 그 이름을 통해 그를 속여 그들을 선하지 않은 이들에게 묶어 두려 함이다. 그리고 그들은 호의를 베풀 듯이 선하지 않은 자들에게서 그들을(이름) 취하여 그들을 선한 자들 가운데에 놓는다. 그들은 자유로운 사람을 취하여 그들을 영원히 자신의 노예로 삼으려 했기 때문에 이런 것들을 알았다.

해석 지상에는 인류의 영적 성장을 방해하는 사악한 세력들이 있다. 영지주의 신화에서는 아르콘으로 나오고 성경에서는 사탄이나 악마로, 카발라에서는 킬리포트로 나온다. 물론 이들 용어가 똑같은 것을 말하는 것은 아니지만 인류의 영적인 발전을 시기하고 방해하는 존재임은 분명하다. 이들은 사람을 속이고자 선한 자들에게 주어진 이름들을 악한 자들이 사용하게 하였다. 선한 자의 이름으로 가면을 쓰고는 인간을 미혹한다. 사이비 종교인, 자신을 구세주로 칭하는 사람들이 그러하다. 이들은 사람들이 영적인 추구 대신에 물질이나 거짓에 취하여 살아가게끔 한다.

(13) There are powers which contend against man, not wishing him to be saved. For if man is saved, there will not be any sacrifices and animals will not be offered to the powers. Indeed, the animals were the ones to whom they sacrificed. They were indeed offering them up alive, but when they offered them up, they died. As for man, they offered him up to God dead, and he lived.
인간이 구원되기를 바라지 않아서 인간에 대항하여 싸우는 세력들이 있다. 인간이 구원되면 아무 희생제도 없고, 이들 힘에게 어떤 동물도 바쳐지지 않을 것이기 때문이다. 그들이 바친 희생제물은 동물이었다. 정말로 그것들을 산 채로 바쳤으나 그것을 바쳤을 때 그들은 죽었다. 인간에 대해서 말하자면, 그들은 인간을 하느님께 죽은 채로 바쳤으나 그는 살아났다.

해석 앞의 내용과 같은 것이다. 이들 세력에 대해서는 고대지혜의 가르침에서 자세히 설명이 된다. 이들은 인간이 바치는 동물적 속성(분노, 욕망, 질투, 파괴성 등)을 먹고 살아간다. 인간의 동물적 속성은 이들을 키우는 식량이고 희생제물이다. 이것이 없으면 그들은 존재할 수가 없다. 이런 동물적 속성을 바친다는 것은 내면의 신성 불꽃이 잠들어 있어서 거의 영이 죽은 것과 마찬가지 상태에 놓여 있어서, 우리가 동물적으로 살아간다는 의미이다. 그리고 혼의 불꽃이 감추어져서 죽은 것과 마찬가지인 인간이 신에게 바쳐지면 내면의 불꽃이 살아나게 된다

빌립 복음서 14절
완전한 인간이신 그리스도

(14) Before Christ came, there was no bread in the world, just as Paradise, the place where Adam was, had many trees to nourish the animals but no wheat to sustain man. Man used to feed like the animals, but when Christ came, the perfect man, he brought bread from heaven in order that man might be nourished with the food of man.
아담이 거주하였던 낙원에 동물이 먹을 나무는 많았으나 사람이

먹을 밀이 없었던 것처럼, 그리스도께서 오시기 전에 세상에는 빵이 없었다. 사람은 짐승처럼 먹곤 했지만, 완전한 사람이신 그리스도께서 오셨을 때, 그분은 사람이 사람의 음식으로 살아갈 수 있도록 하늘로부터 빵을 가져오셨다.

해석 동물은 인간의 물질적 본능을 상징한다. 예수가 지상에서 동물처럼 살아가던 인간을 구원하기 위하여 영지를 가지고 물질계로 내려왔다. 인간이 동물처럼 본능적으로 살아간다면 예수는 물질 본능에 흔들리지 않는 완전한 사람이었다. 예수도 우리처럼 사람임에는 다르지 않으나 그 완전성에 있어서 차이가 난다. 누구나 예수가 가지고 온 빵(영지/진리)으로 완전한 인간이 될 수 있다. 이것이 인간에게는 복음 즉 좋은 소식이다.

빌립 복음서 15절
악의 역설

(15) The rulers(powers) thought that it was by their own power and will that they were doing what they did, but the Holy Spirit in secret was accomplishing everything through them as it wished. Truth, which existed since the beginning, is sown everywhere. And many see it being sown, but few are they who see it being reaped.

통치자들은 자신들의 힘과 의지로 일을 한다고 생각했다. 그러나 성령이 비밀리에 자신이 원하시는 대로 그들을 통해서 모든 것을 성취하고 있었다. 태초부터 존재한 진리는 모든 곳에 뿌려진다. 진리가 뿌려질 때는 많은 이들이 그것을 보나 진리가 수확되는 것을 보는 자는 별로 없다.

해석 사악한 아르콘들(불완전한 신들)은 자신들이 지혜로우며 자신들의 힘과 의지로 일을 한다고 생각했다. 그러나 이들은 빵 만드는 데 필요한 이스트 효소처럼 우주계획에 따라 신에 의하여 이용되는 존재일 뿐이었다. 지상에 악이 창궐하나 어둠이 빛을 이길 수는 없다. 사실 악은 인간 내면의 신성불꽃을 밝히는데 필요한 자극제일 뿐이다.

고대지혜의 가르침에서는 악 때문에 인간 내면의 감추어진 부정성이 일어나서 우리가 이것을 알아차리고 그것을 조화로운 빛으로 바꿀 수 있다고 한다. 외부에서 악한 자극이 없으면 인간은 내면의 부정성을 간직한 채 이것을 변화시킬 기회 없이 그냥 무기력하게 살아갈 것이다. 예수처럼 완전한 인간은 악의 자극에 반응할 부정이 없다. 악은 영적 진화에 양날의 칼이고 필요악이다. 고대 가르침은 이 역설을 이해하라고 한다.

빌립 복음서(9절)에 보면 "빛과 어둠, 삶과 죽음, 오른쪽과 왼쪽은 서로의 형제들이다. 그들은 분리될 수 없다."라고 되어있다. 빛과 어둠(선과 악)은 서로 반대가 아니라 어둠은 아직 빛으로 변화되지 않은 잠재적인 빛이다. 그래서 결국에는 조화로운 빛으로 변해야 하고 이 일을 위하여 인간이 세상에 존재하게 되었다.

빌립 복음서 16~17절
마리아 동정녀 잉태의 허구

(16) Some said, "Mary conceived by the Holy Spirit." They are in error. They do not know what they are saying. When did a woman ever conceive by a woman? Mary is the virgin whom no power defiled. She is a great anathema to the Hebrews, who are the apostles and the apostolic men. This virgin whom no power defiled; the powers defile themselves.

And the Lord would not have said "My Father who is in Heaven(Mt 16:17)", unless he had had another father, but he would have said simply "My father".

어떤 이들은 "마리아가 성령으로 임신했다"고 말했다. 그들은 잘못 알고 있다. 그들은 자신들이 무슨 말을 하는지 알지 못한다. 언제 여자가 여자에 의해 임신된 적이 있었는가? 마리아는 어떤 힘(사악한 세력)도 더럽히지 않은 처녀이다. 그녀는 사도들과 사도를 따르는 사람들에게 큰 저주이다. 어떤 힘도 더럽히지 못한 처녀 마리아이고, 이들 힘(악한 세력)은 스스로 자신들을 더럽힌다. 그리고 주님께서, 또 다른 아버지가 계시지 않았다면 "하늘에 계신 나의 아버지(마태 16:17)"라고 말씀하시지 않고 그냥 "나의 아버지"라고 하셨을 것이다.

해석 마리아의 동정녀 임신을 부정하는 글이다. 마리아 동정녀 임신은 위대한 성자들의 탄생신화에서 보이듯이 제자들이 스승을 신격화하려는 극적 장치로 보아야 한다. "여자가 여자에 의해 임신된

적이 있던가?"에서 여자는 성령을 의미한다. 성령은 셈족어권에서 흔히 여성으로 간주되었다.[84]

예수의 동정녀 출생은 예수를 돋보이게 하기 위한 복음서 저자의 장치였지만 동시에 그것에는 상징이 숨겨져 있다. 예수가 성령으로 잉태하였다고 하는데 이 성령은 성경에 여러 가지 의미로 표현된다. 숨결, 불, 물처럼 비인격적으로 표현되는 경우와 마음이나 뜻, 감정을 지닌 존재로 표현되는 경우도 있다. 성령이 비유로 표현되었기 때문에 일어나는 문제이다. 성령에 대한 주요 성경구절에 보면,

"내가 아버지께 구하겠다. 그리하면 아버지께서 다른 보혜사를 너희에게 보내셔서, 영원히 너희와 함께 계시게 하실 것이다. 그는 진리의 영이시다. 세상은 그를 보지도 못하고 알지도 못하므로, 그를 맞아들일 수가 없다. 그러나 너희는 그를 안다. 그것은, 그가 너희와 함께 계시고, 또 너희 안에 계실 것이기 때문이다."(요한복음 14:16~18)

"보혜사 곧 아버지께서 내 이름으로 보내실 성령 그가 너희에게 모든 것을 가르치시고 내가 너희에게 말한 모든 것을 생각나게 하시리라."(요한복음 14:26)

요한복음 14절에 성령은 진리의 영이라 정의한다. 성령을 진리 즉 신의 말씀(우주법칙)으로 이해한다면 예수는 진리로 임신되었다는 말이다. 참으로 기발하고 멋진 상징이다. 존재하는 모든 것은 법칙(진리)을 따른다. 고대지혜의 가르침에서는 신을 우주법칙으로 표현하기도 한다. 예수의 혼은 신과 하나였고 법칙과 하나였고 성령

즉 진리 그 자체였다. 그래서 예수는 성령 즉 진리로 태어났다고 말할 수 있는 것이다. 그리고 성을 초월한 아버지, 남성인 아들, 그리고 여성인 성령이 삼위일체를 이룬다고 말할 수도 있다.

마리아가 사도들과 사도를 따르는 사람들에게 큰 저주라는 말은 예수동정녀 출생에 대한 정통 가톨릭 사도들과 추종자들의 견해를 비난하는 의미를 담고 있다. 숭배의 대상으로 올라간 마리아가 사실은 동정녀로 예수를 잉태한 것이 아닌 것이 밝혀지면 그들에게 마리아는 재난이고 저주일 것이었다. 고대 지혜 가르침에 따르면 당시 신비학교의 하나였던 에세네파 공동체에서는 예수 탄생을 위하여 마리아를 선택하여 준비시켰다고 한다. 그래서 어떤 사악한 힘들도 그녀를 범할 수 없었고 예수의 육체 어머니가 될 수 있었다.

"하늘에 계신 나의 아버지(마태 16:17)" 구절을 인용한 것은 예수에게 하늘의 아버지만이 아니라 지상의 아버지가 있었다는 것을 말하고자 함이다. 즉 동정녀 탄생을 부정하는 내용이다.

(17) The Lord said to the disciples, "bring out from every other house. Bring into the house of the Father. But do not take anything in the house of the Father nor carry it off."
주님께서 제자들에게 말씀하시길, "모든 집에서 가지고 나와서 아버지의 집으로 가지고 오라. 그러나 아버지의 집에서는 아무것도 취하지 말고 가지고 나가지도 말라."

해석 의미를 파악하기 어려운 구절 중 하나이다. 아버지의 집은 부족함이 없으며 이 안에서는 모두가 아버지와 합일되어 있는 영원한 세계이다. 반면에 우리의 집은 물질계에 살아가는 육체의 세계이다. 각자의 육체 안에 있는 신의 불꽃을 아버지 세계로 가지고 가서 그곳에 영원히 머물어야 하며(복귀), 이 상태에서 다시는 근원에서 분리되어 나가지 말아야 한다는 뜻으로 보인다.

빌립 복음서 18절
그리스도는 예수의 고유한 이름이 아니다

(18) "Jesus" is a hidden name, "Christ" is a revealed name. For this reason "Jesus" does not exist in any language; but his name is always "Jesus" as he is called. While as for "Christ", in Syriac it is "Messiah", in Greek it is "Christ". Certainly all the others have it according to their own language. "The Nazarene" is he who reveals what is hidden. Christ has everything in himself, - man, angel, mystery, and the Father.

예수는 숨겨진 이름이요, 그리스도는 드러난 이름이다. 이런 이유로 예수는 어떤 다른 언어에는 존재하지 않는다. 그래서 그는 늘 예수란 이름으로 불린다. 그리스도는 고대시리아어85)로는 메시아요, 희랍어로는 그리스도이다. 분명히 다른 모든 사람도 자기네 말에 따라 그리스도에 대한 이름을 가지고 있다. 나사렛 사람(예수)은 숨겨진 것을 드러내는 자이다. 그리스도는 자신 안에 모든 것을 지니고 계신다. 그것이 인간이든 천사든 비밀이든 아버지든 그러하다.

해석 그리스도는 예수의 고유한 이름이 아니라 깨달은 자(기름 부음을 받은 자)를 의미하는 보통명사이다. 그러므로 각 나라마다 그리스도를 메시아나, 붓다, 각자(覺者) 등으로 부를 수가 있다. 그러나 예수는 오직 예수에게만 적용되는 단어이다. 예수는 숨겨진 것을 드러내는 자인데 즉 사람들에게 영지(진리)를 전하는 사람이다. 신의 일부분인 예수 안에 모든 것이 존재한다.

그리고 그리스도와 마찬가지로 각 나라마다 God를 부르는 이름은 신, 천지신명, 알라, 하느님 등처럼 다양하다. 그러나 구약의 야훼는 오직 야훼로 불린다는 것을 알아야 한다. 왜냐하면 이는 신을 이르는 보명명사가 아니라 고유한 신의 이름이기 때문이다. 사람이 아닌 신에게도 고유한 이름이 있다는 것은 흥미로운 일이다. 카발라에서 신의 고유한 이름은 매우 소중한 명상 도구이다.

빌립 복음서 19절
먼저 영이 부활해야 우리는 죽을 수 있다

(19) Those who say that the Lord died first and (then) rose up are in error, for he rose up first and (then) died. If one does not first attain the resurrection, will he not die?. As God lives, he would ....

주님께서 먼저 돌아가시고 그 후에 부활하셨다고 말하는 자들은 잘못이다. 그분은 먼저 부활하시고 그 후에 돌아가셨기 때문이다. 어떤 사람이 먼저 부활을 얻지 못하면 그는 죽지 않을 것이다. 하느님께서 살아 계시므로 그는.......

해석 빌립 복음서에서 가장 주목 받는 구절이다. 정통 기독교 가르침을 정면으로 부인하는 글이다. 부활은 내면의 신성 불꽃이 살아나서 신과 하나가 된 상태를 말하고 예수는 늘 그런 상태에 있었다. 그래서 그는 육체가 죽고 나서도 부활할 필요는 없었다. 성경에 보이는 죽은 후 부활은 단지 인류에게 교훈, 즉 자신처럼 누구나 죽음도 극복할 수 있음을 보여주는 극적 장치였다. 우리의 내면이 깨어나게 되면(부활), 우리의 에고는 죽는다. 즉 먼저 부활을 얻지 못하면 우리 에고는 죽지 못한다. 고대지혜 가르침에서는 그리스도 재림을 이전에 그리스도 상태에 있었던 사람이 다시 그 상태 즉 깨달음을 얻게 되는 사건으로 본다.

카발라에 따르면 에덴동산에서 추방 전에 우리 영혼 모두는 신과 하나였다. 이것은 윤회와도 관련이 되는데 부활하기까지 우리는 죽을 때마다 카르마에 따라 다시 태어난다. 즉 깨닫지 못하면 계속 태어나니 죽을 수 없는 것이다.

빌립 복음서 20절
하찮은 육체에 구속된 고귀한 영혼이여!

(20) No one will hide a large valuable object in something large, but many a time one has tossed countless thousands into a thing worth a penny. Compare the soul. It is a precious thing and it came to be in a contemptible body.
어느 누구도 커다란 그저 그런 어떤 것 속에다 아주 값어치 있는 것을 숨겨 두지 않으려고 할 것이다. 그러나 사람들은 번번이

셀 수 없이 소중한 것을 한 푼어치 밖에 안 되는 것 속에 던져 넣는다. 이것을 영혼에 비유해 본다면 영혼은 아주 소중한 존재이나 하찮은 육체 속에 존재하게 되었다.

해석 도마복음(29절)에 비슷한 구절이 나온다. "예수께서 말씀하시길, 영혼 때문에 육체가 생겨났다면 이것은 경이로운 일이로다. 그러나 육체 때문에 영혼이 생겨났다면 이것은 경이 중의 경이로다. 이 위대한 부가 이처럼 가난 속에 자신의 거소를 만들었다는 것이 참으로 놀랍도다."

영혼과 육체는 서로 대비된다. 전자는 무한하고 불사이며, 후자는 유한하고 한시적이다. 영혼은 육체 없이도 존재할 수 있으나 물질계에서는 영혼의 현현 수단으로 육체가 필요하다. 신성한 영혼을 담기 위하여 조잡한 육체가 생겨났다는 것은 참으로 경이로운 일일 것이다. 이것은 마치 귀한 보석을 허름한 종이에 보관하는 것과 다를 것이 없다.

그러나 육체 때문에 영혼이 생겨난다는 것은 있을 수 없는 일이다. 이것은 영혼은 불사(不死)이나 육체는 사라질 존재이기 때문이다. 그러므로 만약 육체 때문에 영혼이 생겨났다면 이것은 경이 중의 경이일 것이다. 그러므로 이런 일은 일어날 수 없음을 반어적으로 말하고 있다.

위대한 부는 영혼을 말하고 가난은 육체를 의미한다. 자신의 신성을 알고 있는 예수 입장에서 보면 찬란히 빛나는 영혼이 조잡한 육체에서 살아가야 한다는 것이 얼마나 놀라운 일이었겠는가? 그러나 무지 속에 사람들은 이 사실을 모르고 사라질 육체에 탐닉하고 살아가고 있으니 이 얼마나 한심한 일인가?

빌립 복음서 21절
살아있는 동안 부활하라!

(21) Some are afraid lest they rise naked. Because of this they wish to rise in the flesh, and they do not know that it is those who wear the flesh who are naked. It is those who [...] to unclothe themselves who are not naked. "Flesh and blood shall not inherit the kingdom of God"(1 Cor 15:50). What is this which will not inherit? This which is on us. But what is this, too, which will inherit? It is that which belongs to Jesus and his blood. Because of this he said "He who shall not eat my flesh and drink my blood has not life in him"(John 6:53). What is it? His flesh is the word, and his blood is the Holy Spirit. He who has received these has food and he has drink and clothing.

I find fault with the others who say that it will not rise. Then both of them are at fault. You say that the flesh will not rise. But tell me what will rise, that we may honor you. You say the Spirit in the flesh, and it is also this light in the flesh. But this too is a matter which is in the flesh, for whatever you shall say, you say nothing outside the flesh. It is necessary to rise in this flesh, since everything exists in it.

어떤 자들은 자신들이 벌거벗은 채로 부활하지 않을까 염려한다. 이 때문에 그들은 육체를 입고 부활하기를 원하나 그들은 육체를 입은 자들이 바로 벌거벗은 줄을 알지 못하고 있다. (육체의) 옷을 벗은 사람이 벌거벗지 않은 사람인 것이다.

"살과 피는 하느님의 왕국을 물려받을 수 없다(고린도 전서 15:50)." 그러면 물려받지 못할 이것은 무엇인가? 우리가 입고 있는 살과 피다. 그러면 물려받을 이것은 무엇인가? 그것은 예수와 예수의 피에 속하는 것이다. 그러므로 그분께서는 "내 살을 먹고 내 피를 마시지 않는 자는 그 안에 생명이 없다(요한 6:53)"고 말씀하셨다.

이것이 무슨 뜻인가? 그분의 살은 말씀이요, 그분의 피는 성령이다. 이것을 받은 자는 음식을 가진 것이며, 마실 것과 입을 것을 가진 것이다.

나는 그것이 부활하지 않으리라고 말하는 사람들을 비난한다. 이런 주장 모두는 잘못이다. 그대들은 육체가 부활하지 않으리라고 말한다. 우리가 그대들을 존중할 수 있도록 무엇이 부활할 것인지 내게 말하라. 그대들은 육체 속에 있는 영을 말하나 그것 또한 육체 속에 있는 빛이다. 이처럼 이것 또한 육체 속에 있는 것이다. 너희가 무슨 말을 하든지 육체 밖에 있는 것은 아무 것도 아니다. 모든 것이 육체 안에 있기 때문에 이 육체에서 부활하는 것이 필요하다.

해석 정통교회 추종자들은 자신들이 죽고 난 후에 최후의 심판 날에 육체를 입고 부활할 것이라고 믿는다. 그래서 혹시 부끄럽게도 벌거벗고 부활하지 않을까 걱정을 하였다. 이것은 그들이 아직 육체의 애착에서 벗어나지 못한 증거이다. 부활은 육체의 부활이 아니라 영혼의 부활인데 이것을 이해 못한 사람들이 여전히 육체의 부활에 매여서 공연히 걱정하고 있다. 이런 자들은 영혼이 벌거벗겨진 셈이다. 그래서 예수는 우리가 살과 피에 매여서는 하늘나라에 들어갈 수 없다고 말한다. 반면에 예수의 살과 피는 하늘나라로 안내할 진리의 상징이다. 이것을 먹어야 즉 진리를 받아들여서 우리 것으로 소화해야 하늘나라로 들어갈 수 있음을 설명한다.

예수는 육체의 부활을 부정하는 사람도 잘못이라고 지적한다. 영을 육체와 구분하여 영이 부활할 것이라고 말하나 예수는 육체 안에 사람들의 영혼이 갇혀있기 때문에 이 육체에서 부활해야 한다고 말한다. 이 말은 육체를 입고 살아있는 동안 육체에서 영혼이 부활하라는 말 즉 깨달으라는 뜻이다.

빌립 복음서 22~23절
물의 세례와 불의 세례

(22) In this world, those who put on garments are better than the garments. In the Kingdom of Heaven, the garments are better than those that put them on.
이 세상에서는 옷을 입은 자들이 옷보다 낫다. 그러나 하늘 왕국에서는 옷이 그것을 입은 자들보다 낫다.

해석 세상에서 옷은 육체이고 그 옷을 입은 자는 영혼이다. 그러니 당연히 신의 불꽃인 영혼이 낫다. 그런데 사람들은 혼의 성장이 아니라 육체의 치장에 바쁘다. 그런데 하늘나라에서는 옷이 그것을 입은 자보다 낫다는 구절은 해석하기가 모호하다. 하늘나라에서 영혼을 감싸는 옷이 신의 속성이고 진리라고 본다면 그것은 가능하다.

(23) It is through water and fire that the whole place is purified - the visible by the visible, the hidden by the hidden. There are some things hidden through those visible. There is water in water, there is fire in chrism.

물과 불을 통해서 보이는 것은 보이는 것에 의해, 숨겨진 것은 숨겨진 것에 의해 모든 곳이 정화된다. 보이는 것들을 통해 숨겨진 것들이 있다. 물속에 물이 있고, 성유(聖油)속에 불이 있다.

해석 성경에는 물의 세례와 불의 세례(영의 세례)가 나온다. 물의 세례는 불의 세례의 외형적 모습으로 단지 상징적 의미를 지닌다. 진짜 세례는 영의 세례인데 이것은 진리를 통하여 내면 의식을 정화하는 것이다. 보이는 것은 육체에 대한 물의 세례이고 숨겨진 것은 내면에 대한 불의 세례이다.

빌립 복음서 24
예수의 비의 가르침과 대중 가르침

(24) Jesus took them all by stealth, for he did not appear as he was, but in the manner in which they would be able to see him. He appeared to them all. He appeared to the great as great. He appeared to the small as small. He appeared to the angels as an angel, and to men as a man. Because of this, his word hid itself from everyone. Some indeed saw him, thinking that they were seeing themselves, but when he appeared to his

disciples in glory on the mount, he was not small. He became great, but he made the disciples great, that they might be able to see him in his greatness.

He said on that day in the thanksgiving, "You who have joined the perfect light with the Holy Spirit, unite the angels with us also, as being the images."

예수께서 그들 모두를 은밀히 맞아들였다. 왜냐하면 예수는 자신의 본 모습대로 자신을 드러내지 않으시고, 그들이 알아볼 수 있을 만한 방식으로 자신을 나타내셨기 때문이다. 그는 그들 모두에게 자신을 드러내셨다. 그는 위대한 자에게는 위대한 자로, 평범한 자에게는 평범하게, 천사들에게는 천사로, 사람들에게는 사람으로 자신을 나타내셨다. 이 때문에 그의 말씀은 모든 사람에게서 감추어졌다. 어떤 사람들은 예수를 보면서 자기 자신을 보고 있다고까지 생각하였다. 그러나 예수가 산 위에서 영광 속에서 제자들에게 나타나셨을 때 그는 평범하지 않으셨다. 그분은 위대하셨고 제자들이 위대함 속에서 자신을 보도록 제자들을 위대하게 만들었다. 예수께서는 그날 감사기도를 드리면서 이렇게 말씀하셨다. "완전한 빛을 성령으로 합체시킨 그대께서 또한 천사들을 이미지인 우리와 합체시켜 주소서."

해석 예수가 왜 가르침을 비교와 현교로 나누어 전했는지 보여주는 구절이다. 사람의 의식 수준은 천차만별이고 예수는 사람들 수준에 어울리게끔 진리를 설했다. 그래서 진리는 다른 모습으로 알려졌고, 예수가 전하려고 한 진리는 사람들 마음의 스크린을 통하여 심지어 왜곡되기도 하였다. 그래서 진리는 감추어졌다고 볼 수 있는 것이다. 그나마 진리에 가까운 것은 의식수준이 어느 정도 되는 제자들에게 전해진 영지가르침이었다. 사실 정경은 수준 낮은 대중에게 전해진 도덕적 가르침으로 이루어져있다. 어떤 사람이 예수를 보고 자기 자신을 보고 있다고까지 생각한 것은 그만큼 예수는 자신의 수준을 낮추어 그들을 대했고 그들은 눈이 없어 예수의 위대함을 알아보지 못했다는 뜻이다.

예수가 산 위에서 영광 속에서 제자들에게 나타나셨을 때의 장면은 마태복음 17장86)에서 찾을 수 있다.

빌립 복음서 25~27
하늘나라에 들어가려면 어린아이처럼 분별심이 없어라!

(25) Do not despise the lamb, for without it, it is not possible to see the king. No one will be able to go in to the king if he is naked.
어린 양을 얕보지 말라. 어린 양이 없으면 왕을 볼 수 없다. 아무도 벌거벗은 채로 왕에게로 갈 수 없다.

해석 어린 양은 마태복음 19:14(예수께서는 "어린이들이 나에게 오는 것을 막지 말고 그대로 두어라. 하늘나라는 이런 어린이와 같은 사람들의 것이다.")에 나오는 어린아이와 같은 의미로 사용되었다.

도마복음 22절(예수께서 젖먹이 아기들을 보고는 제자들에게 "이 아이들은 천국에 들어가는 자들과 같도다."라고 말씀하셨다. 그러자 제자들이 "그러면 우리도 어린아이처럼 하늘나라에 들어가겠나이까?"라고 물었다. 예수께서 제자들에게 말하길, "너희가 둘을 하나로, 안을 바깥처럼, 바깥을 안처럼, 위를 아래처럼 만들 때, 남자와 여자를 하나로 만들어 남자는 남자가 아니고 여자는 여자가 아닌 것으로 만들 때, 눈이 있는 자리에 눈들을, 손이 있는 자리에 손을, 발이 있는 자리에 발을, 닮은 것이 있는 자리에 닮은 것을 만들 때, 그대들은 천국에 들어가리라."에도 유사한 구절이 나온다.

예수가 어린아이가 천국에 들어간다는 말은 천진난만하고 무지한 어린아이가 천국에 간다는 말이 아니라 아직 너와 나, 신과 자신, 선과 악, 앞과 뒤, 남과 여 등과 같이 사물을 구분하여 보는 분리의식이 없는 그런 마음의 소유자가 천국에 간다는 것을 의미한다.

벌거벗었다는 것은 영적으로 충만하지 못함을 말한다. 먼저 우리 자신을 충만하게 하지 못하면 하늘나라 혹은 그 왕(하느님)에게 갈 수는 없다. 충만함과 관련하여 〈야고보 비밀의 서〉에는 "내가 명령한다 해도 어느 누구도 하늘의 왕국에 들어갈 수는 없으니라. 다만 너희들 자신이 충만하게 되어야 들어갈 수 있노라."라는 구절이 있다. 믿음이 아니라 진리를 통하여 자신의 결핍을 충만하게 하는 자만이 하늘나라에 갈 수 있음을 말한다.

(26) The heavenly man has many more sons than the earthly man. If the sons of Adam are many, although they die, how much more the sons of the perfect man, they who do not die but are always begotten.
천상의 사람은 지상의 사람보다 훨씬 더 많은 아들이 있다. 아담의 아들들이 죽지만 여전히 그 아들들은 많다. 그렇다면 죽지 않고 늘 태어나는 완전한 사람의 아들들은 얼마나 더 많겠는가?

해석 카발라에서 천상의 사람은 아담카드몬(원초인간, 신성인간, 신, 깨달은 사람, 완전한 사람)을, 지상의 사람은 에덴동산에서 쫓겨나 물질계에 살아가는 우리 인간(아담, 아담 후손)을 의미한다. 물질계에 매여 살아가는 사람들보다는 훨씬 많은 깨달은 영혼이 존재한다는 의미이다. 깨달은 자는 영혼이 깨어있어서 내면이 죽을 수 없다. 그래서 늘 살아 있는 존재이고 육체가 죽을 때도 기억을 잃지 않으며 필요에 따라 육체를 입고 다시 태어난다.

(27) The father makes a son, and the son has not the power to make a son. For he who has been begotten has not the power to beget, but the son gets brothers for himself, not sons.
아버지께서는 아들(자식)을 만드시나 그 아들은 아들을 만들 권능이 없다. 태어난 자(아들)는 낳을 권능이 없으나 아들은 자신을 위한 형제들이 있다.

해석 아버지는 만물을 창조하고 인간의 영혼을 발출하나 아버지에게서 나온 자녀는 아버지와 같은 그런 영혼 창조능력이 없다. 그래서 우리는 자신의 자녀에게 육체는 줄 수 있어도 영혼을 부여할 수는 없는 것이다. 그것은 아버지만이 할 수 있는 일이다. 세상 사람들은 모두 신의 자녀이고 같은 형제이다.

빌립 복음서 28~30

영적인 방법으로 태어나는 사람

(28) All who are begotten in the world are begotten in a natural way, and the others in a spiritual way. Those who are begotten by him cry out from that place to the perfect man, because they are nourished on the promise concerning the heavenly place.

세상에 태어나는 사람은 모두 자연적인 방법으로 태어나나 영적인 방법으로 태어나는 사람들도 있다. 그분에 의하여 태어난 사람들은 태어난 장소에서 완전한 사람에게 알리나니, 그들은 천상의 장소에 관한 약속에 근거하여 양육되기 때문이다.

해석 대다수 사람들은 자연적인 방법 즉 카르마에 의한 윤회의 사슬에서 벗어나지 못한다. 그래서 전생을 기억하지 못하고 다시 태어난다. 그러나 인간을 돕기 위하여 스스로 지상의 삶을 선택한 예수처럼 위대한 영혼들은 기억을 가지고 태어나며 그 출생은 완전한 사람 즉 이미 지상에 태어나 사역을 하고 있는 위대한 영혼들에게 알려진다. 그들은 위대한 영혼들의 보살핌을 받으며 성장하게 된다. 그들은 준비된 스승으로부터 우주의 신비를 배우며 미래의 사역을 준비한다. 예수의 삶이 그러했다.

(29) If the word has gone out from that place, it would be nourished from the mouth and it would become perfect. For it is by a kiss that the perfect conceive and give birth. For this

reason we also kiss one another. We receive conception from the grace which is in one another.

만일 말씀이 그 장소로부터 나왔다면 그것은 입으로부터 양육될 것이요, 완전해질 것이다. 완전한 자는 입맞춤으로 (말씀을) 임신하고 낳는다. 그러므로 우리도 서로 입을 맞춘다. 우리는 서로 안에 있는 은혜로부터 (말씀을) 낳는다.

해석 로고스(말씀, 아들)가 세상에 나오면 그것은 진리(입으로 말해지는 진리)를 통하여 양육되어 완전하게 된다. 완전한 사람은 입맞춤 즉 신과 합일을 통하여 진리를 전한다. 우리도 서로의 내면에 있는 신성한 신의 불꽃(은총)과 입맞춤하여 진리를 전한다. 카발라에서는 신과 영적 결속을 데베쿠트(Devekut, 신과 영적 교감)라고 한다. 자신을 신에게 묶는 데베쿠트는 인간과 신의 강한 영적 결속이며 이 결속을 통하여 깨달음에 이른다. 이 영적 결속은 신과의 입맞춤으로 표현될 수도 있다. 완전한 자는 신과 입맞춤 상태에 있으며 이것을 통하여 진리를 임신하고 생산한다. 불의 세례를 흉내내는 물의 세례처럼, 우리가 키스하는 것은 이런 영적 의미를 흉내내는 것이다. 키스의 참된 의미를 아는 사람은 서로의 내면에 있는 신의 불꽃에 키스하여 진리를 전한다.

(30) There were three who always walked with the Lord: Mary, his mother, and her sister, and Magdalene, the one who was called his companion. His sister and his mother and his companion were each a Mary.

언제나 주님과 동행한 3명의 마리아가 있었다. 그들은 그의 어머니와 그의 자매와 그의 친구라 불린 막달라 마리아였다. 그의 자매와 그의 어머니와 그의 친구는 모두 마리아였다.

해석 예수와 동행한 3명의 마리아 중에 친구라 불린 막달라 마리아에 대해서는 뒤(51절)에서 다시 언급이 되는데 그녀에 대한 매우 흥미로운 내용이 나온다.

빌립 복음서 31~33절
성령은 이중적인 이름이다

(31) "The Father" and "the Son" are single names; "the Holy Spirit" is a double name. For they are everywhere: they are above, they are below; they are in the concealed, they are in the revealed. The Holy Spirit is in the revealed: it is below. It is in the concealed: it is above.
아버지와 아들은 단일의 이름들이고 성령은 이중적인 이름이다. 그들은 모든 곳에 있다. 위에도 있고 아래에도 있으며, 숨겨진 데도 있고 드러난 데도 있다. 성령은 아래에서는 드러난 데에 있고, 위에서는 숨겨진 데에 있다.

해석 아버지와 아들은 오직 하나의 이름으로 모든 곳에 존재하나 성령 즉 진리는 위에서는 즉 아버지 나라에서는 아버지에게 포함되어 감추어져 있으나, 진리가 아래 즉 이 세상에 내려오면 모두에게 드러난다. 그래서 이중적인 모습이나 아버지와 아들은 늘 같은 모습으로 존재한다.

(32) The saints are served by evil powers, for they are blinded by the Holy Spirit into thinking that they are serving an (ordinary) man whenever they do so for the saints. Because of this, a disciple asked the Lord one day for something of this world. He said to him, "Ask your mother, and she will give you of the things which are another's."

성자들은 악의 세력들에게 섬김을 받는다. 악의 세력은 이들을 위해 무언가를 할 때마다 그들은 성령에 의해 눈이 가려져서 자기들이 보통사람을 섬기고 있다고 생각한다. 이 때문에 어느 날 한 제자가 이 세상의 어떤 것을 주님께 요청했다. 그분께서 말씀하시길, "너의 어머니에게 요청하여라. 그러면 그녀가 다른 사람의 것들을 네게 줄 것이다."

해석 사악한 세력들이 성자들에게 무슨 나쁜 짓을 해도 성령 즉 진리의 힘으로 그 행위는 성자들에게는 도움이 되게 바뀐다. 그런데 악한 세력은 이런 사실을 모른다. 사실 신의 우주계획 즉 혼들의 원래 상태로 복귀와 우주에 존재하는 부조화한 빛을 조화로운 빛으로 바꾸는 일에는 사악한 세력이 필수적이다. 즉 인간 내면 깊숙이 존재하는 부정성을 불러일으켜서 이것을 조화로 바꾸는 데는 외부의 부정적 자극이 필요하기 때문이다. 이어지는 구절은 의미가 모호함.

(33) The apostles said to the disciples, "May our entire offering

obtain salt." They called Sophia "salt". Without it, no offering is acceptable. But Sophia is barren, without child. For this reason, she is called "trace of salt". But where they will be in their own way, the Holy Spirit will also be, and her children are many.

사도들이 제자들에게 말했다. "우리의 모든 제물에 소금이 포함되었으면 한다." 그들은 소피아(지혜)를 "소금"이라고 불렀다. 소금이 없으면 어떤 제물도 받아들여지지 않는다. 그러나 소피아(지혜)는 불임이어서 아이가 없다. 이런 이유로 그녀는 "아주 미량의 소금"이라고 불린다. 그러나 그들이 자신들 방식으로 있는 곳에서는 성령도 있을 것이어서, 그녀의 아이들이 많을 것이다.

해석 세상에 없어서는 안 되는 것이 소금이다. 물건의 부패를 방지하고 우리 몸에 필수 성분이기도 하다. 그래서 상징적으로 소금은 지혜로 불린다. 왜냐하면 지혜는 세상의 불의와 부패를 방지하고, 우리는 지혜 없이 살 수가 없기 때문이다.

　그리스어로 소피아는 지혜이나, 또한 소피아는 영지주의 창조신화에 나오는 에온 중의 하나이기도 하고, 신의 여성적 속성이기도 하고, 그리고 신과 분리되어 세상에 살아가는 인간의 영혼을 상징하기도 한다.

빌립 복음서 34~36
아버지가 소유하신 것은 아들에게 속한다.

(34) What the father possesses belongs to the son, and the son himself, so long as he is small, is not entrusted with what is his. But when he becomes a man, his father gives him all that he possesses.
아버지께서 소유하고 계신 것은 아들에게 속하나 아들이 어릴 동안에는 아들에게 아버지의 것이 위임되지 않는다. 그러나 그가 어른이 될 때 그의 아버지는 그에게 자신의 모든 소유물을 주신다.

해석 너무도 당연한 말이다. 하느님의 발출물이며 그 일부인 아들(예수 혹은 모든 인간)은 아버지 하느님에게 속한 것을 가지고 있다. 다만 어릴 때 즉 깨닫지 못한 상태에서는 아버지의 것을 위임받지 못하나 어른이 되면, 즉 깨닫게 되면 자연히 아버지의 모든 것을 지니게 된다. 모든 영혼은 나이가 같으나 어린 영혼, 성숙한 영혼 등의 이름이 붙는 것은 영혼의 성숙도에 따른 구분이다.

(35) Those who have gone astray, whom the Spirit begets, usually go astray also because of the Spirit. Thus, by one and the same breath, the fire blazes and is put out.
영이 낳았으나 길을 잃은 자들은 의례히 이 영으로 인해 길을 잃은 것이다. 그러므로 같은 숨에 의해 불이 타오르기도 하고 꺼지기도 한다.

해석 영은 성령 즉 진리를 상징하고 진리를 접하여 새롭게 태어난 사람들이 이 진리로 인하여 길을 잃게 된다는 뜻이다. 조금 알게 된 진리에 취하여 오만하고 거만하게 되어 남을 무시하고 다른 가르침에 마음의 문을 닫게 되는 경우가 많다. 이렇게 되면 길을 잃게 된다. 이처럼 같은 진리(성령)의 숨결이 사람에 따라 다르게 작동한다.

(36) Echamoth is one thing and Echmoth, another. Echamoth is Wisdom simply, but Echmoth is the Wisdom of death, which is the one who knows death, which is called "the little Wisdom".
에카모트와 에크모트는 별개의 존재이다. 에카모트는 지혜이나 에크모트는 죽음의 지혜다. 에크모트는 죽음을 아는 자이고 "작은 지혜"라고 불린다.

해석 우리를 근원으로 돌아가도록 해주는 지혜가 에카모트라면, 생로병사가 반복되는 물질세상의 세속적 지혜는 에크모트라 할 수 있다.

빌립 복음서 37~38
성령은 모든 사람을 돌보시고 모든 힘을 다스리신다.

(37) There are domestic animals, like the bull and the ass and others of this kind. Others are wild and live apart in the deserts. Man ploughs the field by means of the domestic

animals, and from this he is nourished, he and the animals, whether tame or wild.

Compare the perfect man. It is through powers which are submissive that he ploughs, preparing for everything to come into being. For it is because of this that the whole place stands, whether the good or the evil, the right and the left. The Holy Spirit shepherds everyone and rules all the powers, the "tame" ones and the "wild" ones, as well as those which are unique. For indeed he gather them and shuts them in, in order that these, even if they wish, will not be able to escape.

소와 나귀와 그리고 이와 같은 종류의 다른 가축들이 있다. 야생이어서 사막에서 살아가는 동물도 있다. 사람은 가축을 이용해 밭을 간 덕분에 그 자신과 가축과 들짐승이 음식을 취한다. (이것을) 완전한 인간과 비교해도 마찬가지이다. 그는 복종하는 힘들을 통해 밭을 갈아 모든 것이 존재하도록 준비한다. 이 때문에 모든 곳이 선하든 악하든, 우측이든 좌측이든 상관없이 존재한다. 성령은 모든 사람을 돌보시고 모든 힘을 다스리신다. 성령은 특별한 자들뿐 아니라 순종적인 자들이든 거친 자들이든 상관하지 않는다. 참으로 그는 그들을 모아 가두니 그들이 원할지라도 그들은 탈출할 수 없을 것이다.

해석 완전한 인간은 예수나 깨달은 존재를 말하며, 우리가 가축을 이용해 밭을 갈아 음식을 얻듯이 그렇게 예수는 진리를 통하여 세상을 다스린다. 성령은 진리의 영으로 진리 그 자체이다. 진리는 모두를 돌보고 모든 힘을 다스린다.

(38) He who has been created is beautiful, and you would find his sons noble creations. If he was not created, but begotten, you would find that his seed was noble. But now he was created (and) he begot. What nobility is this?

First, adultery came into being, afterward murder. And he was begotten in adultery, for he was the child of the Serpent. So he became a murderer, just like his father, and he killed his brother. Indeed, every act of sexual intercourse which has occurred between those unlike one another is adultery.

창조된 자는 아름답고 그대는 그의 아들들(자손)이 고귀한 피조물이라는 것을 알아볼 것이다. 그가 창조되지 않고 태어났다고 해도 그대는 그의 씨앗이 고귀하다고 생각했을 것이다. 그러나 그는 창조되었고 출산도 했다. 이것은 무슨 고귀함인가?

먼저 간음이 생겨나고 그 후에 살인이 생겨났다. 그는 뱀의 자식이어서 간음으로 태어났다. 그래서 그는 자신의 아버지와 똑같이 살인자가 되었으며 자신의 형제를 죽였다. 참으로 서로 같지 않은 자들 사이에서 일어난 모든 성행위는 간음이다.

해석 창세기에 나오는 아담의 창조 그리고 카인과 아벨에 대한 영지주의적 해석으로 보인다. 이 구절은 해석이 곤란하다.

빌립 복음서 39~40
하느님은 영혼을 자신의 빛깔로 물들이는 염색공 같다!

(39) God is a dyer. As the good dyes, which are called "true", dissolve with the things dyed in them, so it is with those whom God has dyed. Since his dyes are immortal, they become immortal by means of his colors. Now God dips what he dips in water.

하느님은 염색공이다. "진짜"라고 불리는 좋은 염료가 염색되는 것으로 녹아 스며들듯이 하나님은 자신이 물들인 자들 속으로 스며든다. 신의 염료는 불멸이므로 물든 것들은 신의 색으로 인해 불멸이 된다. 이제 하느님은 물에 담아서 염색하신다.

해석 염색공이 천을 자신이 원하는 색깔로 물들이듯 하느님은 인간을 자신의 신성한 속성으로 물들인다. 신이 불사이듯, 신의 발출물이며 그 속성으로 물든 인간도 불사이다.

(40) It is not possible for anyone to see anything of the things that actually exist unless he becomes like them. This is not the way with man in the world: he sees the sun without being a sun; and he sees the heaven and the earth and all other things, but he is not these things. This is quite in keeping with the truth. But you saw something of that place, and you became those things. You saw the Spirit, you became spirit. You saw Christ, you became Christ. You saw the Father, you shall

become Father. So in this place you see everything and do not see yourself, but in that place you do see yourself – and what you see you shall become.

어느 누구라도 실제로 존재하는 어떤 것처럼 되지 않고는 그것을 보는 것(이해하는 것)은 불가능하다. 그러나 세상에 있는 사람의 경우는 이와 다르다. 사람은 태양이 되지 않고도 태양을 보고, 사람은 하늘과 땅 그리고 다른 모든 것이 아니면서도 그것들을 본다. 이것은 진리에도 꼭 들어맞는다. 그대는 진리의 어떤 면을 보고 그러한 것들이 되었다. 그대는 영을 보고 영이 되었다. 그대는 그리스도를 보고는 그리스도가 되었다. 그대는 아버지를 보았고 아버지가 될 것이다. 그러므로 그대는 이곳(이 세상)에서 모든 것을 보고 그대 자신을 보지 못하지만, 저곳(영적 영역)에서는 그대 자신을 본다. 그리고 그대는 그대가 보는 것이 될 것이다.

해석 "실제로 존재하는 어떤 것"이란 영적인 영역에 존재하는 것을 말한다. 이 세상에 존재하는 것은 실제로 존재하는 것이 아니라 어떤 면에서는 꿈과 같은 환영적인 속성을 띤다. 이 세상에서는 어떤 것이 되지 않고도 그것을 볼 수 있고 진리나 영이 되지 않고도 그것을 보고 그것이 될 수 있다. 그러나 그것을 보는 자기 자신만은 볼 수가 없다. 다만 실제로 존재하는 영적인 영역에서 그대는 신성한 자기 자신으로 존재하기 때문에 자신을 볼 수가 있다. 이 단계에서 아버지와 하나가 될 것이다.

빌립 복음서 41~43

믿음과 사랑의 의미

(41) Faith receives, love gives. No one will be able to receive without faith. No one will be able to give without love. Because of this, in order that we may indeed receive, we believe, and in order that we may love, we give, since if one gives without love, he has no profit from what he has given.
믿음은 받아들이는 것이고 사랑은 주는 것이다. 믿음 없이는 어느 누구도 받을 수 없다. 사랑이 없이는 어느 누구도 줄 수 없다. 이 때문에 우리는 받아들이기 위해 믿고, 사랑하기 위해 준다. 그러므로 누군가 사랑 없이 준다면 그는 준 것에서 유익함을 얻지 못한다.

해석 믿음과 사랑의 관계에 대한 명쾌한 정의이다. 사랑 없이 과시로 혹은 명예심 등으로 무언가를 나누어 주는 행위는 공덕을 쌓는 일이 못된다.

(42) He who has received something other than the Lord is still a Hebrew.
주님이 아닌 다른 무언가를 받아들인 자는 여전히 히브리인이다.

해석 이 복음서에서는 히브리인과 반대되는 개념으로 그리스도인이 종종 사용된다. 기존의 개념에 매여 살아가는 사람이 히브리인이고 예수의 가르침을 받아들여 자신의 내면을 깨운 사람이 그리스도인이다.

(43) The apostles who were before us had these names for him: "Jesus, the Nazorean, Messiah", that is, "Jesus, the Nazorean, the Christ". The last name is "Christ", the first is "Jesus", that in the middle is "the Nazarene". "Messiah" has two meanings, both "the Christ" and "the measured". "Jesus" in Hebrew is "the redemption". "Nazara" is "the Truth". "The Nazarene" then, is "the Truth". "Christ" has been measured. "The Nazarene" and "Jesus" are they who have been measured.

우리 앞에 있었던 사도들은 그분에 대하여 "예수, 나사렛 사람, 메시아"란 이름 즉 "예수, 나사렛 사람, 그리스도"라는 이름으로 불렀다. 마지막 이름은 그리스도요, 첫 번째 이름은 예수요, 중간에 있는 것은 나사렛 사람이다. 메시아에는 "그리스도"와 "균형이 잡힌 자"의 두 가지 의미가 있다. 그리고 히브리어로 예수는 "구원"이고 나사라(Nazara)는 "진리"이다. 그래서 나사렛 사람은 "진리"이다. 그리스도는 균형이 잡혀있다. 나사렛 사람과 예수는 균형이 잡혀있는 자이다.

해석 예수의 호칭(예수, 나사렛 사람, 메시아)에 대한 깊은 의미를 보여준다. 예수는 구원, 나사렛 사람은 진리, 메시아는 그리스도(기름 부음을 받은 자, 균형이 잡힌 자) 이다. 그러므로 예수는 구원이고 진리이고 그리스도이다. 그리스도가 균형이 잡혀있다는 뜻은 출애굽기 3장 14절에서 찾을 수 있다. 여기에 보면 신(YHVH, 야훼)은 모세에게 이집트에 가서 히브리인들을 해방시키라고 말한다. 그러자 모세는 묻는다, "누가 나를 보냈다고 말하오리까?" 그러자 신은 "에 헤예 아쉐르 에헤예"라고 말한다. 이것은 "나는 스스로 있는 자이다." "나는 곧 나다." "나는 영원히 존재하는 자다."로 번역되는데 신은 균형 속의 균형으로 존재한다고 하여 이것을 "나는 균형 속의 균형이다."라고 해석하는 학자도 있다. 신은 균형 속에 있고 그 아들인 그리스도도 마찬가지이다.

빌립 복음서 44~45
그대는 하느님의 소중한 아들이다.

(44) When the pearl is cast down into the mud, it does not becomes greatly despised, nor if it is anointed with balsam oil will it become more precious. But it always has value in the eyes of its owner. Compare the Sons of God: wherever they may be, they still have value in the eyes of their Father.

진주를 진흙 속에 던져도 그 가치가 크게 훼손되지 않으며 그것에다 향유를 바른다고 값이 더 나가지도 않을 것이다. 진주는 소유자의 눈에는 항상 가치가 있다. 이것을 하느님 아들들과 비교한다면, 그들이 어디에 있든지 그들은 여전히 아버지 눈에는 값진 존재들이다.

해석 지금은 우리가 육체에 갇혀 자신의 위대한 신분을 잊고 살아가지만 하느님의 아들인 우리는 아버지에게 늘 소중한 존재이다. 아버지는 어떻게 하면 물질에 매여 버린 아들을 구할 수 있을까 고심하고 있으며 구원을 위하여 예수를 위시하여 많은 성자들을 내려 보내셨다.

(45) If you say, "I am a Jew," no one will be moved. If you say, "I am a Roman," no one will be disturbed. If you say, "I am a Greek, a barbarian, a slave, a free man," no one will be troubled. If you say, "I am a Christian," the world will tremble. Would that I may receive a name like that! This is the person whom the powers will not be able to endure when they hear his name.

그대가 "나는 유대인이요"하고 말해도 아무도 감동을 받지 않을 것이다. 그대가 "나는 로마인이요" 라고 말해도 아무도 동요하지 않을 것이다. 그대가 "나는 희랍인, 야만인, 노예, 자유인이요" 라고 말해도 아무도 당황해 하지 않을 것이다. 그러나 그대가 "나는 그리스도인이요" 라고 말하면 세상이 떨 것이다. 나는 그런 이름을 받았으면 한다. 힘들이 그 사람의 이름을 들을 때, 그들은 그 사람을 감당할 수 없다.

해석 그리스도인이라는 것이 그 어느 것보다 가치 있고 힘이 있음을 말한다. 물론 여기서 그리스도인(기독교인)은 말뿐인 그리스도인, 지혜 없이 믿음만 내세우는 그리스도인을 말하는 것이 아니라, 말 그대로 내면이 밝아져서 그리스도처럼 깨닫게 된 사람을 말한다. 그런 사람은 아버지 안에 있고 아버지가 그 안에 있어서 세상이 그 앞에 떨고 어떤 세력도 그를 감당할 수 없다.

빌립 복음서 46

신의 손과 발인 인간

(46) God is a man-eater. For this reason, men are sacrificed to him. Before men were sacrificed, animals were being sacrificed, since those to whom they were sacrificed were not gods.

하느님은 인간을 먹는 분이다. 이러한 이유로 사람은 하느님의 제물로 바쳐진다. 사람이 제물로 바쳐지기 전에는 짐승들이 제물로 바쳐졌다. 이는 짐승을 제물로 받는 자들은 신들이 아니었기 때문이었다.

해석 카발라에서는 인간을 지상의 부질서(부정) 혹은 조화롭지 못한 빛을 조화로운 빛으로 변화시켜 이것을 신에게 돌려보내는 존재로 본다. 인간은 신의 손과 입이 되어서 부조화를 마셔서 이것을 조화로움으로 소화시킨다. 그런 점에서 신은 인간이 소화시킨 빛을 먹는 자이기도 하다. 짐승을 제물로 받는 존재는 신이 아니라 어둠의 세력들이었다. 이들은 요구한 것은 거의가 동물의 피 속에 있는 생명력이었으며 이 때문에 수많은 동물이 제물로 바쳐져서 희생되었다. 이런 피의식이 행하여지는 곳에는 이들 존재가 그 뒤에 있다. 이들은 생명력을 통하여 힘을 얻는다.

빌립 복음서 47

신의 숨을 통하여 존재하는 인간의 혼

(47) Glass decanters and earthenware jugs are both made by means of fire. But if glass decanters break, they are done over, for they came into being through a breath. If earthenware jugs break, however, they are destroyed, for they came into being without breath.

유리병과 흙 항아리는 다 같이 불을 이용해서 만들어진다. 그러나 유리병은 깨지면 다시 만들어진다. 유리병은 숨을 통해 존재하였기 때문이다. 그러나 흙 항아리가 깨지면 그것은 파괴되어 버려진다. 그것은 숨을 통해 존재하게 된 것이 아니기 때문이다.

해석 이것을 이해하려면 카발라에서 말하는 혼에 대하여 알아야 한다. 성경에서는 일반적으로 3개 단어가 혼을 표현하기 위하여 사용된다. 이 3개는 네페쉬(Nefesh), 루아흐(Ruach, 세 가지 의미가 있다. 혼, 영, 바람), 네샤마(Neshamah)이다. 카발라에 의하면 이들은 혼의 세 단계를 나타내는 단어이다. 카발라 성자인 이삭 루리아는 세 개의 혼의 수준을 유리 부는 직공(입으로 숨을 불어서 유리병을 만드는 사람)에 비유하여 이렇게 설명한다.

유리 부는 직공은 신이고 용기(容器)는 사람이다. 직공이 숨을 불어넣어 다양한 유리를 만드는 과정은 입과 용기를 연결하는 관을 통하여 **숨**(Neshamah)을 불어 넣는 것으로 시작한다. 숨은 용기에 도달할 때까지 관을 통하여 **바람**(Ruach)으로 흐른다. 마침내 숨은 용기에 들어가고 직공의 계획에 따라 용기를 만들고 **휴식**(Nefesh)을

하게 된다.87)

이것은 인간 창조를 설명하는 창세기[2:7, "신이 땅의 흙으로 사람을 지으시고 생명의 혼을 코에 불어넣으시니 사람이 살아있는 혼이 되니라. God formed man out of the dust of the earth, and He blew in his nostrils a soul(Neshama) of life; and man became a living soul(Nefesh)"]에서 잘 드러난다. 이처럼 유리병(인간 육체)은 신의 숨을 통하여 만들어져서 혼을 위하여 존재한다.

빌립 복음서 48
내적 성장 없는 제자리걸음을 피하라!

(48) An ass which turns a millstone did a hundred miles walking. When it was loosed, it found that it was still at the same place. There are men who make many journeys, but make no progress towards any destination. When evening came upon them, they saw neither city nor village, neither human artifact nor natural phenomenon, power nor angel. In vain have the wretches labored.

당나귀가 맷돌을 돌리면서 100마일에 해당하는 거리를 걸었으나 당나귀가 맷돌에서 풀려나서 보니 여전히 제자리에 있음을 알았다. 이와 같이 많은 여행을 했으나 목적지로 조금도 나아가지 못하는 사람들이 있다. 그들에게 저녁이 찾아왔을 때, 그들은 도시나 마을도, 인공물이나 자연 현상도, 힘이나 천사도 보지 못했다. 그 가련한 자들은 헛수고를 하였다.

해석 지혜 없이 열심히 근면하게 살아가는 것만이 능사는 아니다. 거짓 가르침에 속아서 세월을 허비하는 사람들도 많다. 그러므로 영지 같은 올바른 가르침을 만나는 일이 무척 중요하다. 우리는 욕망 추구에 99%의 노력을 기울이면서 영혼의 각성에는 1%의 노력도 기울이지 않는다. 이렇게 해서는 맷돌을 돌리듯 영적으로 거의 한 발짝도 나아가지 못한다. 영혼이 죽고 육체가 산다면 무슨 소용이 있겠는가? 내적 성장 없는 제자리걸음은 윤회의 반복을 가져온다. 모든 게으름 중에서 영적 게으름은 가장 비난받아야 할 일이다.

빌립 복음서 49~50
예수는 세상을 십자가에 못 박으러 오셨도다.

(49) The eucharist is Jesus. For he is called in Syriac "Pharisatha," which is "the one who is spread out," for Jesus came to crucify the world.

성체(聖體)는 예수이다. 그분은 고대 시리아어로 파리사타라고 하는데 "확장되어/펼쳐져 나온 사람"을 의미한다. 예수는 세상을 십자가에 못 박으러 오셨기 때문이다.

해석 성체와 관련하여 성경에 이런 구절이 있다.

　나는 하늘에서 내려온 살아 있는 빵이다. 이 빵을 먹는 사람은 누구든지 영원히 살 것이다. 내가 줄 빵은 곧 나의 살이다. 세상은 그것으로 생명을 얻게 될 것이다.(요한복음 6:51)
　예수의 살과 피는 예수가 전하는 진리의 상징이었다. 예수는 진리와 하나였다. 시리아어로 예수는 "확장되어 펼쳐진 사람"이라는 뜻인데 이 말은 십자가와 관련이 있다. 카발라에 따르면 이 우주는 근원으로부터 나온 4계(영계, 멘탈계, 아스트럴계, 물질계의 4개 세계)로 이루어져 있다. 이 4계를 넘어서야 근원(신)에 도달한다. 십자가의 상하 좌우 4개의 점은 근원에서 나온 4개의 세계를 상징하고 십자가 중심은 모든 것이 나온 원천, 무한자를 상징한다. 그 중심에 들어가는 것이 근원과의 합일이다. 그러므로 십자가는 우주이며 완성과 깨달음의 상징이다.

예수님이 십자가에 못 박히신 것(사방으로 확장되어 펼쳐진 모습임)은 우주의식(신)과 합일의 상징이었다. 예수가 이 세상을 십자가에 못 박으로 왔다는 뜻은 예수가 십자가에서 보여주었듯이 인간을 포함하여 이 세상을 완전하게 하기 위해서였다. 온 세상을 구원하겠다는 말이다. 이런 의미에서 우리 모두는 예수처럼 십자가(확장되어 펼쳐진 사람)가 되어 완전해져야 한다.

(50) The Lord went into the dye works of Levi. He took seventy-two different colors and threw them into the vat. He took them out all white. And he said, "Even so has the Son of Man come as a dyer."

주님은 레위의 염색작업장으로 들어가셨다. 주님은 72가지의 색을 취하여 그것을 큰 통 속에 던지셨다. 주님이 그것을 꺼냈을 때는 온통 흰색으로 변해있었다. 그러자 주님은. "사람의 아들도 이처럼 염색장이로 왔다"고 하셨다.

해석 창세기 10장에 나오는 이방민족의 숫자가 히브리말 본문에는

'70'이지만, 그리스말 본문에는 '72'로 되어 있다. '72'라는 숫자는 이방 민족의 숫자와 결부되어 있는데 이들 민족을 하느님을 믿는 하나의 민족으로 만들었다는 의미로 보일 수도 있다. 그리고 여러 지파 중에서 레위의 염색작업장인 이유는 레위 지파가 대대로 사제직을 맡아왔고 백성을 가르쳐왔으므로 하느님이 이민족 교화에 레위족을 이용하였다는 의미일 수 있다.

그러나 72를 신의 72이름과 연관 지을 수도 있다. 카발라에서는 영적 각성과 신과 합일을 위하여 신의 이름을 사용했는데 대표적인 것이 4자 문자(YHVH, 야훼)와 신의 72이름이었다. 신의 72이름은 신과 동조를 통하여 우리를 신과 하나 되게 한다고 여겨졌다.[88]

빌립 복음서 51~52
예수와 막달라 마리아

(51) As for the Wisdom who is called "the barren," she is the mother of the angels. And the companion of the Savior is Mary Magdalene. But Christ loved her more than all the disciples, and used to kiss her often on her mouth. The rest of the disciples were offended by it and expressed disapproval. They said to him "Why do you love her more than all of us?" The Savior answered and said to them, "Why do I not love you like her?"

불임이라고 불리는 지혜(소피아)에 대해 말하자면 지혜(소피아)는 천사들의 어머니이다. 그리고 구세주의 친구는 막달라 마리아이다. 그러나 그리스도는 다른 어느 제자들보다 그녀를 더 사랑하셨고 그녀와 종종 입을 맞추었다. 그러자 나머지 제자들이 기분이 상하여 불만을 표시했다. "어찌하여 주님은 우리보다 마리아를 더 사랑하십니까?" 구세주께서 대답하시길, "내가 왜 너희들을 마리아처럼 사랑하지 않겠느냐?"

해석 빌립 복음서에 나오는 이 구절을 근거로 예수가 막달라 마리아와 결혼한 사이라고 확대 해석하여 말하는 사람도 있다. 영지주의 복음서인 〈마리아 복음서〉와 〈도마복음서〉에도 예수와 마리아의 친분 정도와 제자들의 의식 상태를 추측할 수 있는 흥미로운 구절이 나온다.

"자매여, 우리는 구세주께서 다른 여자보다 당신을 더 사랑하신 걸 알고 있소. 당신이 기억하는 구세주의 말씀을 얘기해 주시오." 마리아는 자신이 들은 이야기를 해준다. 그러자 안드레아가 마리아가 전해준 내용이 낯선 관념이라며 그 말을 믿지 못하겠다고 한다. 베드로는 그 말에 동의하고 다음과 같이 마리아를 비웃는다.

"구세주께서 한 여자와 은밀히 얘기하고 우리에게는 얘기하지 않았다는 게 있을 수 있는 일인가? 우리 모두가 그녀에게 돌아서서 그녀 말을 들어야 하는가? 주께서는 우리보다 그녀를 더 좋아했을까?" 그러자 마리아가 울면서 거짓이 아님을 항변한다. 이들 듣고 레위가 베드로에게 말한다. "베드로, 당신은 항상 성급하였소. 당신은 논쟁하는 사람처럼 여인과 다투고 있소. 주님께서 그녀를 가치 있게 만들었다면 당신은 왜 그녀를 그렇게 거부하는 것이오! 주님께서는 확실히 그녀를 잘 알고 있었소. 주님

은 우리보다 그 여자를 더 사랑하였소."(마리아 복음)

시몬 베드로가 그들에게 말하길, "마리아가 우리에게서 떠나도록 합시다. 여자들은 생명을 얻을 가치가 없기 때문이지요." 예수께서 말씀하시길, "내가 그녀를 남자로 만들기 위하여 그녀를 인도할 것이니라. 이것은 그녀가 남자를 닮은 살아있는 영이 되도록 함이니라. 자신을 남자로 만든 모든 여자들은 하늘나라에 들어갈 것이기 때문이니라."(도마복음 114절)

이들 전체 문맥을 살펴보면, 빌립 복음서 구절은 예수가 마리아와 연인관계가 아니라 마리아가 여성이어서 심지어 제자들 사이에서도 차별받는 것을 보고 예수가 마리아를 특별히 보살피고 아끼는 모습을 보여주는 글이다. 일반적으로 위대한 성인을 따르는 집단에서는 그 성인의 위대함에 반한 이성 제자들이 성인의 뜻과는 상관없이 일방적으로 흠모하는 경우는 있다.

(52) When a blind man and one who sees are both together in darkness, they are no different from one another. When the light comes, then he who sees will see the light, and he who is blind will remain in darkness.
소경과 소경 아닌 사람이 함께 어둠 속에 있을 때에는 그들은 서로 다르지 않다. 그러나 빛이 오면 소경 아닌 사람은 빛을 볼 것이요, 소경은 어둠 속에 남아 있을 것이다

해석 진리에 마음이 열린 사람과 열리지 않은 사람의 비유이다.

빌립 복음서 53~55절
신이 영원하듯 그대는 영원하다.

(53) The Lord said, "Blessed is he who is before he came into being. For he who is, has been and shall be."
주님께서 말씀하시길, "그 자신이 생겨나기에 앞서 (존재하던 원래의 모습으로) 존재하는 이는 복이 있도다. 왜냐하면 존재하는 이는 늘 그렇게 존재해 왔고 앞으로도 그렇게 존재할 것이기 때문이다."

해석 본문의 "he who is(존재하는 이)"는 인간 원래의 신성한 존재 상태를 말한다. 이것과 관련하여 흥미로운 구절이 출애굽기(3장 14절)이다. 여기에서 보면 신(야훼, YHVH)은 모세에게 이집트에 가서 히브리인들을 해방시키라고 말한다. 그러자 모세는 묻는다, "누가 나를 보냈다고 말하오리까?" 그러자 신은 "I AM WHO I AM."라고 말한다. 이것은 "나는 스스로 있는 자이다."로 번역된다. 신처럼 인간도 스스로 존재하는 자이다.

인간은 신에게서 발출된 신성한 존재이다. 무지로 인하여 인간은 자신이 신의 불꽃(영혼)임을 잊고 있다. 그래서 자신의 신성을 깨달아서 즉 원래의 자신의 참 모습으로 살아가는 사람은 복이 있다고 말한다. 내면의 존재는 신이 영원하듯 영원하다.

(54)) The superiority of man is not obvious to the eye, but lies in what is hidden from view. Consequently, he has mastery over the animals which are stronger than he is and great in terms of the obvious and the hidden. This enables them to survive. But if man is separated from them, they slay one another and bite one another. They ate one another because they did not find any food. But now they have found food because man tilled the soil.

인간의 우월성은 눈으로 보기에는 분명하지 않으며 그것은 시야로부터 숨겨져 있다. 그래서 인간은 자기보다 강하고 드러난 면과 감춰진 면이 모두 큰 짐승들을 지배한다. 이것이 그들을 살아남게 해준다. 만일 사람이 짐승들에게서 분리되면 동물들은 서로 죽이고 물어뜯는다. 그들은 어떤 음식도 발견하지 못해서 서로를 먹게 된다. 그러나 인간이 땅을 경작했으므로 그들은 이제 음식을 발견했다.

해석 여기서 짐승은 사람의 동물적 속성이고 인간은 육체에 거주하는 영혼을 상징한다. 영혼은 이성의 힘으로 본능적이고 탐욕적이고 파괴적인 육체 본성을 통제한다. 인간에게 이성이 없다면 육체 본성을 통제할 수 없어서 온갖 욕망이 날뛰게 되어 우리는 동물의 삶을 살게 된다. 이성 때문에 짐승(욕망)은 통제된다.

(55) If one goes down into the water and comes up without having received anything, and says "I am a Christian," he has borrowed the name at interest. But if he receives the Holy Spirit, he has the name as a gift. He who has received a gift does not have to give it back, but of him who has borrowed it at interest, payment is demanded. This is the way it happens

to one when he experiences a mystery.
만일 어떤 사람이 물속에 들어갔다가 아무 것도 받지 못하고 올라와 "나는 그리스도인이요"라고 말한다면 그는 이자를 내고 그 이름을 빌린 것뿐이다. 그러나 그가 성령을 받는다면 그는 그 이름을 선물로 가지고 있는 것이다. 선물을 받은 자는 그것을 돌려줄 필요가 없으나 이자를 물고 그것을 빌려온 자는 대가를 지불해야 한다. 이것이 신비를 체험할 때 사람에게 일어나는 방식이다.

해석 거짓 그리스도인과 성령 즉 진리를 받아들인 참 그리스도인에 대한 말씀이다. "이자를 물고 그것을 빌려온 자는 대가를 지불해야 한다."는 것은 그 업보를 받는다는 말이다.

빌립 복음서 56-57절
혼인의 영적 신비

(56) Great is the mystery of marriage! For without it, the world would not have existed. Now the existence of the world depends on man, and the existence of man on marriage. Think of the undefiled relationship, for it possesses a great power. Its image consists of a defilement of the form.
혼인의 신비는 위대하다. 그것이 없었으면 이 세상은 존재하지 않았을 것이다. 세상의 존재는 사람에게 달려있고, 사람의 존재는 혼인에 달려있다. 순결한 관계에 대해 생각해 보라. 왜냐하면 그것은 위대한 힘을 지니기 때문이다. 그것의 이미지는 형상의 더럽힘으로 이루어진다.

해석 혼인에는 3단계가 있는데, (1)남녀의 육체적 결합, (2)외적 자아와 내적 영혼의 결합, (3)영혼과 신의 결합이다. 이것은 신과 영혼의 분리, 내적 자아와 외적 자아의 분리, 남녀 영혼의 분리의 다른 모습이다. 이처럼 혼인은 신비스러운 일이고 세상의 존재는 인간에게 그리고 인간의 존재는 이 혼인에 달려있다. 순결한 관계는 내적 그리고 외적 자아가 합일된 관계이고 이 상태에서는 신성한 힘이 작동하여, 순결하지 못한 물질적 혼인을 할 필요가 없다. 그러나 일반적으로 이런 신성한 힘은 육체의 물질 욕망으로 인하여 왜곡되어 비추어진다.

(57) The forms of evil spirit include male ones and female ones. The males are they which unite with the souls which inhabit a female form, but the females are they which are mingled with those in a male form, though one who was disobedient.
And none shall be able to escape them, since they detain him if he does not receive a male power or a female power, the bridegroom and the bride. One receives them from the mirrored bridal chamber. When the wanton women see a male sitting alone, they leap down on him and play with him and defile him. So also the lecherous men, when they see a beautiful woman sitting alone, they persuade her and compel her, wishing to defile her. But if they see the man and his wife sitting beside

one another, the female cannot come into the man, nor can the male come into the woman. So if the image and the angel are united with one another, neither can any venture to go into the man or the woman.

사악한 영은 남자의 형상도 있고 여자 형상도 있다. 남성 형상은 여성 형상 속에 거주하는 혼들과 결합하고, 여성 형상은 제멋대로인 남성의 형상 속에 있는 혼들과 사귄다. 그런데 아무도 그들을 피할 수 없다. 사람이 남성의 힘이나 여성의 힘, 즉 신랑과 신부의 역할을 받아들이지 않으면 그를 가두어버리기 때문이다. 사람은 비추어진 신방으로부터 그들을 받아들인다. 음탕한 여인들이 혼자 앉아 있는 남자를 보면 달려들어 그와 어울려 그를 더럽힌다. 마찬가지로 음탕한 남자들이 홀로 앉아 있는 아름다운 여인을 보면 그녀를 설득하고 강요하여 그녀를 더럽히려고 한다.

그러나 그들이 남자와 그 아내가 나란히 앉아 있는 것을 보면 여자(여성의 힘, 사악한 영)는 그 남자에게 가지 못하고 남성(남성의 힘, 영)도 그 여자에게 가지 못한다. 그러므로 만일 그 형상과 천사가 서로 결합하면 아무도 감히 그 남자나 그 여자에게 가지 못한다.

해석 여기서 사악한 영은 남녀의 육체적 본능이나 욕망을 말하고 이들 욕망이 이성 간의 욕정을 불러일으켜서 상대방의 혼을 잡아가 둔다는 뜻이다. 이것이 우리가 보는 남녀의 결합 모습이다. 이것은 내면의 영적 결합이 아닌 육체 욕망의 결합이다. 여기서 남자와 아내가 나란히 앉아 있다는 것은 외면의 자아가 내면의 참 자아와 합일한 것을 말하고 이런 수준에 있는 사람에게는 반대편 성의 욕망이 접근하지 못한다. 여기서 "비추어진 신방"은 진짜 신방이 아니라 이것을 흉내만 낸 세속적인 신방을 말한다. 진짜 신방은 외적 자아와 영혼의 신성한 합일이 일어나는 신성한 장소를 말한다. 그리고 통상적으로 "천사"라는 단어는 신의 대리인으로 사용되는데 여기서 천사는 육체와 대조를 이루는 신성한 내적 자아를 의미하는 것으로 보인다.

빌립 복음서 58-60절
육체의 속성에 초연하라!

(58) He who comes out of the world, and so can no longer be detained, because he was in the world. It is evident that he is above the desire and fear. He is master over nature. He is superior to envy.

이전에 세상에 있었으나 이제 세상으로부터 벗어나는 자는 더 이상 가두어질 수 없다. 그는 분명히 욕망과 두려움을 넘어서 있다. 그는 자연의 주인이고 질투를 넘어서 있다.

해석 내면의 신의 불꽃을 밝혀서 육체의 구속에서 벗어난 자는 더 이상 물질 욕망에 구속되지 않는다. 그런 사람은 자기 운명의 주인이고 자연의 지배자이다

(59) If anyone else comes, they seize him and throttle him. And how will this one be able to escape the great grasping powers? How will he be able to hide from them? Often some come and

say, "We are faithful" in order that they may be able to escape the unclean spirits and the demons. For if they had the Holy Spirit, no unclean spirit would cleave to them.

어떤 사람이 오면 그들은 그를 붙잡아 질식시킨다. 그러면 이 사람은 어떻게 이 거대하고 탐욕스러운 힘들을 피할 수 있을까? 어떻게 그들로부터 숨을 수 있을까? 종종 어떤 이들이 와서는 더러운 영들과 악마들을 피하려고 "우리는 믿음을 지닌다."라고 말한다. 만일 그들에게 성령이 계신다면 어떤 더러운 영도 그에게 달라붙지 못할 것이다.

해석 사람이 이 세상에 태어나면 거대한 힘들(어둠의 세력, 내적 부정성 등)이 그를 붙잡아 꼼짝 못하게 하는데 우리는 어떻게 하면 이런 힘들에서 벗어날 수 있을까? 어떤 사람들은 믿음을 말하지만 이것은 아무 소용이 없다. 유일한 방법은 바로 성령(진리의 영) 즉 영지 가르침이다. 우리에게 성령(진리)이 있으면 어떤 부정적 존재도 우리에게 가까이 다가올 수 없다.

(60) Fear not the flesh nor love it. If you fear it, it will gain mastery over you. If you love it, it will swallow and paralyze you.

육체를 두려워하지도 말고 사랑하지도 말라. 그대가 육체를 두려워하면 그것이 너를 지배할 것이고, 그대가 육체를 사랑하면 그것이 그대를 삼켜서 무력하게 만들 것이다.

해석 육체는 좋고 나쁘고의 대상이 아니라 우리 영혼이 한 평생 거주하는 집이다. 그러므로 이것에 집착하지 말고 그렇다고 무서워하거나 죄악시하지 말라는 뜻이다. 우리가 자신이나 타인의 육체(외모나 형상)에 집착하면(혹은 사랑하면) 그것에 빠져서 혼은 무력하게 될 것이다. 반대로 육체의 속성(감정 등)을 두려워하거나 혐오한다면 이 또한 육체에 지배당한다. 육체를 물질세상(재산, 명예, 성 등)으로 본다면, 물질을 사랑하지도 두려워하지도 말라는 뜻이 된다. 이런 마음을 불교에서는 무집착 혹은 초연함이라 한다.

빌립 복음서 61절
바르도를 넘어서라

(61) Either he will be in this world or in the resurrection or in the places of the middle. God forbid that I be found in them! In this world there is good and evil. Its good is not good, and its evil not evil. But there is evil after this world which is truly evil - what is called the Middle, It is death. While we are in this world it is fitting for us to acquire the resurrection for ourselves, so that when we strip off the flesh we may be found in rest and not walk in the Middle. For many go astray on the way. For it is good to come forth from the world before one has sinned.

사람은 세상에 있거나 부활 가운데 있거나 아니면 중간 장소들에 있을 것이다. 하느님께서는 내가 이것들(중간지대) 가운데서 발견되지 않기를 바라신다. 이 세상에는 선과 악이 있다. 세상의 선은 선이 아니며, 세상의 악은 악이 아니다. 그러나 이 세상 이후에는 진정한 악이 있다. 중간이라고 불리는 것이다. 그것은 죽음이다. 우리가 이 세상에 있는 동안에 우리 자신을 위해 당연히 부활을 얻어야 한다. 이는 우리가 육신을 벗어버릴 때 안식 속에서 발견되고 중간 지대에서 걷지 않기 위함이다. 많은 사람이 도중에 길을 잃는다. 죄를 짓기 전에 세상에서 나오는 것이 좋다.

해석 중간지대는 죽은 후에 가는 중음계(바르도)를 의미한다. 기독교인들은 이 중간을 지옥으로 그릇 되게 해석한다. 일반인의 영혼은 업에 따라 중음계 49단계를 거쳐 다시 육체로 들어온다. 그곳으로 가지 않는 방법은 생전에 우리 내면의 그리스도 의식을 부활시키는 것이다.

인간의 영혼을 밝혀주는 수많은 수련법 중에 가장 수승한 것으로 인정받고 있는 것이 티베트 육법요가 중의 하나인 바르도 요가이다. 근원과 분리된 이 세상에서 모든 것은 상대적으로 존재한다. 그래서 물질계의 선과 악은 높은 차원에서 보면 선은 선이 아니고 악은 악이 아니다. 분리의 세계에서 단일성의 세계로 들어가면 선과 악은 존재하지 않는다.

영지주의 복음서에 티베트 불교의 바르도 가르침이 있는 것은 시공간을 떠나 진리는 하나임을 보여주는 사례이다.

빌립 복음서 62절
의도의 중요성

(62) Some neither desire to sin nor are able to sin. Others, even if they desire to sin, are not better off for not having done it, for this desire makes them sinners. But even if some do not desire to sin, righteousness will be concealed from them both – those who desire not and do not.

어떤 자들은 죄 짓기를 원치 않고 죄를 지을 수도 없다. 또 어떤 자들은 비록 죄를 짓고 싶었지만 그렇게 하지 않았다. 그렇다 해도 죄가 없는 것은 아니다. 그 욕망이 그들을 죄인으로 만들기 때문이다. 죄 짓기를 원치 않는 것과는 상관없이, 어떤 행동이 정의로운가 여부는 죄를 욕망한 자와 욕망하지 않는 자 모두에게 알려지지 않을 것이다.

해석 어떤 행동에 대한 평가는 결과가 아니라 행동 뒤에 감추어진 의도이다. 의도가 사악하면 결과에 상관없이 심지어 행동으로 옮기지 않아도 죄가 된다. 그리고 죄를 지을 의도가 있든 없든 상관없이 그들의 행동이 정의로운지 여부를 그들은 알 수가 없다. 무지하여 자신의 행동에 대한 인과관계를 알 수 없기 때문이다.

빌립 복음서 63~64절
빛이 없는 바깥 어둠

(63) An apostolic man in a vision saw some people shut up in a house of fire and bound with fiery chains, lying in flaming ointment. And he said them, "Why are they not able to be saved?". They answered, "They did not desire it. They received this place as punishment, what is called 'the outer darkness', because he is thrown out into it."

어떤 사도가 환상 속에서, 어떤 사람들이 불의 집에 갇혀서 불의 사슬로 묶인 채 불타는 기름 속에 누워 있는 것을 보았다. 그는 그들에게 "왜 그들이 구원받을 수 없는가요?"라고 물었다. 그들은 답하길, "그들은 구원을 바라지 않았습니다. 그들은 이 장소를 벌로 받았습니다. 이 장소는 '바깥 어둠/암흑'으로 불리며 그는 그곳으로 던져졌기 때문입니다."

해석 카발라 우주론에 보면 우주의 최종 시기[89]에 대한 설명이 나온다. 우주도 일정한 주기가 있고 미래 어느 시점에 도달하면 영혼들은 한 단계 높은 우주 공간으로 이동을 하게 된다. 그러면 이 우주공간으로 비치던 빛이 사라지고 어둠만이 공간을 채운다. 그런데 이 시점까지 깨닫지 못한 혼들은 이 우주 공간에 남겨진다. 이들은 구원을 포기하고 물질 욕망에 취하여 살아온 대가를 받는 것이다. 이 공간을 "바깥 어둠"이라 부른다.

(64) It is from water and fire that the soul and the spirit came into being. It is from water and fire and light that the son of the bridal chamber (came into being). The fire is the chrism, the light is the fire. I am not referring to that fire which has

no form, but to the other fire whose form is white, which is bright and beautiful, and which gives beauty.

물과 불로부터 혼과 영이 생겨났다. 물과 불과 빛으로부터 신방의 아들이 생겨났다. 불은 성유(聖油)요, 빛은 불이다. 여기서 불은 형상이 없는 불이 아니라 흰색의 형상을 띤 다른 불에 대해 말하는 것이다. 그 불은 밝고 아름답고 아름다움을 준다.

해석 카발라에서 물과 불은 창조의 3모자(엘에프, 쉰, 멤, 혹은 공기, 불, 흙)를 상징한다. 신방은 영혼과 신과의 합일이 일어나는 장소이고, 성유는 기름부음에 사용되는 기름이다. 이 구절은 해석이 어렵다.

빌립 복음서 65절
진리는 상징과 이미지로 세상에 내려온다.

(65) Truth did not come into the world naked, but it came in types and images. One will not receive truth in any other way. There is a rebirth and an image of rebirth. It is certainly necessary to be born again through the image. What is Resurrection? The image must rise again through the image. The bridegroom and the image must enter through the image into the truth: this is the restoration. It is appropriate that those who do have it not only acquire the name of the Father and the Son and the Holy Spirit, but that they have acquired it

on their own. If one does not acquire them, the name for himself, the name "Christian" will also be taken from him. But one receives them in the aromatic unction of the power of the cross. This power the apostles called "the right and the left." For this person is no longer a Christian but a Christ.

진리는 알몸으로 이 세상에 온 것이 아니라 상징과 이미지로 왔다. 우리는 다른 방식으로는 진리를 받아들일 수 없다. 부활이 있고 부활의 상징이 있다. 상징을 통해 다시 태어나는 것이 분명히 필요하다. 부활이란 무엇인가? 상징은 상징을 통해 다시 살아나야 한다. 신랑과 그 상징은 상징을 통해 진리로 들어가야 한다. 이것이 회복이다. 이것을 지닌 자들은 아버지와 아들과 성령의 이름을 얻게 되는데 그것을 자력으로 얻었다고 말하는 것이 맞을 것이다. 누군가 자력으로 그 이름을 얻지 못한다면 그는 "그리스도인"이라는 이름을 빼앗길 것이다. 그러나 사람은 십자가의 권능이 주는 향기로운 성유 속에서 그것들을 받는다. 사도들은 이 권능을 "오른쪽과 왼쪽"이라고 불렀다. 이 사람은 더 이상 기독교인이 아니라 또 하나의 그리스도이기 때문이다.

해석 도덕경에 "도를 도라 하면 도가 아니다"라는 유명한 말이 있다. 진리는 인간의 의식수준에 어울리는 개념과 언어로 표현이 될 뿐이지 진리 그 자체가 아니다. 인간의 숫자만큼 신이 존재한다고 하듯이 진리는 의식 수준에 따라 천차만별로 이해되어 받아들여지고 있다. 신이 "God is that I am(나는 나이다, 나는 스스로 있는 자이다)"이듯이 진리는 "Truth is that which is(진리는 있는 그대로이다.)" 즉 진리에 대한 어떤 개념적 정의도 진리에 대한 올바른 설명이 되지 않는다. 진리는 개념을 넘어선 그리고 설명을 넘어선 어떤 것이다.

그래서 예로부터 성인들은 진리가 왜곡되지 않도록 이미지나 상징으로 표현하였다. 예를 들면 예수 부활은 상징이다. 이 상징을 통하여 우리는 다시 태어나는 것인데 이것의 의미는 잠자는 내면의 신의 불꽃을 깨워서 다시 원래의 신성한 존재로 부활하는 것이다. 즉 육체의 부활아 아니라 영의 부활이다. 마찬가지로 신랑으로 표현되는 상징을 이해함에 의하여 그 상징을 통하여 제시되는 진리를 알 수가 있고 회복 즉 구원을 얻는 것이다. 그리고 이런 구원은 믿음을 통한 것이 아니라 영지를 통하여 스스로 얻는 것이다.

예수는 믿음이 아니라 자력을 절대적으로 중시했다. 아버지와 아들과 성령의 이름을 얻는다는 것은 삼위일체인 상태를 얻는다는 것이다. 그리고 앞선 구절에서 언급한 십자가의 상징을 안다면 "십자가의 힘이 주는 향기로운 성유"가 뜻하는 것이 무엇인지 알 수 있을 것이다. 깨달은 자는 그리스도가 된다. 그리스도는 깨달은 자를 가리키는 보통명사이다. 우리는 "부처님 되세요." "그리스도 되세요."라고 말할 수 있어야 한다. 이것은 너무도 당연한 말이지만 기독교 세계에서 이런 말을 혁신적인 선언일 수 있다.

빌립 복음서 66절
세례와 성유식과 성찬식과 구원과 신방의 상징

(66) The Lord did everything in a mystery, a baptism and a chrism and a eucharist and a redemption and a bridal chamber.

주님께서는 신비 속에서 모든 일을 행하셨다. 세례와 성유식과 성찬식과 구원과 신방이 그것이다.

해석 우리가 하는 세례는 불(영)의 세례를 흉내 낸 물의 세례이다. 영의 세례는 진리의 영을 통하여 마음에서 그릇된 개념을 정화하는 것을 말하는데 이는 새 포도주는 새 포대에 담아야 하기 때문이다. 성유식은 기름을 붙는 의식인데 기름부음을 받은 자를 그리스도(깨달은 자)로 부르는데서 보듯이 이것을 흉내 낸 의식이다.

성찬식은 예수가 마지막 만찬에서 빵을 자신의 몸이라 말하고, 포도주를 자신의 피라고 한 것을 기념하는 것이다. 예수의 살과 피는 진리의 상징으로 사용되었고 진리를 흡수하여 깨달으라는 의미가 숨겨져 있다. 예수의 구원은 앞에서 본 것처럼 영지지식을 통한 원래 상태로의 회복이다. 핵심은 자기 구원이다. 신방의 신비는 개인 자아와 신이 합일하는 신비를 상징하는 단어이다. 신방이 상징하는 것은 인간의 혼이 거주하는 머리 중심의 송과선이며 여기에서 신의 신비가 일어난다.

빌립 복음서 67~68절
우리를 신과 합일시키기 위하여 오신 예수

(67) The Lord said, "I came to make the things below like the things above, and the things outside like those inside. I came to unite them in the place." He revealed himself in this place through types and images.

주님께서 말씀하시길, "나는 아래에 있는 것을 위에 있는 것처럼 만들고, 바깥에 있는 것을 안에 있는 것처럼 만들기 위해 왔다. 나는 이곳에서 그것들을 합체하기 위해 왔다." 그분은 상징과 이미지를 통해 이곳에 자신을 드러내셨다.

해석 예수는 신으로부터 분리된 인간을 다시 신과 합일시키기 위해서 세상에 오셨다. 근원에서 떨어져 나온 것이 분리라면 근원으로 돌아가는 것은 합일이다. 진리가 이미지와 상징을 통하여 세상에 나왔듯이 진리의 화신인 예수도 이미지와 상징으로 세상에 오셨다.

(68) Those who say, "There is a heavenly man and there is one above him" are wrong. For it is the first of these two heavenly men, the one who is revealed, that they call그러면 신의 일부인 영혼이 왜 추락하였습니까? "the one who is below"; and he to whom the hidden belongs is that one who is above him.
"천상의 인간이 있으며, 그분의 위에 한 분이 계시다"고 말하는 자들은 틀렸다. 왜냐하면 이 두 천상의 인간 중에서 첫 번째 분은 아래에 계신 분이라고 불리는 드러난 분이시기 때문이다. 그리고 감춰진 것이 속하는 존재가 바로 그분 위에 계신 분이시다.

해석 카발라에 따르면 창조는 아인(공, 모든 것이 근원하는 영역)에서 시작되는데 첫 번째로 발출된 것이 아담 카드몬(원초인간, 생명나무 형상)으로 천상의 인간으로도 불렸고 경우에 따라 신으로도 불렸다. 그리고 인간은 이 아담 카드몬의 모습을 띠고 발출되었다. 아래에 드러난 것은 아담 카드몬이고 그 위의 존재는 아인이다.

빌립 복음서 69절
마지막 시기의 바깥 어둠

(69) For it is good that they should say, "The inner and outer, with what is outside the outer." Because of this the Lord called destruction "the outer darkness"; there is not another outside of it.

"내부와 외부, 그리고 외부 밖에 있는 것" 이라고 말하는 자들은 올바르다. 주님께서는 파멸을 "바깥 암흑"이라고 부르신 이유이다. 그것 외부에는 또 다른 외부는 없다.

해석 카발라 우주론90)에서 외부 밖에 있는 "바깥 어둠/암흑"에 대한 개념이 나온다. 우주도 주기가 있고 미래 어느 시점에 도달하면 영혼들은 한 단계 높은 우주 공간으로 이동하게 된다. 그러면 이 우주공간으로 비치던 빛이 사라지고 어둠만이 공간을 채운다. 이 공간을 "바깥 암흑"이라고 한다. 이 시점까지 깨닫지 못한 혼들은 이 암흑의 우주 공간에 남겨진다.

빌립 복음서 70~71절
송과선과 기도

(70) He said, "My Father who is secret". He said, "Go into your chamber and shut the door behind you, and pray to your Father who is secret"[Matt6:6], the one who is within them all.

But that which is within them all is the fullness. Beyond it there is nothing else within it. This is that of which they say, "That which is above them."

그분은 "깊숙이 숨어 있는 나의 아버지"라고 말씀하셨다. 그분은 "네 방에 들어가 문을 닫고, 깊숙이 숨어 있는 네 아버지께 기도하라(마태 6:6)"고 말씀하셨다. 아버지는 모두의 내면에 계신 분이시다. 그러나 모두의 내면에 있는 것은 충만함(플레로마)이다. 내면에는 그것 외에 아무 것도 없다. 이것이 사람들이 "그들 위에 있는 것"이라고 말하는 것이다.

해석 마태복음 구절이다. "너는 기도할 때에 골방에 들어가 문을 닫고 보이지 않는 네 아버지께 기도하여라. 그러면 숨은 일도 보시는 아버지께서 다 들어주실 것이다(마태복음 6:6)."

비의 가르침에 따르면 골방은 머리의 송과선을 의미하고 이 송과선은 신의 불꽃, 즉 신성한 영혼이 거주하는 장소이다. 또한 송과선은 셰키나(신의 임재)의 장소이기도 하다. 신에서 확장되어 나온 혼은 그 자체가 신의 임재(셰키나)이고 현존이며 영광이기 때문이다. 이처럼 신은 우리 내면 깊숙이 거주하고 있으며 그 속성은 충만함이다.

(71) Before Christ some came from a place they were no longer able to enter, and they went where they were no longer able to come out. The Christ came. Those who went in he brought out, and those who went out, he brought in.

그리스도 이전에, 더 이상 들어갈 수 없는 곳에서 어떤 이들이 나와서는 더 이상 나올 수 없는 곳으로 갔다. 그리고 그리스도께서 오셨다. 그분은 들어간 자들을 데리고 나오셨으며 그분이 데리고 나온 자들을 데리고 들어가셨다.

해석 해석하기 어려운 구절 중 하나이다. 예수가 오기 전에 일어난 일과 그리고 예수가 오고 나서 그 일을 처리하신 것에 대한 언급인데 그것이 무엇인지는 모호하다.

빌립 복음서 72~74절
아담과 이브의 분리와 합일의 의미

(72) When Eve was still with Adam, death did not exist. When she was separated from him, death came into being. If he again becomes complete and attains his former self, death will be no more.

이브가 아담과 함께하였을 때에는 죽음이 존재하지 않았다. 그녀가 그에게서 분리되었을 때 죽음이 존재하게 되었다. 만일 아담이 다시 완전해져서 이전의 자아를 얻는다면 죽음은 더 이상 존재하지 않을 것이다.

해석 창세기에 인간 창조와 관련하여 2가지 다른 내용이 나온다.
 (1)하느님께서는 "우리 모습을 닮은 사람을 만들자! 그래서 바다의 고기와 공중의 새, 또 집짐승과 모든 들짐승과 땅 위를 기어 다니는 모든 길짐승을 다스리게 하자!" 하시고, 당신의 모습대로 사람

을 지어내셨다. 하느님의 모습대로 사람을 지어내시되 남자와 여자로 지어내시고(창세기 1:26~27). 여기서 아담은 남녀를 이르는 말이다.

(2)야훼 하느님께서 진흙으로 사람을 빚어 만드시고 코에 입김을 불어넣으시니, 사람이 되어 숨을 쉬었다(창세기 2:7). 그래서 야훼 하느님께서 아담을 깊이 잠들게 하신 다음, 아담의 갈빗대를 하나 뽑고 그 자리를 살로 메우시고는 그 갈빗대로 여자를 만드신 다음, 아담에게 데려오시자(창세기 2:21~22). 여기서는 아담에게서 이브가 나온다.

(3)그리고 창세기5장(1~2)에도 아담 계보를 설명하면서 인간 창조에 대한 설명이 나온다. "아담의 계보는 이러하다. 하느님께서 사람을 지어내시던 날, 하느님께서는 당신 모습대로 사람을 만드시되. 남자와 여자로 지어내셨다. 그날 하느님께서는 그들에게 복을 주시며 그 이름을 아담이라 지어주셨다." 여기서 아담은 남성만을 이르는 말이 아니라 남자와 여자를 이르는 단어로 사용되었다.

이런 상이한 창조구절에 대한 일관된 해석은 없다. 카발라에서는 이들 구절에 내포된 상징을 이렇게 설명한다.

신은 자신의 일부인 영혼(자웅동체의 형태)을 세상(에덴동산)에 내려 보내서 부질서한 빛을 조화로운 빛으로 변화시키는 임무를 부여했다. 뜻밖의 일이 일어나서(능력 이상으로 부질서한 빛을 변화시키려다가 그 부정적 힘에 잡혀버린 일) 영혼은 신에게서 분리되어 지금의 세상으로 떨어지게 되었다. 신과 분리 상태가 일어나고 이어서 자웅동체였던 영혼은 남녀로 분리가 되었다. 이때부터 영혼은 생로병사를 경험하게 되었고 죽음이 삶의 일부가 되었다. 그전에는 죽음이 없었다. 영혼이 내면의 부정을 정화하고 이전의 상태를 찾도록 윤회가 주어졌다.

(73) "My God, my God, why, O Lord, have you forsaken me?" (Mk 15:34). It was on the cross that he said these words, for it was there that he was divided. [...] who has been begotten through him who [...] from God.
"나의 하나님, 나의 하나님, 어찌하여 나를 버리셨나이까?(마가 15:34)" 그가 이 말씀을 하신 것은 십자가 위에서였다. 왜냐하면 거기에서 나누어졌기 때문이다.

해석 신의 아들인 하느님의 물질 현시인 예수가 왜 마지막 순간에 이런 나약한 모습을 보였을까? 성경 구절을 살펴보면 십자가 사건은 예수가 준비한 연극이었고 예수는 죽음을 피할 수도 있었지만 스스로 맞이한 것임을 짐작할 수 있는 정황이 나온다. "아버지, 아버지께서는 하시고자만 하시면 무엇이든 다 하실 수 있으시니 이 잔을 저에게서 거두어주소서. 그러나 제 뜻대로 마시고 아버지의 뜻대로 하소서(마태복음 26:39)."

그런데 이 구절(마가복음 15:34)은 예수가 평소에 사용한 아람어의 흔적을 보여주는 구절이기도 하다. 아람어로 "엘로이, 엘로이, 레마 사박타니?, 나의 하나님, 나의 하나님, 어찌하여 나를 버리셨습니까?"라고 알려졌는데 예수의 행적이나 연극 흐름을 살펴보면 이것은 어울리는 말이 아니다. 연극의 마지막 장면에서 일의 완수를 선언하는 것이 타당하지 않았을까?

공관복음서 원본은 존재하지 않고 그 공관복음 원본도 전승되어

내려온 여러 문서들을 참조하여 작성된 것이다. 그런데 지금 복음서는 그리스어로 되어있지만 원본 언어에 대해서는 의견이 나뉜다. 예수가 사용한 아람어인지 아니면 학자들의 언어인 히브리어인지 아니면 당시 통용되던 헬라어(그리스어)인지에 대하여 논의가 있다.

예수는 사람들에게 부활을 통하여 죽음이 없음을 보여주려고 하였고 십자가에서 숨을 거둔 것은 부활이라는 극적인 반전을 위하여 필요한 일이었다. 빌립 복음서 저자는 예수 죽음을 육체에서 위대한 그리스도 영혼이 분리된 것으로 설명한다.

(74) The [...] from the dead. [...] to be, but now [...] perfect. [...] flesh, but this [...] is true flesh. [...] is not true, but [...] only possess an image of the true.

해석 이 부분은 많이 분실되어서 의미 파악이 곤란함.

빌립 복음서 75절
자유인을 위한 신방

(75) A bridal chamber is not for the animals, nor is it for the slaves, nor for the defiled women, but it is for free men and virgins.

신방은 짐승들을 위한 것도, 노예들을 위한 것도, 더러운 여인들을 위한 것도 아니다. 그것은 자유인들과 처녀들을 위한 방이다.

해석 "자유로운 사람과 처녀"는 도마복음75(예수께서 말씀하시길. "많은 이들이 문 앞에 서있으나, 홀로된 자만이 신방에 들어가리라.")의 "홀로된 자"와 같은 의미이다.

"동물이나 노예나 불경한 여자"가 의미하는 것은 동물적 속성을 지닌 자, 자신의 신성에 대한 주인 의식이 아니라 노예근성을 지닌 자, 마음이 추악한 사람을 의미한다. 뒤에 보겠지만 빌립 복음서에 "진리의 신비(미스터리)는 상징과 이미지로 드러나 신방은 숨겨져 남아 있으며 이것은 신성 중의 신성이다(the holy in the holy)"라는 말이 나온다.

이 숨겨진 신성한 신방에 들어가려면 우리는 홀로되어야 한다. 홀로된 자가 상징하는 것은 명예, 재산, 집착을 다 버린 사람을 의미한다. 마음이 정화되고 욕망에서 해방이 되어야 우리는 신방에 들어갈 수 있다. 이것은 도마복음 54절(마음에 욕심이 없는 자가 하늘나라에 간다)과 같은 의미이다.

비전단체에서는 입문(비전)의식이 있다. 단체에 따라 다르지만 구성원은 초보 입문에서 시작하여 최종 입문까지 여러 단계의 과정을 거쳐야한다. 최종입문은 신과 합일을 상징한다. 이를 위한 조건이 마음의 정화이다. 마음에 부정적인 생각이 조금이라도 남아있으면 최종 입문을 통과할 수가 없다. 말 그대로 홀로되어야 한다.

그러면 신방은 무엇을 상징할까? 신랑과 신부가 하나가 되는 신방은 입문의 방을 상징한다. 근원(신)에서 분리되어 참모습을 보지 못하던 우리가 마침내 근원과 합일하여 원래의 모습을 발견하는 곳이다. 성경에 보면 기도할 때는 골방에서 하라는 구절이 있는데 이 골방이 비밀 가르침에서 말하는 신방(비전의 방)이다. 여기서 골방은 영혼이 거주한다는 두뇌 중심의 송과선이다.

우리가 깨끗한 마음으로 영혼이 거주하는 송과선에 들어가서 영혼과 합일하면 우리는 이 영혼을 통하여 전체(신)와 합일하게 된다. 이전까지는 우리는 무지와 부정적 생각 등으로 단지 영혼의 희미한 빛만으로 살아왔다. 그래서 오컬트 가르침은 마음의 정화와 무지의 극복을 깨달음의 첫째 조건으로 강조하고 있다.

빌립 복음서 76~77절
우리는 성령(진리)을 통해 기름부음을 받는다.

(76) Through the Holy Spirit we are indeed begotten again, but we are begotten through Christ in the two. We are anointed through the Spirit. When we were begotten by we were united.
우리는 성령을 통해 참으로 다시 태어난다. 그러나 (실제로) 우리는 두 분 안에서 그리스도를 통해 태어난다. 우리는 성령을 통해 기름부음을 받는다. (이렇게 해서) 우리가 태어났을 때 우리는 하나가 되었다.

해석 성령은 진리의 영이며 우리가 진리(영지 가르침)를 통하여 내면의 신성 불꽃을 밝히게 되면 이것은 재탄생이며 그리스도 의식의 부활이다. 그런데 이런 진리를 세상에 전하신 분은 예수이다. 예수는 두 분 즉 아버지(성부)와 진리의 영(성신)을 통하여 사람들이 그리스도 의식으로 다시 태어나도록 했다. 기름부음은 진리를 통한 깨달음을 말하고 이렇게 깨어나면 근원과 하나가 된다.

(77) None shall be able to see himself either in the water or in a mirror without the light. Nor again will you be able to see in light without mirror or water. For this reason it is fitting to baptize in the two, in the light and in the water. Now the light is the chrism.

빛이 없으면 어느 누구도 물속에서나 거울 속에서 자신을 볼 수 없을 것이다. 또한 거울과 물 없이는 빛 속에서 자신을 볼 수가 없을 것이다. 이런 이유로 빛과 물로 세례 받는 것이 합당하다. 그런데 빛은 성유이다.

해석 물의 세례와 불(영, 빛)의 세례를 말하고 있다. 성유는 기름 부음에 사용되는 기름으로, 성령 즉 진리를 상징한다. 이 진리로 기름부음을 받은 자는 깨달은 존재 즉 그리스도가 된다.

빌립 복음서 78~79절
신방의 비밀, 송과선과 지성소

(78) There were three buildings specifically for sacrifice in Jerusalem. The one facing the west was called The Holy. Another facing the South was called The Holy of the Holy. The third facing the East was called The Holy of the Holies, the place where only the high priest enters. Baptism is the Holy building. Redemption is the Holy of the Holy building. The Holy of the Holies is the bridal chamber. Baptism includes(

entails, by Marvin Meyer) resurrection and the redemption; the redemption takes place in the bridal chamber. But the bridal chamber is in that which is superior to it and the others, because you will not find anything like it. Those who are familiar with it are those who prays in the Holy in Jerusalem. There are some in Jerusalem, awaiting the Kingdom of Heaven. These are called the Holy of the Holies because before the veil was rent we had no other bridal chamber except for the image of the bridal chamber which is above. Because of this, its veil was rent from top to bottom. For it was fitting for some from below to go upward.

예루살렘에는 희생제물을 위한 봉헌 장소가 세군데 있었다. 서쪽을 향해 있는 곳은 성소(성전)라고 불렸고 남쪽을 향해 있는 것은 성소 중의 성소라고 불렸다. 그리고 동쪽을 향해 있는 3번째는 최고로 신성한 곳(지성소, The Holy of the Holies)라고 부르며 대제사장만이 들어가는 곳이었다. 세례는 성소이고 구원은 성소 중의 성소이며 지성소는 신방이다.

세례는 부활과 구원을 수반한다. 구원은 신방에서 일어난다. 그러나 사실 신방은 그 어느 것들보다 더 높은 곳에 있다. 너희는 그와 같은 것을 발견하지 못할 것이다. 이것에 대해 친숙한 자들은 예루살렘에 있는 성소에서 기도하는 자들이다. 예루살렘에는 하늘의 왕국을 기다리는 사람들이 있다. 이들은 지성소라고 불린다. 지성소 휘장이 찢어지기 전에는 우리는 위에 있는 신방의 상징 외에는 신방을 가지지 못했다. 그래서 휘장이 위에서 아래까지 찢어졌다. 아래에서 위로 올라가야 하기 때문이다.

해석 성소와 지성소에는 중요한 상징이 숨겨져 있다. 이 상징을 이해 못하면 의미 파악을 할 수가 없다. 고대지혜 가르침에서 자주 언급되는 것이 송과선이다. 인간의 육체를 신이 거주하는 신의 사원이라 부르고 머리 중심의 공동(송과선, 내하수체, 시신경교체가 있는 동굴)을 성소라 하고, 공동의 안쪽에 있는 송과선을 가장 신성한 장소이며 신이 현존한다는 지성소라고 한다.

이처럼 신이 임재한다는 구약의 성전은 하나의 상징이며, 실제로는 신이 현존하는 우리 몸 특히 송과선을 가리킨다. 모든 영적 성장은 외부가 아니라 내부 즉 머리의 송과선에서 일어나야 하기 때문이다. 그러므로 외부에서 신을 찾지 말고 내면에서 신을 찾아야 한다. "너 자신을 알라"도 그런 의미이다. 기도할 때 골방에서 하라는 말도 머릿속 동굴을 말하는 것이다.

앞에서 언급했지만 불의 세례는 영(진리)의 세례로, 진리를 통하여 우리 마음이 정화가 된다. 이것은 본래의 우리 모습을 찾아가는 부활과 구원의 과정이기도 하다. 그러나 최종 구원은 신방에서 일어나는데 신방은 송과선이다. 이처럼 송과선은 신방이고 지성소이다. 이곳에서 합일이 일어나고 신과 하나됨 즉 구원(신에게도 복귀)이 일어난다. 그런데 보통사람들에게 이 송과선은 열려있지 않아서 신방으로 들어가는 것이 어렵다. 이 신방을 가로막고 있는 휘장이 찢어져야 한다. 휘장은 신성한 영혼을 들러 싸고 있는 어둠이고 무지이고 부정함이다. 영지가르침과 고대지혜가르침에는 이 휘장을 찢는 방법이 나온다.

(79) The powers do not see those who are clothed in the perfect light, and consequently are not able to detain them. One

will clothe himself in this light sacramentally in the union.
(사악한) 힘들은 완전한 빛을 입은 자들을 보지 못하므로 그들을 구속할 수 없다. 우리는 이 빛을 입고 신성하게 합일 속에 있을 것이다.

해석 완전한 빛은 진리를 상징한다.

빌립 복음서 80절
여성과 남성의 분리로 인한 죽음의 시작

(80) If the woman had not separated from the man, she would not die with the man. His separation became the beginning of death. Because of this Christ came to repair the separation which was from the beginning and to again unite the two, to give life to those who died as a result of the separation and unite them. But the woman is united to her husband in the bridal chamber.

만일 여성이 남성에게서 분리되지 않았다면 여성은 남성과 함께 죽지 않을 것이다. 그의 분리가 죽음의 시작이 되었다. 이 때문에 그리스도께서 시작부터 있었던 그 분리를 고쳐 그 둘을 다시 하나로 만들기 위하여, 그리고 그 분리의 결과로 죽은 자들에게 생명을 주고 그들을 다시 하나로 만드시려고 오셨다.

해석 72절과 유사한 내용이다. 신과 분리는 죽음의 시작이었다.

예수는 사람들의 부정을 정화하고 이전의 합일 상태를 되찾도록 영지가르침을 전해주었다.

빌립 복음서 81절
신방에서 여성과 남성의 합일

(81) Indeed, those who have united in the bridal chamber will no longer be separated. Thus Eve separated from Adam because she was never united with him in the bridal chamber.

신방에서 하나로 합일한 사람들은 더 이상 분리되지 않는다. 이처럼 신방에서 이브는 아담과 합일되지 않았기 때문에 아담으로부터 분리되었다.

해석 아담과 이브는 원래 하나였다. 인간은 에덴동산에서 추락하기 전에 자웅동체로 존재하였다. 신방 즉 영혼이 거주하는 송과선에서 외적 자아가 자신의 영혼(참나)과 합일하고 이어서 신과 합일하게 되면 더 이상 신에게서 분리될 필요가 없다.

우리 영혼(soul)을 여성으로, 신의 신성한 속성인 영(spirit)을 남성으로 보고, 이 두 남녀의 결합을 아담과 이브의 합일로 설명하기도 한다. 사실 우리 영혼은 신의 모든 속성 즉 신의 영성을 띠고 신에게서 발출되어 나온 존재이다. 다만 지금은 그 신적 본질(신성불꽃)을 자각하지 못하고 살아가고 있다. 이런 상태에서 영혼과 영이 분리되어 있다고도 볼 수 있지만 이 둘은 늘 함께한다. 이것이 인간이 동물과 다른 점이다.

빌립 복음서 82절
신의 숨과 인간의 영혼 창조

(82) The soul of Adam came into being by means of a breath(pneuma), which is a synonym for spirit(Pneuma). The Spirit given him is his mother. His soul was replaced by a spirit. When he was united to the spirit, he spoke words incomprehensible to the powers. They envied him because they were separated from the spiritual union. This separation afforded them the opportunity to fashion for themselves the symbolic bridal chamber so that men would be defiled.

아담의 혼은 숨으로 인해 존재하게 되었고 숨은 영과 동의어이다. 그에게 주어진 영은 그의 어머니이다. 그의 혼은 영에 의해 대치되었다. 그가 그 영과 결합했을 때, 그는 힘들이 이해할 수 없는 말을 하였다. 그들은 그러한 영적인 결합에서 분리되었기 때문에 그를 질투하였다. 이 분리 때문에 그들은 자기 자신을 위해 상징적인 신방을 만들 기회를 가졌고 그래서 인간은 더럽힘을 당하게 되었다.

해석 〈요한 비서〉에 나오는 영지주의 창조신화의 일부로 보인다. 여기에 보면 불완전한 신과 아르콘들이 인간이 자신들보다 위대함을 알고 시기하는 내용이 나온다.[91] 물질 혼은 상위의 혼에 해당하는 신의 영(네샤마)으로 생겨났고, 사악한 힘들은 이런 혼의 힘을 가지고 있지 못해서 상위 혼과 영적 결합 상태(신방)에 있는 인간을 시기하였다. 그래서 그들은 거짓 합일이 일어나는 상징적인 신방을 만들었다. 이것이 바로 남녀의 육체적 결합이었고 이로 인하여 인간의 신성함이 더럽혀졌다. 창세기에는 아담의 창조와 혼에 대하여 이렇게 나온다.

> 신이 땅의 흙으로 사람을 지으시고 생명의 혼(네샤마)을 코에 불어넣으시니 사람이 살아있는 혼(네페쉬)이 되니라. God formed man out of the dust of the earth, and He blew in his nostrils a soul(neshama) of life; and man became a living soul(nefesh).(창세기 2:7)

네샤마(neshama)는 보통 "숨, 호흡, 영"으로 번역되나, 카발라 가르침에서는 네샤마가 혼의 4단계 중 2번째 혼을 의미하기도 한다. 그러므로 카발리스트들은 흙으로 지은 육체92)에 혼(네샤마)이 들어가서 비로소 살아있는 혼(네페쉬)이 되었다고 한다. 네페쉬는 카발라에서는 가장 낮은 네 번째 단계의 혼으로 육체에 대응하는 혼이다. 혼의 수준을 이해하기 위해서는 카발라의 혼의 4단계에 대한 이해가 필요하다. 구약은 카발라 없이 해석이 거의 불가능하다.

참고: 혼의 4단계

카발라는 우주를 영적 수준에 따라 4개의 세계로 구분한다. 이 네 개의 세계에 상응하는 4개의 혼이 존재한다. 이것은 혼이 4개라는 것이 아니라 하나의 혼이 4계의 수준에 어울리게끔 4개로 드러난다는 것이다. 히아(영계의 혼), 네샤마(신성 마음의 혼), 루아흐(아스트럴계의 혼), 네페쉬(물질계의 혼). 네샤마의 일반적 의미는 숨, 호흡이고 루아흐의 일반적 의미는 바람, 영이다.

빌립 복음서 83절
모든 것이 있기 전에 태어난 예수

(83) Jesus revealed himself at the Jordan: it was the fullness of the Kingdom of Heaven. He who was begotten before everything was begotten anew. He who was once anointed was anointed anew. He who was redeemed in turn redeemed others.
예수께서 요단강에서 자신을 나타내셨으니 그것은 하늘 왕국의 완성이었다. 모든 것이 있기 전에 태어난 그분이 다시 태어나셨다. 한번 기름부음을 받으신 그분은 다시 기름부음을 받으셨다. 구원받으신 그분이 이제는 다른 이들을 구원하셨다.

해석 신은 만물을 창조했고 신과 하나였던 인간은 만물이 생겨나기 전에 이미 존재하였다. 그런 점에서 예수도 마찬가지였다. 다만 우리는 추락하여 신에게서 분리가 되었으나 예수는 아니었다. 그래서 예수는 자신과 하나였던 형제들을 구원하기 위하여 육신을 입고 세상에 태어났다. 예수 같은 위대한 영혼도 육체로 들어오면 육체의 속성인 동물적 본능을 극복하고 다시 기름부음을 받아야 한다. 물론 실패하는 일은 없지만 자유로운 영혼이 감옥 같은 육체에 태어나는 일은 인류에 대한 사랑과 헌신 때문이다.

빌립 복음서 84~85절
진리로 태어난 예수

(84) Is it permitted to utter a mystery? The Father of everything united with the virgin who came down, and a fire shone for him on that day. He appeared in the great bridal chamber. Therefore his body came into being on that very day. It left the bridal chamber as one who came into being from the bridegroom and the bride. So Jesus established everything in it through these. It is fitting for each of the disciples to enter into his rest.

신비를 말하는 것이 허락되는가? 그 신비는 아래로 내려온 처녀와 합일한 만유의 아버지와 그날 아버지를 위하여 빛난 불이다. 그분은 위대한 신방에 나타나셨다. 그러므로 그분의 몸은 바로 그날 존재하게 되었다. 그것은 신랑과 신부에게서 생겨난 사람처럼 신방을 떠났다. 그래서 예수님이 이들을 통해 그것 안에 모든 것을 세우셨다. 제자들이 각자 그분의 안식으로 들어가는 것이 적합하다.

해석 앞에서 예수의 동정녀 탄생을 부정하는 구절이 있었다. 그래서 이 구절은 우리가 알고 있는 예수의 동정녀 탄생에 대한 상징적인 해석임을 알 수 있다. 아버지와 처녀(마리아) 그리고 빛난 불(성령)은 상징이다. 성령 잉태는 진리로 태어난 예수를 상징한다.

이 글은 이렇게 달리 해석이 될 수도 있다. 아래로 내려 온 처녀는 에덴동산에서 추락한 인간 영혼이고, 아버지를 위하여 빛난 불은 성령(진리의 영)이다. 진리를 통하여 신방(송과선)에서 신과 합일한 영혼은 그리스도(기름부음 받은 자, 깨달은 자)가 된다.

(85) Adam came into being from two virgins, from the Spirit and from the virgin of earth. Christ therefore, was born from a virgin to rectify the Fall which occurred in the beginning.
아담은 2명의 처녀, 즉 영과 대지의 처녀로부터 존재하게 되었다. 그러므로 그리스도는 태초에 일어난 추락을 교정하기 위해 처녀에게서 태어나셨다.

해석 아담 즉 지상의 인간은 영(신의 영적인 속성인 영혼)과 대지의 처녀(물질 육체)로부터 생겨났다는 말이다. 태초에 일어난 추락은 에덴동산에서의 인간의 추락을 말한다. 물론 에덴동산의 추방 사건은 상징이다.

빌립 복음서 86~87절
생명나무와 지식나무

(86) There are two trees growing in Paradise. One bears animals, the other bears men. Adam ate from the tree which bore animals. He became an animal and he brought forth animals. For this reason the children of Adam worship animals. The tree whose fruit Adam ate is the Tree of Knowledge. That is why sins increased. If he ate the fruit of the other tree, that

is to say, the Tree of Life, the one which bears men, then the gods would worship man. For in the beginning God created man. But now men create God.

That is the way it is in the world - men make gods and worship their creation. It would be fitting for the gods to worship men!

That is the way it is in the world - men make gods and worship their creation. It would be fitting for the gods to worship men!

낙원에는 두 그루의 나무가 자라고 있다. 하나는 짐승들을 낳고, 다른 하나는 인간들을 낳는다. 아담은 짐승들을 낳은 나무열매를 먹었다. 그는 짐승이 되었으며 짐승들을 낳았다. 이런 이유로 아담의 자손들은 짐승을 숭배한다. 아담이 먹은 열매의 나무는 지식의 나무이다. 그것이 죄가 늘어난 이유이다. 만일 그가 다른 나무의 열매, 즉 인간들을 낳는 생명나무의 열매를 먹었다면 신들이 인간을 숭배할 것이다. 태초에 하느님이 인간을 창조하셨기 때문이다. 그러나 이제는 인간이 하느님을 창조한다. 그래서 세상이 이렇다. 즉 인간이 신들을 만들고는 자기들의 창조물을 숭배한다. 신들이 인간을 숭배하는 것이 마땅할 것이다.

해석 성경 구절에서 가장 신비롭고 우리의 흥미를 끄는 단어가 〈생명나무〉이다. 예로부터 생명나무는 진리를 함축하고 있는 위대한 상징으로 알려져 왔다. 생명나무의 해석을 놓고 성경학자들 간에 여러 의견이 있으나 대부분은 문자 해석의 범주를 벗어나지 못하고 있다. 창세기 2장의 생명나무와 선악과(지식의 나무) 구절을 보자.

"주 하나님은 보기에 아름답고 먹기에 좋은 열매를 맺는 온갖 나무를 땅에서 자라게 하시고, 동산 한가운데는 생명나무와 선과 악을 알게 하는 나무를 자라게 하셨다."(창세기 2:9)
"그러나 선과 악을 알게 하는 나무의 열매만은 먹어서는 안 된다. 그것을 먹는 날에는, 너는 반드시 죽는다."(창세기 2:17)
"이렇게 아담을 쫓아내신 다음 하느님은 동쪽에 케루빔(천사)들을 세우시고 돌아가는 불 칼을 장치하여 생명나무에 이르는 길목을 지키게 하셨다."(창세기 3:24)

20세기 최고의 카발리스트인 도리얼 박사에 의하면 태초에 영혼은 부조화를 조화로 바꾸는 임무를 수행하기 위하여 신으로부터 발출되어서(마치 랜턴에서 불빛이 퍼져나오 듯) 물질계로 내려오게 되었다. 이들 영혼과 신을 연결하는 장치가 바로 생명나무였다. 창세기에 나오는 에덴동산의 생명나무는 신의 숨(신의 의지, 메시지, 영적 에너지 등)이 물질계로 내려오는 통로였으며 신과 인간을 연결하는 생명선이었다.

한편 아담의 타락과 관련 있는 선악과는 생명나무와는 달리 부정, 조화롭지 못한 빛이 들어오는 통로였다. 선악과를 먹었다는 것은 이 통로의 문을 열다가 예측 불허의 속성을 지닌 조화롭지 못한 빛에 휩쓸려버린 일을 말한다. 성경에는 뱀의 유혹으로 선악과를 먹는 것으로 설명된다. 이로 인하여 생명나무의 통로가 어둠과 부정으로 둘러싸여 더 이상 신의 숨이 내려오지 못하게 되자 영혼은 원래의 신성한 능력을 상실하고 죽음을 맛보게 된다. 성경은 이것을 에덴동산에서 아담이 쫓겨나는 것으로 묘사한다.

그래서 지식 나무는 짐승(추락한 인간)을 낳는 나무로, 생명나무는 신성한 인간을 낳는 나무로 볼 수 있다. 우리가 생명나무에 계속 연결되어 있었다면 우리는 신처럼 위대하게 남아있었을 것이다. 인간이 신을 창조한다는 말은 선악과를 먹고 자신의 본질을 잊어버리고는 한정된 지식으로 자신의 신들을 창조하고 숭배하는 것을 말한다. 사실은 자신들이 신인 줄을 모르고 있다.

 카발라에서는 이 생명나무를 10개의 신성 빛으로 구성된 우주 즉 신의 현현으로 본다. 무한의 신은 10개 빛(세피로트)으로 구성된 생명나무를 통하여 단계별로 그 속성을 점차 낮추어서 마침내 저급하고 조잡한 유한의 세계인 물질계와 접촉한다. 생명나무는 무한(신)과 유한(물질 우주) 사이에 놓인 사다리인 셈이다. 생명나무는 무한 존재가 부정과 부조화가 존재하는 물질계로 하강하는 길이다. 생명나무의 10개 빛은 고압 전류를 점차적으로 낮추는 변압기에 비유될 수도 있다.

 에덴동산에서 추방되기 전에는 인간은 신의 속성을 지닌 완전한 신적 존재였다. 그 신성을 찾아서 자신의 위대함을 자각하는 일이 깨달음이고 에덴동산으로의 회귀이다. 생명나무의 10개 빛을 통하여 신에게 다시 돌아가야 한다. 신과의 합일을 구하는 구도자에게 생명나무는 그 비밀의 문을 여는 중요한 열쇠이다.

(87) Surely what a man accomplishes depends on his abilities. We even refer to one's accomplishments as abilities. Among his accomplishments are his children. They originate in a moment of ease. Thus his abilities determine what he may accomplish,, but this ease is clearly evident in the children. You will find that this applies directly to the image. Here is the man made

after the image, accomplishing things with his physical strength but producing his children with ease.

사람이 성취하는 것은 그의 능력에 달려 있다. 우리는 사람이 성취하는 것을 능력이라고까지 말한다. 그가 성취하는 것 중에는 자녀들도 있다. 자녀들은 안식(편안한 순간)에서 생겨난다. 이처럼 그의 능력은 그가 성취하는 것에 따라 결정된다. 안식은 자녀 출산에서 분명하게 드러난다. 이것은 상징에 바로 적용되는데 즉 인간은 이런 상징에 따라 만들어진다. 그는 육체의 힘으로 어떤 일들을 성취하나 편안하게(안식으로) 자녀를 낳는다.

해석 보통 우리는 육체적으로 노력을 기울여서 어떤 일을 성취하지만 자녀 임신에 있어서는 안식 즉 평온한 상태(남녀 성적 합일 상태)에서 그 일을 해낸다. 자녀출산이라는 위대한 과업에 육체적 분투가 아니라 안식이 필요하듯, 영적 성장은 육체적 분투나 긴장을 해서 일어나는 것이 아니라 이완과 안식 속에서 일어난다는 의미를 담고 있다. 영적 성장에 필요한 명상의 기본조건이 이완인 점이 그러하다. 우리가 성취해야 할 가장 중요한 것이 내적 깨달음이고 이것은 조용하고 평온한 마음 상태에서 일어난다.

빌립 복음서 88-91절
살아 있는 동안 먼저 부활하라!

(88) In this world slaves serve the free. In the Kingdom of Heaven the free will minister to the slaves: the children of the

bridal chamber will minister to the children of the marriage. The children of the bridal chamber have just one name. Together they shall share rest. They need take no other form because they have contemplation, comprehending by insight. They are numerous [...] in the things [...] the glories [...].

이 세상에서는 노예가 자유인을 섬기고 하늘 왕국에서는 자유인이 노예를 보살필 것이다. 즉 신방의 자녀들이 혼인의 자녀들을 보살필 것이다. 신방의 자녀들은 하나의 이름을 가지고 있다. 그들은 함께 안식을 공유한다. 그들은 다른 형상을 취할 필요가 없다. 그들은 통찰력으로 이해하는 명상의 힘을 지니고 있기 때문이다. (이어지는 구절은 빠진 부분이 많아서 번역이 어려움)

해석 노예나 혼인의 자녀들을 깨닫지 못한 사람을, 자유인이나 신방의 자녀들이 깨달은 사람을 상징한다. 신방의 자녀들이 가지고 있는 하나의 이름은 깨달은 상태를 나타내는 그리스도이고, 이들은 평온한 마음(안식) 상태에 머문다. 이들은 명상을 통하여 나오는 깊은 통찰력으로 모든 것을 이해한다.

(89) Those [...] go down into the water. [...] out (of the water), will consecrate it, [...] they who have [...] in his name. For he said, "Thus we should fulfill all righteousness." (Mt 3:15)

(앞 구절은 빠진 부분이 많아서 번역이 어려움). 그분이 "이렇게 우리는 모든 의로움을 완수해야 한다."고 말씀하셨다(마태복음 3:15).

해석 예수가 세례 요한에게 세례를 받는 장면으로 보인다.

(90) Those who say they will die first and then rise are in error. If they do not first receive the resurrection while they live, when they die they will receive nothing. So also when speaking about baptism they say "Baptism is a great thing", because if people receive it they will live.
먼저 죽고 나서 부활할 것이라고 말하는 자들은 잘못 알고 있는 것이다. 살아 있는 동안 먼저 부활을 얻지 못하면, 그들은 죽을 때 아무 것도 받지 못할 것이다. 또한 세례에 대해서 세례를 받으면 살게 된다면서 "세례는 위대한 것이다"라고 말하는 사람들도 마찬가지이다.

해석 빌립 복음서 19절에도 유사한 내용이 나온다.
주님께서 먼저 돌아가시고 그 후에 부활하셨다고 말하는 자들은 잘못이다. 그분은 먼저 부활하시고 그 후에 돌아가셨기 때문이다. 어떤 사람이 먼저 부활을 얻지 못하면 그는 죽지 않을 것이다. 하느님께서 살아 계시므로 그는…….

지혜의 가르침에서는 그리스도 재림을 이전에 그리스도 상태에 있었던 사람이 다시 그 상태 즉 깨달음을 얻게 되는 사건으로 본다. 카발라에 따르면 에덴동산에서 추방 전에 우리 영혼 모두는 신과 하나였다. 우리의 내면의 영이 깨어나게 되면 그것이 부활이다. 정통 기독교인들은 죽고 나서 최후의 심판 날에 부활한다고 굳건히 믿는다. 이것은 일어날 수 없는 그릇된 교리이다. 살아 있는 상태에서 내면의 신성을 밝혀 그리스도로 부활해야 한다. 그렇지 못하면 죽어도 계속 윤회하게 된다. 그리고 상징적 의미밖에 없는 물의 세례로 구원을 얻는다고 생각하는 사람들도 마찬가지이다. 물의 세례가 아니라 불/영의 세례를 받아야 한다.

(91) Phillip the apostle said, "Joseph the carpenter planted a garden because he needed wood for his trade. it was he who made the cross from the trees which he planted. His own offspring hung on that which he planted. His offspring was Jesus and the planting was the cross."
사도 빌립이 말하길, "목수 요셉이 동산에 나무를 심은 것은 자신의 일을 위해 나무가 필요했기 때문이다. 그는 자신이 심은 나무로 십자가를 만들었다. 그가 심은 나무 위에 아들이 매달렸다. 그의 아들은 예수요, 그가 심은 것은 십자가였다."

해석 이 구절에서 빌립이 언급되어서 이 문헌을 빌립 복음서로 이름 붙였다. 정경에 없는 내용으로 이것이 의미하는 것은 예수의 수난은 예정되어 있었고 이를 위하여 모든 것이 준비되어 있었다는 것이다. 비의 가르침에 따르면 요셉은 에세네파 수장이었고 에세네파는 예수 사역을 위한 준비 단체였다.

빌립 복음서 92~94절

생명나무와 올리브나무

(92) But the Tree of Life is in the middle of the Garden. However, it is from the olive tree that we got the chrism, and from the chrism, the resurrection.
생명나무는 동산 한가운데 있다. 그러나 우리는 올리브나무에서 성유(聖油)를 얻었으며 그 성유로 부활을 얻었다.

해석 성경에서 올리브나무는 주로 예수를 상징하는 나무이다. 성유 즉 올리브기름은 기름부음 의식에 사용되는 것으로 사람을 깨닫게 하는 진리(성령)을 상징한다. 우리는 진리(영지가르침 등)로 부활한다. 생명나무에서 멀어지고 나서 우리는 예수 즉 올리브나무에서 구원의 지식과 생명의 지식을 얻어 부활했다는 뜻이다.

(93) This world is a corpse-eater. All the things eaten in it themselves die also. Truth is a life-eater. Therefore no one nourished by truth will die. It was from that place that Jesus came and brought food. To those who so desired he gave life, that they might not die.
이 세상은 시체를 먹는 자로 말할 수 있다. 이 세상에 먹힌 것들은 모두 죽는다. 진리는 생명을 먹는 자로 말할 수 있다. 그러므로 진리에 의해 양육된 자는 아무도 죽지 않는다. 그곳에서 예수님이 오셨으며 양식을 가져오셨다. 그는 생명을 아주 열망한 자들에게 생명을 주었으면 이것은 그들이 죽지 않도록 하기 위함이었다.

해석 이 세상은 환영의 세계이며, 내면이 깨어있지 못하여 죽어 있는 시체 같은 사람들 때문에 이 세상이 존속한다. 그러므로 우리는 세상을 먹여 살리는 존재이다. 자신의 본질을 알지 못하고 살다가는 세상에 먹히는 가련한 신세가 된다. 그래서 윤회를 반복하며 삶의 고통을 경험한다. 반면에 진리는 생명으로 존재한다. 진리는 모두에게 생명(깨달음)을 주는 양식이고 이것으로 양육된 자는 영이 죽지 않아서 세상의 먹이가 되지 않는다.

(94) God [...] garden. Man [...] garden. There are [...] and [...] of God. [...] The things which are in [...] I wish. This garden is the place where they will say to me, "[...] eat this or do not eat that, just as you wish." In the place where I will eat all things is the Tree of Knowledge. That one killed Adam, but here the Tree of Knowledge made men alive. The law was the tree. It has power to give the knowledge of good and evil. It neither removed him from evil, nor did it set him in the good, but it created death for those who ate of it. For when he said, "Eat this, do not eat that", it became the beginning of death.
(첫 문장은 삭제된 단어 때문에 번역불가.)
이 동산은 그들이 나에게 "그대가 원하는 대로 이것은 먹고 저것은 먹지 말라"고 말씀하신 바로 그곳이다. 내가 모든 것을 먹을 이 장소 안에 지식의 나무가 있다. 그것이 아담을 죽였으나 여기에서는 그 지식의 나무가 인간을 살렸다. 율법은 그 나무이다. 그것은 선악에 관한 지식을 주는 능력이 있다. 그것은 그를 악으로부터 멀어지게 하지 않았고 그를 선 가운데 두지도 않았으나 그 나무는 그것을 먹은 자들에게 죽음을 창조했다. 그러므로 그가 "이것은 먹고 저것은 먹지 말라"고 말했을 때, 그것은 죽음의 시작이 되었다.

해석 창세기에 나오는 생명나무와 지식의 나무는 굉장한 의미를 감추고 있는 상징이다. 반복하여 말하지만 카발라와 고대지혜의 가르침을 알지 못하면 이 상징의 암호를 풀 수가 없다. 그래서 본서 2장에 카발라에 대한 개념을 소개하였다. 선과 악을 알게 하는 지식의 나무는 아담(인간을 대표하는 이름)을 죽게 했는데 이 죽음이라는 것은 신과 분리를 말한다.

단일성의 영역인 신의 차원에서는 선과 악은 존재하지 않는다. 선과 악은 오직 분리의 세계 즉 빛과 어둠, 조화와 부조화, 질서와 부질서가 병존하는 물질계에서만 존재한다. 그래서 지식의 나무는 영적인 시각에서는 죽음의 나무이다.

그러나 물질계에서 지식의 나무는 추락한 인간에게 선과 악을 알게 하여 도덕이나 율법이 생겨나게 만든다. 세상의 도덕이나 율법은 시공간과 상황에 따라 적용되는 상대적인 기준이어서 이것을 넘어서는 일이 중요하다. 선악과를 먹어서 죽음이 시작되었고 이 죽음은 신과의 분리였고 찬란한 본성에 대한 철저한 망각이었다.[93]

빌립 복음서 95~96절
아버지께서는 신방에서 예수에게 기름부음을 주셨다.

(95) The chrism is superior to the baptism, for it is from the word Chrism that we have been called Christians certainly not because of the word baptism. And it is because of the chrism that the Christ has his name. For the Father anointed the Son, and the Son anointed the apostles, and the apostles anointed us. He who has been anointed possesses everything, he possesses the resurrection, the light, the cross, the Holy Spirit. The Father gave him this in the bridal chamber; he merely accepted the gift. The Father was in the Son and the Son in the Father. This is the Kingdom of Heaven.

성유식은 세례의식보다 더 높다. 왜냐하면 우리가 그리스도인이라고 불린 것은 세례라는 말 때문이 아니라 성유식이라는 말에서 오기 때문이다. 그리스도가 그의 이름을 지니신 것은 성유식 때문이다. 아버지께서 그 아들에게 기름을 부으셨으며, 아들이 사도들에게, 그리고 사도들이 우리에게 기름을 부었기 때문이다. 기름부음을 받은 자는 모든 것을 소유한다. 그는 부활과 빛과 십자가와 성령을 소유한다. 아버지께서는 신방에서 이것을 그에게 주셨으며, 그는 그것을 선물로 받았다. 아버지는 아들 안에 계시며 아들은 아버지 안에 있다. 이것이 하늘의 왕국이다.

해석 참된 세례는 진리의 영을 통하여 마음에서 그릇된 개념이나 부정함을 없애는 것이고, 성유식 즉 기름 붓는 의식은 그 다음 단계로서 우리가 그리스도가 되게 한다. 그러므로 세례보다 성유식이 더 높다고 할 수 있다. 성유식에 사용되는 성유는 성령 즉 진리를 상징하고 이것을 통하여 우리는 깨닫게 된다. 비슷한 구절이 빌립복음서 66절에서도 나온다. "주님께서는 신비 속에서 모든 일을 행하셨다. 세례와 성유식과 성찬식과 구원과 신방이 그것이다."

신방은 외적 자아(에고)와 내적 자아(참 자아) 그리고 더 나아가서는 신 의식과 합일하는 신비를 상징하는 단어이다. 인간에게 신방이 상징하는 것은 인간의 혼이 거주하는 머리 중심의 송과선이며 여기에서 신의 신비가 일어난다. "아버지는 아들 안에 계시며 아들은 아버지 안에 있다. 이것이 하늘의 왕국이다."라는 구절은 요한복음(14:20, 그 날이 오면 너희는 내가 아버지 안에 있다는 것과 너희가 내 안에 있고 내가 너희 안에 있다는 것을 깨닫게 될 것이다)과 같은 말이다. 하느님과 예수와 인간은 하나인데 신과 분리로 인하여 인간의 비극이 시작되었다. 진리를 통하여 다시 하나가 되는 날이 바로 천국이다.

(96) The Lord said it well: "Some have entered the Kingdom of Heaven laughing, and they have come out [...] because [...] a Christian, [...]." And as soon as [...] went down into the water, he came [...] everything (of this world), [...] because he [...] a trifle, but [...] full of contempt for this [...] the Kingdom of Heaven [...] If he despises [...], and scorns it as a trifle, [...] out laughing. So it is also with the bread and the cup and the oil, even though there is another one superior to these.

주님께서 그것을 이렇게 잘 설명하셨다. "어떤 자들은 웃으며 하늘나라에 들어갔다가 나왔다."(이어지는 구절은 사본 문제로 번역 불가) 빵과 잔과 기름도 역시 그러하다. 이것들보다 뛰어난 또 다른 것이 있다 하더라도 그러하다.

해석 의미가 불분명함.

빌립 복음서 97~99절
불사인 인간

(97) The world came about through a mistake. For he who created it wanted to create it imperishable and immortal. He fell short of attaining his desire. For the world never was imperishable, nor, for that matter, was he who made the world. For the world never was imperishable, but sons are. Nothing will be able to receive imperishability if it does not first become a son. But he who has not the ability to receive, how much more will he be unable to give.

세상은 실수로 생겨났다. 세상을 창조한 자는 그것을 불멸의 것으로 창조하고자 했으나 그의 바람은 이루어지지 못했다. 세상은 불멸인 적이 없었고 세상을 창조한 자도 마찬가지였다. 세상은 불멸인 적이 없었으나 아들들은 불사이다. 먼저 아들이 되지 않으면 어느 것도 불멸을 받을 수 없을 것이다. 그러나 받을 능력이 없는 자가 어찌 더 많이 줄 수 있겠는가?

해석 여기서 세상을 창조한 자는 여러 영지주의 학파의 우주창조론에 나오는 결함 있는 창조주인 "데미우루고스"로 보인다. 그러므로 흠 있는 "데미우루고스"가 창조한 세상은 불멸이 될 수 없었다. 창조된 것은 자신을 창조한 것을 능가할 수 없기 때문이다. 흥미로운 것은 아들들은 불사라고 하는데 여기서 아들은 데미우루고스 너머의 우리가 알고 있는 참 하느님에게서 발출되어 나온 신성한 인간의 영혼을 의미한다. 하느님이 불멸이므로 그 일부분인 인간도 원칙적으로 불멸이다. 아들이 되라는 말은 무지에서 벗어나 하느님의 아들 즉 그리스도가 되라는 의미이다.

(98) The Cup of prayer contains wine and water, since it is appointed as the type of the blood for which thanks is given. And it is full of the Holy Spirit, and it belongs to the wholly perfect man. When we drink this, we shall receive for ourselves the perfect man.

기도의 잔에는 포도주와 물이 들어 있다. 그 잔은 감사를 드릴 피의 상징이기 때문이다. 그리고 그것은 성령으로 가득 차 있으니 그것은 아주 완전한 인간에게 속한다. 우리가 이것을 마실 때, 우리는 자신의 완전한 인간을 받아들이게 된다.

해석 기도 잔의 붉은 포도주는 예수의 피를 상징하고 예수의 피는 진리를 의미한다. 그리고 성령은 진리의 영이다. 그러므로 진리를 상징하는 포도주 즉 피를 담고 있는 성배는 성령으로 차있고, 완전한 인간인 예수나 깨달은 자는 성령으로 차있다. 우리가 이 진리를 마시면 내면이 깨어나서 자신의 원래 모습인 신성함을 받아들이게 된다.

(99) The living water is a body. It is necessary that we put on the living man. Therefore, when he is about to go down into the water, he unclothes himself, in order that he may put on the living man.

살아 있는 물은 몸이다. 우리는 살아 있는 인간을 입어야 한다. 그러므로 그가 물속에 내려가려 할 때, 그는 살아 있는 인간을 입기 위해 옷을 벗어버린다.

해석 모호한 구절임.

빌립 복음서 100~101절
신방의 자녀들

(100) A horse sires a horse, a man begets man, a god brings forth a god. Compare the bridegroom and the bride. Their children were conceived in the bridal chamber. No Jew was ever born to Greek parents as long as the world has existed. And, as a Christian people. we ourselves do not descend from the Jews. There was another people and these blessed ones are referred to as The chosen people of the Living God and The true man and Son of Man and the seed of the Son of Man. In the world it is called this true people. Where they are, there are

the sons of the bridal chamber.

말은 말을 낳고, 인간은 인간을 낳고, 신은 신을 낳는다. 신랑과 신부도 마찬가지이다. 그들의 아이들은 신방에서 잉태되었다. 세상이 존재하는 한, 희랍인 부모에게서 유대인이 태어난 일이 없다. 그리고 기독교인으로서 우리는 유대인의 자손이 아니다. 또 다른 사람들이 있으니 이 복된 사람들은 살아 계신 하나님의 선택된 자들로, 참 인간으로, 사람의 아들로, 사람의 아들 자손으로 말해진다. 세상에서는 그들은 진실한 사람들이라고 불린다. 그들이 있는 곳에 신방의 자녀들이 있다.

해석 너무도 상식적인 말을 나열한 까닭은 진리를 접하여 그리스도인(깨달은 자)이 된 사람은 아주 특별하다는 것을 보여주기 위함이다. 그들은 살아 계신 하나님의 선택된 자들이고, 참 인간이고, 사람의 아들이고 사람의 아들 자손으로 말해진다.

(101) Whereas in this world the union is one of husband with wife – a case of strength complemented with weakness – in the Aeon the form of the union is different, although we refer to them by the same names.

There are other names, however, they are superior to every other name that is named and are stronger than the strong. For where there is a show of strength, there those who excel in strength appear. These are not separate things, but both of them are this one single thing. This is the one which will not be able to rise above the heart of flesh.

약함에 의하여 강함이 완성되는 이 세상에서의 합일은 남편과 아내가 하나 되는 것이지만 에온의 영역에서의 합일은 형태가 다르다. 그러나 우리는 그들을 같은 이름으로 부른다. 그러나 다른 이름들이 있으니 그 이름들은 어떤 다른 이름들보다 위에 있으며 강한 것들보다 더 강하다. 힘이 있는 곳에 힘이 뛰어난 자들이 나타나기 때문이다. 이것들은 별개의 것이 아니라 둘이 하나이다. 이것은 육체의 마음으로는 떠올릴 수 없는 것이다.

해석 물질계에서 남녀의 합일이나 천상의 계(에온)에서 에온들의 합일은 완전히 차원이 다른 것이지만 우리는 이들을 같은 합일이라는 단어로 부른다. 그러나 천상의 영역에서 합일을 지칭하는 다른 이름들이 있으며 우리 마음으로는 감히 생각도 할 수 없는 것이다.

빌립 복음서 102~104절
자기 자신을 알지 못한다면 무슨 소용이 있겠는가?

(102) Is it not necessary for all those who possess everything to know themselves Some indeed, if they do not know themselves, will not enjoy their possessions. But those who have come to know themselves, will enjoy their possessions.

모든 것을 가진 자들은 자기 자신을 알 필요가 없는가? 그런데 어떤 자들이 자기 자신을 알지 못한다면, 그들은 자신들의 소유물을 즐기지 못할 것이다. 그러나 자기 자신을 알게 된 자들은 자신들이 소유한 것을 즐기리라.

해석 아무리 재산이 많아도, 명예가 아무리 높아도 자기 자신을 모르면 소용이 없다는 말이다. 자기 자신을 알라는 뜻은 영지 가르침을 통하여 자신 내면의 신성함을 알고 세상의 주인이 되어 살라는 뜻이다. "너 자신을 알라"는 모든 위대한 성자들이 하나같이 강조한 말이다.

(103) Not only will they be unable to detain the perfect man, but they will not be able to see him, for if they see him they will detain him.
There is no other way for a person to acquire this quality except by putting on the perfect light and become perfect oneself. Everyone who has put this on will enter the kingdom. This is the perfect light, and it is necessary that we, by all means, become perfect men before we leave the world. He who has received everything and has not rid himself of these places will not be able to share in that place, but will go to the Middle as imperfect. Only Jesus knows the end of this person.
그들은 완전한 인간을 구속할 수 없을 뿐 아니라 그를 볼 수도 없을 것이다. 왜냐하면 그들이 그를 본다면 그들은 그를 붙잡아 두려고 할 것이기 때문이다. 사람이 이러한 특질을 얻는 유일한 방법은 완전한 빛을 입어 스스로 완전하게 되는 것이다. 이것을 입은 사람은 모두 왕국에 들어간다. 이것은 완전한 빛이고 우리는 세상을 떠나기 전에 모든 방법을 다해서 완전한 인간이 되어야 한다. 모든 것을 받고도 자신을 이들 장소로부터 벗어나게 하지 못한 사람은 그 장소(왕국)를 공유하지 못할 것이다. 대신에 불완전한 자로서 중간 영역으로 가게 된다. 오직 예수만이 이 사람의 종말을 아신다.

해석 완전한 인간은 예수이고 우리가 예수처럼 그리스도가 되려면 완전한 빛 즉 진리를 완전히 흡수하여 우리의 것이 되도록 해야 한다. 진리와 하나가 된 사람은 완전해져서 하늘나라로 들어갈 수 있다. 우리는 죽기 전에 깨달아야지 그렇지 못하면 죽어서 중간영역 즉 바르도계로 가서 머물다가 다시 환영과 고통의 세계로 태어난다.

(104) The priest(The holy person. Marvin Meyer's version)) is completely holy, down to his very body. For if he has taken the bread, will he consecrate it? Or the cup or anything else that he gets, does he consecrate them? Then how will he not consecrate the body also?
사제는 그의 몸까지 완전히 거룩하다. 그가 빵을 집었다면 그가 그것을 거룩하게 할 것이고, 잔이나 다른 어떤 것을 집는다면 그는 그것을 거룩하게 한다. 그렇다면 그가 어찌 자기 몸을 거룩하게 하지 않겠는가?

해석 여기에 나오는 사제는 Marvin Meyer의 번역서에는 "The holy person(신성한 사람)"으로 나온다. 문맥상 사제는 예수를 가리키므로 신성한 사람으로 해석하는 것이 나아 보인다. 성경에 보면 신성한 사람인 예수는 "내 살을 먹고 내 피를 마시는 사람은 내 안에서 살고 나도 그 안에서 산다(요한복음 6:56)."라고 하였다. 살과 피는 예수가 전하는 진리를 상징하는 말이다. 이처럼 진리의 전달자인 예수는 자신 주변을 신성하게 만들 수 있다.

빌립 복음서 105~106절
진리에 대한 지식을 가진 자는 자유인이다.

(105) By perfecting the water of baptism, Jesus emptied it of death. Thus we do go down into the water, but we do not go down into death in order that we may not be poured out into the spirit of the world. When this spirit blows, it brings the winter. When the Holy Spirit breathes, the summer comes.

예수는 세례의 물을 완전하게 함으로써 그것에서 죽음의 물을 버렸다. 그러므로 우리는 물속으로 내려가지 죽음 속으로 내려가는 것이 아니다. 이는 우리가 세상의 영 안으로 부어지지 않게 하려는 것이다. 이 영이 불어오면, 겨울이 오고, 성령이 숨을 쉬면 여름이 온다.

해석 세례에 사용하는 물은 진리를 상징하고, 예수는 이 물로 인간의 무지 즉 죽음을 없애버렸다. 세상의 영은 겨울처럼 인간을 미혹 속에 가두고 얼어붙게 만드는 부질서한 힘이고, 성령은 여름처럼 영혼을 생동하게 만드는 힘 즉 진리이다.

(106) He who has knowledge of the truth is a free man, but the free man does not sin, for "He who sins is the slave of sin(John 8:34)."

Truth is the mother, knowledge the father. Those who think that sinning does not apply for them are called free by the world. Knowledge of the truth merely makes such people arrogant, which is what the words, "it makes them free" mean. It even gives them a sense of superiority over the whole world. "But Love builds up(1Cor 8:1)."

In fact, he who is really free through knowledge is a slave because of love for those who have not yet been able to attain the freedom which comes from knowledge. Knowledge makes them capable of becoming free. Love never calls somethings its own, and yet it may actually possess that very thing. It never says, "This is mine." or "That is mine." but "All these are yours." Spiritual love is wine and fragrance.

진리에 대한 지식을 가진 자는 자유인이다. 자유인은 죄를 짓지 않는다. "죄를 짓는 자는 죄의 노예이기 때문이다(요한 8:34)."

진리는 어머니이며 지식은 아버지이다. 세상(사람들)은 죄를 짓는 것이 자기에게는 해당되지 않는다고 생각하는 자들을 자유인이라고 부른다. 진리에 대한 지식만으로는 그런 자들을 교만하게 만들 뿐이다. "그것이 그들을 자유롭게 한다."라는 말의 의미이다. 그것은 그들에게 세상에 대한 우월감까지 준다. "그러나 사랑은 (바로) 세우게 한다(고린도 전서 8:1)." 사실 지식을 통해 참으로 자유로워진 사람은 사랑 때문에 아직 지식을 통한 자유를 얻을 수 없었던 사람들을 위해 노예가 된다. 지식은 그들을 자유롭게 한다. 사랑은 어떤 것을 자기 것이라고 결코 말하지 않는다. 그런데 그것이 사실 바로 자신의 것일 수도 있는데도 말이다. 사랑은 "이것은 내 것이다"라거나 "저것은 내 것이다"라고 말하지 않고, "이 모든 것은 당신 것이다"라고 말한다.

해석 진리에 대한 지식은 영지가르침이고 이것을 지닌 사람은 깨닫게 된다. 깨닫게 되면 더 이상 죄를 짓지 않게 된다. 반면에 그렇지 못한 사람은 죄의 노예가 된다. 그런데 진리에 대한 지식이 우리를 자유롭게 하지만 늘 그런 것은 아니다. 지식을 가졌으나 자신의 것으로 체화하지 못하고 그 지식을 자랑하고 내세우면 교만하게 된다. 이런 자에게는 사랑이 필요하다. 자유로워진 사람은 자비심(사랑) 때문에 아직 깨닫지 못한 사람을 위하여 기꺼이 헌신한다.

빌립 복음서 107~108절
깨달은 자들의 향기

(107) Spiritual love is wine and fragrance. All those who anoints themselves with it take pleasure in it. While those who are anointed are present, those nearby profit from the fragrance. If those not anointed with ointment withdraw from them and leave, then those anointed, who merely stand nearby, still remain in their bad odor. The samaritan gave nothing but wine and oil to the wounded man. It is nothing other than the ointment. It healed the wounds, for "love covers a multitude of sins(1 Pet 4:8)."

영적인 사랑은 포도주이요 향기이다. 자신을 사랑으로 기름

붓는 사람들은 모두 그것을 즐거워한다. 기름부음을 받은 자들이 있는 동안은 그 곁에 있는 자들도 그 향기로 유익함을 얻는다. 기름부음을 받은 자들이 그들에게서 떠나면, 기름부음을 받지 못하고 단지 그들 곁에 서 있는 자들은 여전히 자신들의 악취 속에 남아 있게 된다.

사마리아인은 상처 입은 사람에게 포도주와 기름만을 주었다. 그것은 기름부음과 다르지 않다. "사랑은 많은 죄를 덮어주기 때문에(베드로 전서 4:8)", 그것이 상처를 치유했다.

해석 예수처럼 깨달은 사람에게는 조화와 평화의 진동이 흘러나와 주변을 밝은 기운으로 채운다. 기름부음을 받은 자가 떠나면 그 향기도 사라지고, 그 자리는 사람들의 무지와 욕망에서 나오는 진동으로 채워진다. 앞선 구절에서 말했지만 포도주와 기름은 진리를 상징하는 말이다. 진리로 상처 즉 무지는 치유가 된다.

(108) The children a woman bears resemble the man who loves her. If her husband loves her, then they resemble her husband. If it is an adulterer, then they resemble the adulterer. Frequently, if a woman sleep with her husband out of necessity, while her heart is with the adulterer with whim she usually has intercourse, the child she will bear is born resembling the adulterer. Now you who live together with the Son of God, love not the world, but love the Lord, in order that those you will bring forth may not resembling the world, but may resemble the Lord.

여인이 낳는 아이들은 그 여인을 사랑하는 남자를 닮는다. 남편이 그 여인을 사랑하면 아이들은 그 여자의 남편을 닮는다. 만일 그것이 간통자라면 아이들은 그 사람을 닮는다. 만일 그 여인의 마음이 평소에 관계를 갖는 간부에게 있으면서도 필요에 의하여 남편과 잔다면 그 여자가 낳을 아이는 간부를 닮은 아이로 태어난다. 하느님의 아들과 함께 사는 너희들은 세상을 사랑하지 말고 주님을 사랑하라. 이는 너희들이 낳을 아이들이 세상을 닮지 않고 주님을 닮게 하려는 것이다.

해석 "뿌린 대로 거두게 된다."라는 원인과 결과의 법칙을 말하고 있다. 그러므로 세상에 대한 욕망 대신에 하느님의 아들인 예수가 전하는 진리를 사랑하면 그에 따른 좋은 결실을 얻게 된다. 그리고 여기서 "낳을 아이들"은 자식만이 아니라 우리가 마음으로 낳는 여러 가지 생각 형상(thought forms)을 의미할 수도 있다.

빌립 복음서 109~110절
버려진 영혼

(109) The human being has intercourse with the human being. The horse has intercourse with the horse, the ass with the ass. Members of a race usually have associated with those of like race. So spirit mingles with spirit, and thought consorts with thought, and light shares with light. If you are born a human being, it is the human being which will love you. If you

become a spirit, it is the spirit which will be joined to you. If you become thought, it is thought which will mingle with you. If you become light, it is light which will share with you.

If you become one of those who belong above, it is those who belong above who will rest in you. If you become horse or ass or bull or dog or sheep or another of the animals which are outside and below, then neither human being nor spirit nor thought nor light will be able to love you. Neither those who belong above nor those who belong within will be able to rest in you, and you have no part in them. He who is a slave against his will, will be able to become free.

인간은 인간과 성적 관계를 가진다. 말은 말과, 당나귀는 당나귀와 관계를 가진다. 종족은 같은 종족과 사귄다. 그러므로 영은 영과 섞이고, 생각은 생각과 어울리고, 빛은 빛과 함께 한다. 그대가 인간으로 태어나면 그대를 사랑할 자는 인간이다. 그대가 영이 되면 그대와 함께 할 것은 영이다. 그대가 생각이 되면 그대와 어울릴 것은 생각이다. 그대가 빛이 되면 그대와 함께할 것은 빛이다.

그대가 위에 속한 자들 중 하나가 되면 위에 속한 자들이 그대 안에서 안식을 취할 것이다. 그대가 바깥 아래에 있는 말이나 당나귀나 소나 개나 양이나, 혹은 다른 짐승이 되면, 인간이나 영이나 생각이나 빛이 그대를 사랑할 수 없을 것이다. 위에 속한 자들도, 내면에 속한 자들도, 그대 안에서 휴식할 수 없을 것이고 그들과 연결될 수 없을 것이다.

해석 만물은 진동으로 구성되어 있어서 같은 것은 같은 것과 동조한다. 신에게 하는 기도도 신과 동조가 되어야 응답이 있다. 마음에 빛이 빛나면 빛과 동조하고, 마음에 짐승(부정, 욕망, 탐욕, 질시 등 상징)이 거주하면 짐승과 동조한다. 그래서 늘 생각은 맑고 고상하게 유지해야 한다.

(110) He who is a slave against his will, will be able to become free. He who has become free by the favor of his master and has sold himself into slavery will no longer be able to free.
자기 뜻에 반해 노예가 된 자는 자유로워질 수 있다. 주인의 호의로 자유롭게 되었다가 자신을 노예로 판 사람은 더 이상 자유로울 수 없다.

해석 카발라 교리에 따르면 인간의 추락은 예상 못한 사건이었다. 그래서 우리는 영지지식을 통하여 무지에서 벗어나서 원래 상태를 되찾을 수 있다. 그러나 빛의 길에 들어섰다가 어둠의 세력에게 영혼을 판 사람들은 "바깥 어둠" 속에 버려진다. 이들을 "버려진 영혼"이라고 부른다.

빌립 복음서 111~114절
영적 성장에 필요한 믿음, 희망, 사랑, 영지

(111) Farming in the world requires the cooperation of four

essential elements. A harvest is gathered into the barn only as a result of the natural action of water, earth, wind and light. God's farming likewise has four elements - faith, hope, love, and knowledge. Faith is our earth, that in which we take root. And hope is the water through which we are nourished. Love is the wind through which we grow. Knowledge is the light through which we ripen.

이 세상에서 농사를 짓는 데는 4가지 본질적 요소가 결합되어야 한다. 물과 흙, 바람 그리고 빛이 합쳐져야 그 결과인 수확물을 곳간에 모을 수 있다. 하느님의 농사도 마찬가지로 4가지 요소 즉 믿음, 희망, 사랑 그리고 지식이 필요하다. 믿음은 우리가 뿌리 내리는 토양이다. 희망은 우리에게 자양분을 주는 물이다. 사랑은 우리가 자라도록 해주는 바람이다. 지식은 우리를 성숙하게 해주는 빛이다.

해석 우리의 영적 성장에 필요한 것이 믿음, 희망, 사랑 그리고 지식이다. 여기서 지식은 우리를 깨달음으로 이끄는 영지 가르침을 말한다.

(112) Grace exists in four ways; it is earthborn, it is heavenly; it comes from the highest heaven; and it resides in truth.

은총은 4가지 방식으로 존재한다. 그것은 지상에 존재하고, 하늘에 존재하며, 가장 높은 하늘에서 오고, 진리 안에 머문다.

해석 우주의 4계가 존재하고 이에 상응하는 4국면의 혼이 있듯이 신의 은총은 4계에 대응하여 4개의 방식으로 존재한다. 은총은 최고의 하늘(생명나무의 첫 번째 빛이고 첫 번째 하늘인 케테르)에서 내려와 진리와 함께하고 모든 것에 머문다.

(113) Blessed is the one who on no occasion caused a soul distress. That person is Jesus Christ. He came to the whole place and did not burden anyone. Therefore the blessed is the one who is like this, because he is a perfect man.
어떤 경우에도 영혼을 괴롭힌 적이 없는 자는 복되다. 그분은 바로 예수 그리스도이시다. 그분은 모든 곳에 오셨으나 어느 누구에게도 짐을 지우지 않으셨다. 그러므로 이와 같은 사람은 복이 있도다. 그는 완전한 인간이기 때문이다.

해석 예수는 완전한 인간(깨달은 존재, 사람의 태양)이었다. 그분은 우리도 자신처럼 완전하게 되도록 지상에 내려와 진리를 전하였다.

(114) This indeed is the Word. Tell us about it, since it is difficult to define. How shall we be able to accomplish such a great thing? How will he give everyone comfort? Above all, it is not proper to cause anyone distress - whether the person is great or small, unbeliever or believer - and then give comfort only to those who take satisfaction in good deeds. Some find it advantageous to give comfort to the one who has fared well. He who does good deeds cannot give comfort to such people, for it goes against his will. He is unable to cause distress,

however, since he does not afflict them. To be sure, the one who fares well sometimes causes people distress. not that he intends to do so; rather, it is their own wickedness which is responsible for their distress. He who possesses the qualities of the perfect man rejoice in the good. Some, however, are terribly distressed by all this.

이것은 진정한 말씀이다. 이것은 정의하기 어렵기 때문에 이것에 대해서 말해 보겠다. 우리가 어떻게 그렇게 위대한 일을 성취할 수 있으리오? 어떻게 그분이 모든 사람에게 평안을 주는가?

무엇보다도 그것은(말씀) 위대하든 보잘 것 없든, 믿는 자이든 믿지 않는 자이든, 어느 누구에게라도 고통을 주지 말아야 한다. 선행에서 만족을 얻는 사람들에게만 평안을 주는 것은 합당치 아니하다. 잘 살아가는 사람에게 평안을 주는 것은 괜찮다고 생각하는 사람들도 있다. 선행을 하는 자는 그런 자들에게 평안을 줄 수 없다. 왜냐하면 그것은 그의 뜻에 어긋나기 때문이다. 그러나 그는 그들을 괴롭히지 않으므로 그들에게 고통을 줄 수는 없다.

그러나 분명히 말하건대, 잘 살아가는 사람이 때때로 사람들을 괴롭힌다는 것이다. 그가 그것을 의도해서가 아니라 사람들의 고통에 책임이 있는 것은 그들 자신의 사악함 때문이다. 완전한 인간의 속성을 지닌 이는 선한 사람들을 보고 기뻐한다. 그러나 어떤 자들은 이것 때문에 크게 힘들어한다.

해석 참된 말씀(영지 지식)은 신분, 성별, 인종, 소속, 심지어 선행에 관계없이 모두에게 평안을 준다. 잘살아가는 사람을 보고 질투심에 괴로워하는 사악한 사람들도 있다. 예수는 선하게 살아가는 사람들을 보고 기뻐한다. 그러나 사악한 사람들은 이것을 보고 질투심에 괴로워한다.

빌립 복음서 115~116절
돼지에게 진주를 던져주는 어리석음을 저지르지 말라!

(115) There was a householder who had every conceivable thing, be it son or slave or cattle or dog or pig or corn or barley or chaff or grass or castor oil or meat and acorn. Now he was a sensible fellow and he knew what the food of each one was. He himself served the children bread and meat. He served the slaves castor oil and meal. And he threw barley and chaff and grass to the cattle. He threw bones to the dogs, and to the pigs he threw acorns and scraps of bread.
Compare the disciple of God: if he is a sensible fellow he understands what discipleship is all about. The bodily forms will not deceive him, but he will look at the condition of the soul of each one and speak with him. There are many animals in the world which are in a human form. When he identifies them, to the swine he will throw acorns, to the cattle he will throw barley and chaff and grass, to the dogs he will throw bones. To the slaves he will give only the elementary lessons,

but to the children he will give the complete instruction.

아들이나 노예, 가축, 개, 돼지, 옥수수, 보리, 왕겨, 풀, 피마자유, 고기, 도토리 등 모든 것을 지녔던 가장이 있었다. 그는 분별 있는 사람이어서 이들 각자의 양식이 무엇인지를 알았다. 그는 자녀들에게 밥과 고기를 주었고, 노예들에게 피마자유와 식사를 제공하였고, 가축에게는 보리와 왕겨와 풀을 던져주었다. 그는 개들에게 뼈다귀를 던져주었고, 돼지에게는 도토리와 빵조각을 던져주었다.

하느님의 제자도 마찬가지이다. 그가 분별 있는 사람이라면 그는 제자의 신분이 무엇인지를 완전히 이해한다. 육체 형상들은 그를 속이지 못한다. 그는 각 사람의 영혼의 상태를 보고 그와 이야기할 것이다. 세상에는 인간의 형상을 한 짐승들이 많이 있다. 그는 그들을 알아보고 돼지에게는 도토리를 던져 주고, 가축에게는 보리와 왕겨와 풀을 던져 주며, 개들에게는 뼈다귀를 던져 줄 것이다. 그는 노예들에게는 기본적인 학습만을 시키고, 자녀들에게는 완전한 교육을 시킬 것이다.

해석 하느님의 제자는 자신이 만나는 사람들 수준에 따라 현명하게 대응하고 가르침을 준다. 돼지에게 진주를 던져주는 어리석음을 저지르지 않는다. 세상에는 인간의 탈을 쓴 짐승 같은 사람들이 많다. 여기서 짐승은 탐진치[94]로 살아가는 무지한 사람을 가리킨다. 하느님의 제자는 만나는 사람의 겉모습에 속지 않고 그들에게 알맞은 처방을 한다.

(116) There is the Son of Man and there is the son of the Son

of Man. The Lord is the Son of Man, and the son of the Son of Man is he who creates through the Son of Man. The Son of Man received from God the capacity to create. He also has the ability to beget. He who has received the ability to create is a creature. He who has received the ability to beget is an offspring. He who creates cannot beget. He who begets also has power to create. Now they say, "He who creates begets". But his so-called "offspring" is merely a creature. Because of [...] of birth, they are not his offspring but [...]. He who creates works openly, and he himself is visible. He who begets, begets in private, and he himself is hidden, since [...] image. Also, he who creates, creates openly. But one who begets, begets children in private.

사람의 아들이 있고, 사람의 아들의 아들이 있다. 주님은 사람의 아들이시며, 사람의 아들의 아들은 사람의 아들을 통해 창조하는 자이다. 사람의 아들은 하느님으로부터 창조력을 받았다. 그는 또한 낳을 수 있다. 창조하는 능력을 받은 자는 피조물이다. 낳는 능력을 받은 자는 자손들이다. 창조하는 자는 낳을 수 없다. 낳는 자는 창조할 수 있다. 그들은 "창조하는 자가 낳는다."고 말하지만 그의 "자손"이라 일컬어지는 자는 피조물일 뿐이다. 그러므로 그의 자녀들은 자손이 아니라 피조물이다.

그는 공개적으로 창조하는 자이며 자신을 스스로 드러낸다. 낳는 자는 은밀히 낳으며 그 자신도 숨겨진다. 왜냐하면 그는 모든 형상보다 뛰어나기 때문이다. 창조하는 자는 드러내놓고 창조한다. 그러나 낳는 자는 은밀히 자손을 낳는다.

해석 예수는 하느님이 아들이고 예수에게서 가르침을 받은 사람은 사람의 아들의 아들이다. 전체 내용은 의미 파악이 어렵다.

빌립 복음서 117절
신방의 신비

(117) No one will be able to know when the husband and the wife have intercourse with one another, except the two in them. Indeed, marriage in the world is a mystery for those who have taken a wife. If there is a hidden quality to the marriage of defilement, how much more is the undefiled marriage a true mystery!

It is not fleshly but pure. It belongs not to desire but to the will. It belongs not to the darkness or the night but to the day and the light. If a marriage is open to the public, it has become prostitution, and the bride plays the harlot not only when she is impregnated by another man but even if she slips out of her bedroom and is seen. Let her show herself only to the father and her mother and the friend of the bridegroom and the sons of the bridegroom.

These are permitted to enter every day into the bridal chamber. But let the others yearn to listen to her voice and to enjoy her ointment, and let them feed from the crumbs that fall from the table, like dogs. Bridegrooms and brides belong to the bridal chamber. No one shall be able to see the bridegroom with the bride unless one becomes one.

　남편과 아내가 언제 관계를 맺는지는 이 두 사람 외에는 아무도 알 수 없을 것이다. 이 세상에서 결혼이란 것은 아내를 맞이한 이들에게는 참으로 하나의 신비이다. 오염된 결혼에도 감추어진 특성이 있다면, 순결한 결혼은 얼마나 참된 신비이겠는가!
　그것은 육체적인 것이 아니라 순수하다. 그것은 욕망에 속한 것이 아니라 의지에 속한 것이다. 그것은 어둠이나 밤에 속한 것이 아니라, 낮과 빛에 속한 것이다. 결혼이 대중에게 공개되면 그것은 매춘이 되며, 신부는 또 다른 남자에 의해 임신되는 것만이 아니라 침실에서 벗어나 남의 눈에 띄어도 매춘하는 것이 된다. 오직 그녀의 아버지와 어머니, 신랑 친구와 신랑의 자녀들에게만 자신의 모습을 보여야 한다. 이들은 매일 신방에 들어가는 것이 허락된다.
　그러나 다른 사람들에게는 간절하게 그녀의 목소리를 듣는 것만 허락하고, 간절하게 그녀의 향유를 즐기는 것만 허락하고, 개들처럼 식탁에서 떨어지는 음식부스러기를 먹게 하라. 신랑과 신부는 신방에 속한다. 둘이 하나가 되지 않는 한, 아무도 신랑과 신부를 볼 수 없다.

　해석　여기서 오염된 결혼으로 언급되는 것은 일반적인 남녀의 결혼을 말한다. 그런데 이런 세속적인 결혼도 신비한데 순결한 결혼 즉 영적인 결혼은 얼마나 신비하겠는가? 물질 결혼이 욕망에 의한 것이라면 영적 결혼은 순수하고 의지에 의한 것이다. 전자가 어둠이고 밤이면 후자는 빛이고 낮에 해당한다. 영적 결혼은 가장 은밀한 곳에서 이루어지고(머리 중심인 송과선), 여기서 외적 자아가 내적 참 자아와 결합하고, 참 자아는 신과 합일한다. 이것이 신방에서의 영적 결혼이다.

빌립 복음서 118절
영의 할례, 영의 세례

(118) When Abraham rejoiced that he was to see what he was to see, he circumcised the flesh of the foreskin, teaching us that it is proper to destroy the flesh.
아브라함이 자신이 보아야 할 것을 보게 된다는 것에 기뻐하면서 포피(包皮)의 살을 벗겨 할례를 하였고 우리에게 육체는 파괴되어야 한다는 것을 가르쳐 주었다.

해석 이 구절은 육체적 할례가 아니라 영적 할례를 말하고 있다. 우리는 혼을 가두는 육체에 갇혀있다. 우리는 진리 즉 영의 세례 또는 영의 할례를 통하여 이 육체의 감방에서 벗어나야 한다. 영적 할례는 도마복음 53절에 잘 언급이 되어있다.

제자들이 예수에게 말하길, "할례가 유익하나이까?" 그러자 예수가 제자들에게 말씀하길, "할례가 유익하다면 그들 아버지가 어머니 뱃속에서 이미 할례가 되어 태어나도록 하였을 것이다. 영(靈)으로 하는 할례가 참으로 유익하도다."

유대교의 경우 남성 할례를 아주 엄격하게 실시하는데 이것은 구약성서(창세기 17장, 하나님은 계약의 표시로서 이스라엘 백성의 할례를 명령하였으며 이것을 어기는 자는 계약을 깨는 사람으로 간주했다.)에 따른 것이다. 유대인이었던 제자들은 이 율법에 매여 예수에게 질문을 하고 있는 것이다. 그러자 예수는 할례가 유익하면 당연히 하느님께서는 할례가 되어 태어나도록 하지 않았겠느냐고 답변하며 영으로 하는 할례가 정말 유익하다고 말한다.

여기서 영으로 하는 영의 할례는 진리를 통하여 무지(표피)가 벗겨지고 무지 속에 숨겨졌던 참된 모습이 드러남을 의미한다. 표피를 제거하는 것은 영혼을 가리고 있는 어둠의 장막을 제거한다는 상징이 숨겨있다. 이것은 물의 세례가 아닌 영의 세례와 같은 것이다. 물로 하는 세례는 영의 세례를 흉내 낸 것이다. 영의 세례는 진리로 우리의 그릇된 개념을 정화하여 우리가 새롭게 태어나게 한다. 마찬가지로 일반 할례는 영의 할례를 흉내 낸 것이다. 영의 할례는 영의 세례처럼 영혼을 가리는 어둠을 제거한다.

빌립 복음서 119절
악은 그 뿌리를 없애야 한다.

(119) Most things in the world, as long as their inner parts are hidden, stand upright and live. If they are revealed they die, as is illustrated by the visible man: as long as the intestines of the man are hidden, the man is alive; when his intestines are exposed and come out of him, the man will die. So also with the tree: while its root is hidden it sprouts and grows. If its root is exposed, the tree dries up. So it is with every birth that

is in the world, not only with the revealed but with the hidden. For so long as the root of wickedness is hidden, it is strong. But when it is recognized, it is dissolved. When it is revealed, it perishes. That is why the word say, "Already the axe is laid at the root of the tree"[Matt3:10] It will not merely cut – what is cut sprouts again – but the ax penetrates deeply until it brings up the root.

Jesus pulled out the root of the whole place, while others only did it partially. As for ourselves, let each one of us dig down after the root of evil which is within one, and let one pluck it out of one's heart from the root. It will be plucked out if we recognize it. But if we are ignorant of it, it takes root in us and produces its fruit in our heart. It masters us. We are its slaves. It takes us captive, to make us do what we do not want; and what we do want we do not do. It is powerful because we have not recognized it. While it exists it is active.

세상에 있는 대부분의 것들은 그 내부의 것이 감춰져 있는 동안에는 똑바로 서서 살아간다. 만일 그것들이 드러난다면 그것들은 죽는다. 이는 눈에 보이는 사람에서 그 예를 볼 수 있는데 인간의 내장이 감춰져 있는 한 그 사람은 살아 있다. 그러나 그의 내장이 드러나 몸 밖으로 나오면 그 사람은 죽을 것이다. 나무도 마찬가지이다. 뿌리가 감춰져 있으면 싹이 나고 자라난다. 뿌리가 드러나면 그 나무는 말라버린다. 눈에 보이는 것이나 숨겨져 있는 것이나 세상에 있는 모든 것이 그러하니. 악의 뿌리가 감춰져 있는 동안, 그것은 강하다. 그러나 그것이 드러나면 사라진다.

즉 그것이 드러나면 죽어 버린다. 이것이 "이미 도끼가 나무뿌리에 놓여 있다(마태 3:10)"라는 구절의 이유이다. 잘린 것은 다시 싹이 나기 때문에 도끼는 자르기만 하는 것이 아니라 깊이 파내려가서 뿌리를 뽑아낸다.

예수님은 모든 곳의 뿌리를 뽑으셨지만 다른 이들은 일부분만 뽑으셨다. 우리 각자도 자신의 안에 있는 악의 뿌리를 파고 들어가서 악의 뿌리를 마음에서 뽑아내도록 하자. 우리가 그 뿌리를 알아차리면 그것은 뿌리 뽑힐 것이다. 그러나 우리가 그것에 대해 모르고 있으면, 그것은 우리 안에서 뿌리를 내려서, 우리 마음속에서 열매를 맺는다.

그리고 그것은 우리를 지배하게 되고 우리는 그것의 노예가 된다. 그것은 우리를 사로잡아 우리가 원치 않는 것을 행하게 하고, 우리가 원하는 것을 하지 못하게 한다. 우리가 이것을 알아차리지 못했기 때문에 그것은 힘이 강력하다. 그것이(악) 존재하는 동안 악은 활동한다.

해석 악은 그 뿌리를 없애야 한다. 내면의 악은 우리의 생각을 지배하여 우리를 악의 노예로 만든다. 그러면 어떻게 내면에 자리 잡고 있는 악을 없앨 수 있겠는가? 악이 어떻게 존재하고 어떻게 작동하는가? 누구는 악하고 누구는 선한 이유는 무엇인가? 악의 근원은 즉 악은 누가 만들었는가?

이 문제는 삶의 근본적인 문제이고 깨달음을 얻기 위하여 최종적으로 해결해야 하는 문제이다. 선과 악은 분리의 세계에만 존재한다. 악은 우리가 신과 분리로 인하여 생겨난 결핍과 부조화 때문에 생겨났다. 신과 분리로 인한 우리의 무지함이 악의 근원이다. 중요한 것은 진리의 가르침으로 마음의 악을 조화로 변화시킬 수 있다는 것이다.

빌립 복음서 120~121절
무지는 모든 악의 어머니이다.

(120) Ignorance is the mother of all evil. Ignorance will eventuate in death, because those who come from ignorance neither were nor are nor shall be. But those who are in the truth will be perfect when all the truth is revealed. For truth is like ignorance: while it is hidden it rests in itself, but when it is revealed and is recognized, it is praised inasmuch as it is stronger than ignorance and the error. It gives freedom. The word said, If you know the truth, the truth will make you free[John8:32] Ignorance is a slave. Knowledge is freedom. If we know the truth, we shall find the fruits of the truth within us. If we are joined to it, it will bring fulfillment.

무지는 모든 악의 어머니이다. 무지는 그 끝이 죽음이나니, 무지에서 나온 자(것)들은 존재하지 않았고, 존재하지 않으며, 앞으로도 존재하지 않을 것이기 때문이다. 그러나 진리 안에 있는 자들은 모든 진리가 드러날 때 완전해질 것이다. 진리는 무지와 마찬가지인데 그것이 감추어져 있는 동안에는 자신 안에서 휴식한다. 그러나 그것이 드러나 알려지면 그것은 무지와 오류보다 강하기 때문에 찬양받는다. 진리는 자유를 준다. 말씀에 "너희가 진리를 알면 진리가 너희를 자유하게 하리라(요한 8:32)"고 하였다. 무지는 노예이다. 지식은 자유이다. 우리가 진리를 알면 우리는 우리 안에서 진리의 열매를 보게 될 것이다. 우리가 그것과 결합되면 그것은 우리에게 완성을 가져다 줄 것이다.

해석 근원과의 분리로 인하여 무지가 생겨났고 이 무지는 자신에 대한 무지, 우주와 우주법칙에 대한 무지, 신에 대한 무지를 초래하였다. 무지로 죽음이 생겨났다(이전에는 죽음이 없었다). 진리 차원에서 보면 분리 상태에서 일어나는 이 모든 것은 환영이고 실체가 없는 꿈속의 일이다. 진리만이 무지를 없애서 우리가 원래의 모습을 찾도록 해준다. 예수가 "진리가 너희를 자유롭게 하리라."고 말한 이유이다. 진리를 알면 우리는 우리 내면의 신성 불꽃을 밝힐 수 있다.

도마복음에도 이와 유사한 구절이 있다. "만약 그대가 내면에서 지혜를 가져온다면 가져온 그것이 그대를 구원할 것이다. 만약 그대가 내면에서 가져오지 못한다면 가져오지 않은 것이 그대를 파괴할 것이다."

(121) At the present time we have the manifest things of creation. We say, "The strong are they who are held in high regard. And the obscure are the weak who are despised." Contrast the manifest things of truth: they are weak and despised, while the hidden things are strong and held in high regard. The mysteries of truth are revealed, though in type and image.

현재 우리는 창조의 현시물을 가진다. "강한 것(드러난 것)은 크게 존경받고 드러나지 않은 것은 약하여 경멸당한다."라고 우리는 말한다. 그러나 진리의 현시물에 있어서는 숨겨진 것은 강하고 존경받으며, 드러난 것은 약하고 경멸스럽다. 진리의 신비는 상징과 이미지를 통해서 드러난다.

해석 세속적인 것과는 달리 진리는 숨겨져 있고 이것이 드러나더라도 상징과 이미지로 드러날 뿐이다. 그래서 드러난 진리는 숨겨진 진리보다 약하고 심지어는 진리와는 먼 것일 수 있다. 도를 도라고 하면 도가 아니다.

빌립 복음서 122~123절
성소 중의 성소인 지성소와 신방 그리고 송과선

(122) The bridal chamber, however, remains hidden. It is the Holy in the Holy. The veil at first concealed how God controlled the creation, but when the veil is rent and the things inside are revealed, this house will be left desolate, or rather – it will be destroyed. But the whole inferior godhead will not flee from these places into the holy of holies, for it will not be able to mix with the unmixed light and the flawless fullness, but will be under the wings of the cross and its arms. This ark will be its salvation when the flood of water surges over them.
신방은 숨겨져 있다. 그것은 성소 안의 성소이다. 처음에는 휘장은 하느님의 창조 방법을 가리고 있었다. 그러나 그 휘장이 찢어지고 그 안에 있는 것들이 드러날 때 이 집은 황폐해지거나 파괴될 것이다. 그러나 하위의 신성들은 이들 장소로부터 지성소 속으로 도피하지 않을 것이다. 그것은 순수한 빛과 흠 없는 충만함과 섞일 수 없을 것이며, 십자가의 날개와 그 팔들 아래에 있을 것이기 때문이다. 홍수가 그들을 덮칠 때, 이 방주는 그들의 구원이 될 것이다.

해석 이미 여러 구절에서 언급했지만 신방은 성전의 지성소이고 우리 몸의 송과선이다. 혼이 육체에 접촉하는 부위가 송과선이고 이것은 신과 만나는 통로이기도 하다. 성소의 휘장은 송과선을 둘러싸고 있는 부정의 장막이며 이 휘장이 찢어져야 즉 부정의 장막이 제거되어야 비로소 신의 불꽃이 눈부시게 빛나고 우리는 신과 하나가 된다. 이때가 되면 집(육체)은 더 이상 필요가 없을 것이다.

이어지는 문장의 하위의 신성이 무엇을 의미하는지 확실하지 않다. 아직 깨닫지 못한 신성한 영혼들을 의미할 수 있다. 즉 이들은 아직은 부정을 완전히 제거하지 못하여 순수한 빛과 흠 없는 충만함의 장소인 송과선으로 들어갈 수 없다. 대홍수에서 가장 안전한 곳이 방주인데 이것은 신이 거주하는 송과선을 상징하는 것으로 보인다.

(123) If some belong to the order of the priesthood, they will be able to go within the veil with the high priest. For this reason, the veil was not rent at the top only, since it would have been open only to those above; nor was it rent at the

bottom only, since it would have been revealed only to those below. But it was rent from the top to bottom. Those above opened to us who are below, in order that we may go into the secret of truth. This truly is what is held in high regard, since it is strong!

But we shall go into there by means of lowly types and forms of weakness.

They are lowly indeed when compared with the perfect glory. There is glory which surpasses glory. There is power which surpasses power. Therefore, the perfect things have opened to us, together with the hidden things of truth. The holies of the holies were revealed, and the bridal chamber invited us in.

어떤 이들이 제사장 계급에 속하면 그들은 대제사장과 함께 그 휘장 안으로 들어갈 수 있을 것이다. 이러한 이유로 휘장이 위쪽 부문만 찢어지지 않았다. 그랬다면 휘장은 위에 속한 자들에게만 열렸을 것이다. 휘장이 아랫부분만 찢어지지도 않았다. 그랬다면 휘장이 아래에 속한 자들에게만 열렸을 것이다. 휘장은 위에서 아래까지 찢어졌다. 우리가 진리의 비밀 속으로 들어갈 수 있도록 위의 것들이 아래에 있는 우리에게 열렸다. 이것은 강한 것이기 때문에 참으로 고귀하다. 그러나 우리는 낮은 수준의 약한 상징들을 통해 그곳으로 들어갈 것이다. 완전한 영광과 비교하면 그들은 참으로 비천하다. 영광을 능가하는 영광이 있다. 권능을 능가하는 권능이 있다. 그러므로 진리의 숨겨진 것들과 함께 완전한 것들이 우리에게 열렸다. 지성소가 나타났으며 신방이 우리를 안으로 초대했다.

해석 송과선을 둘러싸고 있는 휘장 즉 부정의 장막은 신분에 상관없이 누구에게나 열린다는 의미이다. 다만 아직 수준이 되지 않은 영혼은 지성소에 들어가더라도 불완전한 상태에 머문다. 이에 비하여 완전한 상태의 영혼은 최고의 영광인 지성소 즉 송과선에 완전히 머문다. 이때 신방에서 신과 합일이 일어난다.

빌립 복음서 124~125절
우리는 진리 즉 성령을 통하여 모두 하나가 될 것이다.

(124) As long as it is hidden, wickedness is indeed ineffectual, but it has not been removed from the midst of the seed of the Holy Spirit. They are slaves of evil. But when it is revealed, then the perfect light will flow out on everyone. And all those who are in it will receive the chrism. Then the slaves will be free and the captives ransomed.

악이 숨겨져 있는 한 악은 참으로 무력하지만 그것이 성령의 씨앗 사이에서 제거되지는 않았다. 그들은 악의 노예들이다. 그러나 그것(성령)이 드러날 때 완전한 빛이 모든 이들에게 쏟아질 것이다. 그리고 그 안에 있는 모든 이들은 성유를 받을 것이다. 그때 노예들은 자유로워지고 포로들은 몸값을 치르고 풀려날 것이다.

해석 성령이 존재하는 한 악은 무력하나, 악이 성령의 씨앗 즉 우리에게서 제거되지는 않았다. 그래서 우리는 악에 종속되어있다. 우리가 성령(진리)을 만나서 기름부음을 받으면 완전하게 된다.

(125) "Every plant which my father in heaven has not planted will be plucked out"[Matt15:13]. Those who are separated will be united and will be filled.
"하늘에 계신 내 아버지께서 심지 않으신 것은 모두 뽑힌다(마태 15:13)." 분리되어 있는 자들이 하나가 되고 충만해질 것이다.

해석 우리 모두는 신의 발출물이고 상징적으로 신이 세상에 심은 존재들이다. 에덴동산에서 추방으로 신과 분리되었던 우리는 진리 즉 영지지식을 통하여 모두 하나가 될 것이다.

빌립 복음서 126~127절
영적 결혼의 신비

(126) Every one who will enter the bridal chamber will kindle the light, for it burns just as in the marriages which are observed, though they happen at night. That fire burns only at night and is put out. But the mysteries of this marriage are perfected rather in the day and the light. Neither that day nor its light ever sets.
신방에 들어가는 모든 이들이 빛을 밝힐 것이다. 밤에 일어나는 공개된 결혼에서처럼 불은 타오른다. 세속적 결혼에서 불은 밤에만 타고 꺼진다. 그러나 이 결혼의 신비는 오히려 낮과 빛 속에서 완전해진다. 낮과 그 빛은 결코 지지 않는다.

해석 영지 지식을 통하여 송과선으로 들어가는 사람은 자신 내면에 존재하는 신의 불꽃을 밝히게 된다. 밤에 일어나는 세속적 결혼에 비하여 낮 즉 빛 속에 일어나는 신성한 결혼은 신비 중의 신비이다. 세속적인 결혼에서의 불이 물질이라면 신성한 결혼에서의 불은 꺼지지 않는 영이다.

(127) If anyone becomes a son of the bridal chamber, he will receive the light. If anyone does not receive it while he is in these places, he will not be able to receive it in the other place. He who will receive the light will not be seen, nor can he be detained. And none shall be able to torment a person like this even while he dwells in the world.
And again, when he leaves the world he has already received the truth in the images. The world has become the Aeon, for the Aeon is fullness for him.
This is the way it is: it is revealed to him alone, not hidden in the darkness and the night, but hidden in a perfect day and a holy light.
어떤 사람이 신방의 아들이 되면 그는 빛을 받는다. 그가 이들 장소에 있는 동안 빛을 받지 않으면 그는 다른 곳에서 그것을 받을 수 없을 것이다. 그 빛을 받는 자는 보이지도 않고 속박될 수도 없다. 그리고 그가 세상에 거주할지라도 어느 누구도 그 사람을 괴롭힐 수 없다. 또 그가 세상을 떠날 때 그는 이미 상징들 안에 있는 진리를 받았다. 그에게 있어 이 세상은 에온이 되었는데 왜냐하면 에온은 충만함이기 때문이다. 에온이 존재하는 방식은 이렇다. 그것은 어둠이나 밤에 숨겨져 있지 않고 완전한 낮과 거룩한 빛 속에 숨겨진 채 그에게만 드러난다.

해석 지성소이고 신방인 송과선에 온전히 머물게 되면 깨달음을 얻게 된다. 송과선은 신과 합일할 수 있는 유일한 장소이기 때문이다. 사람이 깨닫게 되면 세상의 주인이 되어서 어느 누구도 그 사람을 해할 수 없다. 그 사람은 이 세상에 살아가지만 늘 에온(충만함)의 상태에 머문다. 충만함은 깨달음의 속성이다.

4 진리 복음서

진리 복음서는 필사본 서두에 "진리의 복음"이라는 말이 나와서 붙여진 이름이다. 진리 복음서는 나그함마디 문서 코덱스I(3)과 XII(2)에 실려 있는 영지주의 문헌이다. 진리 복음서가 2세기 대표적인 영지주의자인 발렌티누스나 그 학파에 의하여 저술되었다고 추정된다. 학자들은 이 문헌을 영지주의를 극렬히 반대하였던 이레네우스의 글에 언급된 "진리의 복음"과 동일한 것으로 추측한다. 이레네우스가 활동한 시기가 2세기 중반에서 후반이므로 콥트어로 번역된 이 진리 복음서의 희랍어 원문은 2세기 중엽이나 후반에 써진 것으로 보인다.

"복음서"라는 제목이 붙어 있지만, 신약성서의 복음서처럼 역사적 예수의 말씀과 행적에 중점을 두고 있지는 않다. 그러나 〈진리 복음서〉는 영원하신 하느님과 그분의 아들에 대한 가르침과 오류(무지)로 인하여 하느님과 분리된 인간에 대한 구원을 위하여 자아에 대한 지식을 전해주시는 말씀이므로 "복음서"라고 부를 수 있다.

예수가 물질 속박에서 우리 영혼이 벗어나게 진리를 전하는 내용이다. 오늘날 기독교 교리와는 많이 배치되는 내용이다. 정통기독교에서는 예수가 우리 죄를 대신하여 십자가에 매달려 죽었고 그의 죽음과 부활이 구원을 가져왔다는 주장인데, 여기서는 예수가 전하는 진리를 통하여 우리가 구원을 얻는다고 한다. 정통교회에서는 예수 죽음과 부활에 대한 믿음이 하느님과 올바른 관계를 맺을 수 있다고 주장하지만, 여기서는 자신의 존재에 대한 올바른 지식을 가짐으로써 구원을 얻게 된다고 한다.

이 문헌은 상당히 복잡한 구조로 되어 있고 그 의미도 난해하다. 한 주제를 다루다가 마무리 없이 갑자기 다른 주제로 넘어가서 문단 구분도 어렵고 글의 의도가 무엇인지 모호하기도 하다. 신약성서와는 많이 다른 메시지가 실려 있다.

책의 구조를 보면 기쁨과 희망을 주는 좋은 소식으로 시작하여 본격적으로 오류에 대한 묘사가 나온다. 소피아의 타락과 같은 그노시스 텍스트들에서 발견되는 자세한 신화적인 설명은 없지만 전하고자 하는 뜻은 같아 보인다. 이 책에서 "아버지 안에 존재하는 것은 영지지식이며, 아버지를 알게 되면, 그 순간부터 우리 자신의 신성에 대한 망각은 존재하지 않게 된다."라고 말한다. 그리고 이런 오류를 교정하기 위하여 하느님의 지식을 가지고 세상에 오신 예수에 대한 설명이 나온다. 지식을 통한 아버지로의 귀환이 나오고 오류에 빠진 인류를 그들이 근원한 원래의 곳으로 귀환하도록 안내하는 역할은 하느님의 아들이다. 아들이 전하는 영지지식이 구원의 핵심이다.

여기서 아들(Son)과 신의 이름(Name)을 동일시는 구절이 나오고 신의 이름에 대한 강조가 크게 주어지는데, 이는 정통교회에서는 이해할 수 없는 신비한 구절이다. 해석을 위해서는 유대 신비가르침인 카발라의 도움이 필요하다. 귀환의 최종적인 목표는 아버지 안에서의 안식으로 묘사된다.

참고한 영어 번역본
(1) 윌리스 반스톤(Willis Barnstone)의 The Other Bible(Harper & Row, San Francisco, 1984, pp290~298)에 실린 Robert M. Grant, Gnosticism(Harper & Brothers, New York, 1961) 번역본.

(2) 제임스 로빈슨(James M. Robinson)의 The Nag Hammadi Library(HaperOne, New York, 1990) pp40~51에 실린 Harold W. Attridge and George W. MacRae의 번역본.

(3) 복음서에는 3인칭 대명사(He, It)가 아주 많이 사용되고 있으며, 문맥상 그것이 무엇을 가리키는지 모호한 경우가 많다. 문맥에 따라 아버지, 예수, 일반인, 말씀 등으로 해석한다. 단락도 학자들의 구분을 참고는 하였지만 이것에 전적으로 따르지는 않았다.

희망의 계시인 진리 복음서

(1) The gospel of truth is joy to those who have received from the Father of truth the gift of knowing him by the power of the Logos, who has come from the Pleroma and who is in the thought and the mind of the Father; he it is who is called "the Savior," since that is the name of the work which he must do for the redemption of those who have not known the Father. For the name of the gospel is the manifestation of hope, since that is the discovery of those who seek him, because the All sought him from whom it had come forth. You see, the All had been inside of him, that illimitable, inconceivable one, who is better than every thought.

진리의 아버지가 말씀(Logos)의 권능을 통하여 그분을 알도록 사람들에게 선물을 주었고 이것을 받은 사람들에게 있어서 "진리의 복음"은 기쁨 그 자체이다. 그분(Logos)은 아버지의 생각과 마음 안에 있는 플레로마(충만)에서 나왔고, "구세주"로 일컬어지는데 이는 그가 아버지를 몰랐던 사람들을 구원하기 위하여 해야 하는 사역의 이름이기 때문이다. 이 복음의 이름은 희망의 계시인데 이는 그분을 찾는 사람들이 발견해야 하는 것이기 때문이다. 만물은 자신이 근원한 그분을 찾으려고 힘썼다. (이전에) 만물은 모든 생각을 넘어 계신, 한계가 없고 도저히 생각할 수도 없는 그분 안에 있었다.

해석 진리 복음서의 첫 구절은 로고스인 구세주(예수)가 하느님에게서 나온 이유가 인류를 구하기 위함임을 밝히고 있다. 하느님이

전하는 복음은 사람들에게는 기쁨이고 희망인데 이는 사람들이 하느님에게 돌아가기 위하여 알아야 하는 내용이기 때문이다. 첫 구절부터 이 복음서는 구원은 신에 대한 믿음이 아니라 구세주가 전하는 영지가르침을 분명히 한다. 여기서 만물은 인간을 의미하여 인간 모두는 모든 것을 넘어선 근원적 존재로부터 발출되어 나왔다. 모든 생각을 넘어 계신, 한계가 없고 도저히 생각할 수도 없는 존재를 카발라에서는 "아인(공)"으로 부른다.

(2) This ignorance of the Father brought about terror and fear. And terror became dense like a fog, that no one was able to see. Because of this, error became strong. But it worked on its hylic substance vainly, because it did not know the truth. It was in a fashioned form while it was preparing, in power and in beauty, the equivalent of truth(참고: It set about with a creation, preparing with power and beauty the substitute for the truth. Harold W. Attridge and George W. MacRae 영어번역). This then, was not a humiliation for him, that illimitable, inconceivable one. For they were as nothing, this terror and this forgetfulness and this figure of falsehood, whereas this established truth is unchanging, unperturbed and completely beautiful. For this reason, do not take error too seriously.
(그러나) 아버지에 대한 무지로 인하여 두려움과 공포가 생겨났다. 그 두려움은 안개처럼 짙어져서 아무도 그것을 볼 수 없었고 이로 인해 오류가 강해졌다. 그것은 진리를 알지 못해서 자신의 물질 질료 위에 작동하였으나 헛되었다. 그것은 창조를 시작하였고 힘과 아름다움으로 진리의 대체물을 준비하였다. 그런데 이것은 무한하고 감히 생각도 할 수 없는 분에 대한 모욕은 아니었

다. 확고한 진리는 변할 수 없고, 흔들리지 않고, 극도로 아름답다. 반면에 두려움과 망각 그리고 거짓 형상은 아무것도 아니다. 그러므로 오류를 너무 진지하게 받아들이지 말라.

해석 어떤 사건으로(창세기의 에겐 동산에서 추방, 이 상징의 의미는 카발라에서 찾을 수 있다.) 신과 분리가 일어났고 이로 인하여 인간은 무지와 오류 속에 머물게 되었다. 그래서 인간은 자신의 신적 속성을 잊고 물질에 반응하며 자기 나름대로 창조하고 살아가게 되었다.

(3) Thus, since it had no root, it was in a fog as regards the Father, engaged in preparing works and forgetfulnesses and fears in order, by these means, to beguile those of the middle and to make them captive.
The forgetfulness of error was not revealed. It did not become light beside the Father. Forgetfulness did not exist with the Father, although it existed because of him. What exists in him is knowledge, which was revealed so that forgetfulness might be destroyed and that they might know the Father, Since forgetfulness existed because they did not know the Father, if they then come to know the Father, from that moment on forgetfulness will cease to exist.

이처럼 그것은 아무런 뿌리가 없어서 안개 속에 있는 것처럼 아버지에 대해서는 아무것도 몰랐고 중간에 있는 자들을 현혹하여 사로잡고자 순서대로 일과 망각과 두려움을 준비하였다.

오류의 망각은 일어나지 않았다. 그것은 아버지 곁에서 빛이 되지 않았다. 망각은 아버지로 인해 존재하게 되었지만, 아버지와 함께 존재하지는 않았다. 그분 안에 존재하는 것은 지식이니, 그것은 망각이 사라지도록 그리고 아버지를 알도록 하기 위해 나타났다. 아버지를 몰라서 망각이 존재하게 되었으므로, 만일 아버지를 알게 되면, 그 순간부터 망각은 존재하지 않을 것이다.

해석 우리는 자신의 신성한 속성을 까맣게 잊어버리고 무지 속에 하루하루 살아간다. "중간에 있는 자들"은 무엇을 의미하는지 알 수가 없다. 이어지는 구절은 카발라 우주창조론을 이해해야 알 수 있는 내용이다. "오류의 망각"은 무지 혹은 어둠의 속성이 사라지지 않았다는 뜻이다. 오류는 부조화이고 부질서이고 부정이고 신성 망각의 상태이다. 이것은 조화롭고 질서 있는 빛의 속성을 띤 절대자의 그림자와 같은 것이다.

우리는 신과의 분리로 오류에 빠졌고 우주와 자신의 본질에 대한 망각이 일어났다. 이것에서 벗어나는 일은 저절로 일어나지 않는다. 그래서 신은 위대한 존재들을 세상에 보내서 이 오류와 망각을 없애기 위하여 여러 방안을 강구하였다. 신 안에 존재하는 것은 우주법칙 즉 영지 지식인데 이것은 사람들이 무지에서 벗어나서 신을 알도록 한다. 신을 알게 되면 무지 즉 어둠은 사라지고 망각은 존재할 수 없다.

예수가 전하는 깨달음의 빛

(4) That is the gospel of him whom they seek, which he has

revealed to the perfect through the mercies of the Father as the hidden mystery, Jesus the Christ. Through him he enlightened those who were in darkness because of forgetfulness. He enlightened them and gave them a path. And that path is the truth which he taught them. For this reason error was angry with him, so it persecuted him. It was distressed by him, so it made him powerless. He was nailed to a cross. He became a fruit of the knowledge of the Father. He did not, however, destroy them because they ate of it. He rather caused those who ate of it to be joyful because of this discovery.

이것이 그들이 찾는 그분의 복음이며, 아버지의 자비, 즉 숨겨진 신비이신 예수 그리스도를 통해 그분이 완전한 자들에게 드러낸 복음이다. 그분(예수 그리스도)을 통하여 그분(아버지)께서는 망각 때문에 어둠 속에 있었던 자들에게 깨달음의 빛을 비추셨다. 그분은 그들을 깨어나게 하셨고, 길을 보여주셨다. 그 길은 그분이 그들에게 가르치신 진리이다.

이런 이유로 오류는 그분에게 분노하였고, 그분을 박해했으며, 그분으로 인해 괴로워했으며, 그리하여 그분을 무력하게 만들었다. 그분은 십자가에 못 박혔다. 그분은 아버지에 관한 지식의 열매가 되었다. 그러나 그분은 사람들이 그것을 먹었다고 그들을 파괴하지는 않았다. 그분은 오히려 그것을 먹은 자들이 이 지식 열매의 발견으로 기뻐하도록 해주었다.

해석 예수는 무지 속에 그리고 오류 속에 살아가는 사람들에게 깨달음의 열쇠를 전하였고 이를 시기한 어둠의 세력이 예수를 십자가에 못 박았다. 예수가 신에 대한 지식의 열매가 되었다고 하는데 이것은 신을 바로 알게 하는 영지 지식을 말한다. 예수는 신비지식을 혼자 간직하지 않고 적극적으로 이 지식을 세상에 전하였다.

(5) And as for him, them he found in himself, and him they found in themselves, that illimitable, inconceivable one, that perfect Father who made the all, in whom the All is, and whom the All lacks, since he retained in himself their perfection, which he had not given to the all. The Father was not jealous. What jealousy, indeed, is there between him and his members? For, even if the Aeon had received their perfection, they would not have been able to approach the perfection of the Father, because he retained their perfection in himself, giving it to them as a way to return to him and as a knowledge unique in perfection. He is the one who set the All in order and in whom the All existed and whom the All lacked.

그분은 자신 안에서 그들을 발견하셨고, 그들은 자신들 안에서 이해할 수 없고 생각할 수 없는 분이신 완전한 아버지를 발견했다. 완전한 아버지는 만유를 지으셨고, 만유는 그분 안에 있으며 만유는 그분의 속성이 결여되어 있다. 아버지께서는 자신 안에 그들의 완전함을 간직하셨지만, 그들에게 그것을 주지 않으셨는데, 이는 그분의 질투 때문에 그런 것은 아니었다. 진실로 그분과 그분의 일부인 것 사이에 무슨 질투가 있겠는가? 설사 에온이 완전함을 받았더라도, 그들은 아버지의 완전성 수준에는 도달할 수 없었을 것이다. 왜냐하면 그분은 자신 안에 그들의 완전함을 간직하시고 그것을 완전하고 유일한 지식으로 그리고 자신에게 돌아오는 방법으로 그들에게 주었기 때문이다. 그분이 바로 질서 있게 만유를 창조하신 분이시다. 만유는 그분 안에 있으면서도 그분의 속성이 결핍되어 있었다.

해석 이 구절은 "그 날에는 내가 아버지 안에, 너희가 내 안에, 내가 너희 안에 있는 것을 너희가 알리라(요한 14:20)"과 같은 말이다. 무지에서 벗어나 신에게 복귀하게 되면 하느님과 예수와 우리는 모두 하나라는 것이다. 우리 모두는 신에게서 나왔으나 분리로 인하여 신의 속성이 결여되어 있다. 영지주의 창조신화에 따르면 에온은 충만함(플레로마, 영원한 영역)을 구성하는 신의 발출물이다. "신이 질서 있게 만유를 창조했다"라는 말은 신이 우주법칙 따라 아주 정교하게 세상을 창조했다는 뜻이다.

예수의 영지 가르침의 근원

(6) As one of whom some have no knowledge, he desires that they know him and that they love him. For what is it that the All lacked, if not the knowledge of the Father? He became a guide, quiet and in leisure. In the middle of a school he came and spoke the Word, as a teacher. Those who were wise in their own estimation came to put him to the test. But he discredited them as empty-headed people. They hated him because they really were not wise men.

순진한 사람처럼 그분(아버지)은 사람들이 그분(예수)을 알고 그분을 사랑하기를 바라셨다. 그러나 만유는 아버지에 대한 지식이 결핍되어 있었다. 그래서 그분(예수)은 조용하고 여유로운 안내자가 되었다. 그분은 학교에 오셔서 스승으로서 말씀을 전하셨다. 자신들을 현자로 생각하는 자들이 그분에게 와서 그분을 시험하려고 했다. 그러나 그분은 그들이 어리석다며 신뢰하지 않았다. 사실 그들은 현자들이 아니었기에 그들은 그분을 미워했다.

해석 예수는 자상한 스승의 모습으로 우리에게 오셨고 현자라고 생각한 바리새인 같은 위선자들이 예수를 시험하고 질투하였다. "아버지에 대한 지식"은 신의 말씀인 우주법칙에 대한 지식이다.

(7) After all these came also the little children, who possess the knowledge of the Father. When they became strong they were taught the aspects of the Father's face. They came to know and they were known. They were glorified and they gave glory. In their heart, the living book of the Living was manifest, the book which was written in the thought and in the mind of the Father and, from before the foundation of the All, is in that incomprehensible part of him.

이런 모든 일이 있은 후에, 어린아이들이 왔는데, 이들은 아버지의 지식을 소유한 자들이었다. 아이들이 강하게 된 후에 그들은 아버지 얼굴의 여러 모습에 대해서 배웠다. 그들은 알게 되었고 알려졌다. 그들에게 신의 영광이 주어졌고 영광을 드렸다. 그들의 마음속에는 살아 있는 자의 살아 있는 책이 계시되었고 그 책은 아버지의 생각과 마음속에 쓰여 있었고, 모든 것이 생기기 이전부터 무한한 그분의 일부분 안에 있었다.

해석 어린아이들은 제자들을 의미하고 이들은 예수에게서 신의 여러 모습 즉 우주 창조와 우주 법칙 등에 대해 배웠다. 이런 영지지식을 통하여 이들의 내면이 밝아졌고 신의 영광이 드러났다. "살아 있는 책"은 우주의 모든 신비가 담겨있는 영지지식이다. 이 지식은 만유가 생겨나기 전에 무한으로 존재하였던 아버지의 마음속에 있었다.

(8) This is the book which no one found possible to take, since it was reserved for him who will take it and be slain. No one was able to be manifest from those who believed in salvation as long as that book had not appeared. For this reason, the compassionate, faithful Jesus was patient in his sufferings until he took that book, since he knew that his death meant life for many.
이 책을 가질 자는 약속되어 있었고 그리고 죽임을 당할 것이 약속되어 있었기 때문에 사람들이 이 책을 취하는 것은 불가능하다고 여겨졌다. 그 책이 나타나지 않으면 구원을 믿는 자들에게 아무도 나타날 수가 없었다. 이런 이유로 자비롭고 신의 있는 예수께서 그 책을 받기까지 고통당하시며 인내하셨는데 이는 자신의 죽음이 많은 사람에게 생명이 될 것을 아셨기 때문이다.

해석 희생이 요구되는 신의 구원 계획을 예수는 기꺼이 받아들였다. 예수는 자신의 죽음을 통하여 세상 사람들이 신과의 분리에서 벗어나 원래의 완전한 상태로 돌아가기를 바랐다.

신에게로 복귀, 합일

(9) Just as in the case of a will which has not yet been opened, for the fortune of the deceased master of the house is hidden, so also in the case of the All which had been hidden as long as the Father of the All was invisible and unique in himself, in whom every space has its source. For this reason Jesus appeared. He took that book as his own. He was nailed to a cross. He affixed the edict of the Father to the cross. Oh, such great teaching! He abases himself even unto death, though he is clothed in eternal life. Having divested himself of these perishable rags, he clothed himself in incorruptibility, which no one could possibly take from him. Having entered into the empty territory of fears, he passed before those who were stripped by forgetfulness, being both knowledge and perfection, proclaiming the things that are in the heart of the Father, so that he became the wisdom of those who have received instruction. But those who are to be taught, the living who are inscribed in the book of the living, learn for themselves, receiving instructions from the Father, turning to him again.

유언장이 개봉되기 전에는 사망한 집주인의 재산이 감춰져 있는 것과 같이, 온 공간이 근원하고 그 자체로 유일한 만유의 아버지가 드러나기 전까지는 만유도 그와 같이 감춰져 있었다. 그래서 예수께서 나타나셨다. 그분은 그 책을 자신의 것으로 취하였고 십자가에 못 박히셨다. 그분은 십자가에 아버지의 칙령을 썼다. 오, 이 얼마나 위대한 가르침인가! 그분은 영원한 생명에 싸여 있으면서도, 자신을 끌어내려 죽음을 맞이하셨다. 그분은 썩어버릴 누더기를 벗어 버리시고, 아무도 빼앗을 수 없는 불멸성을 입으셨다. 그분은 공포의 텅 빈 영역으로 들어와서, 망각에 의해 발가벗겨진 자들 앞을 지나가셨고, 지식과 완전함이 되어서 아버지의 마음속에 있는 것들을 선포하셨다. 이는 가르침을 받아들이는 사람들의 지혜가 되기 위해서였다. 그러나 가르침을 받아들이는 사람들은 살아 있는 자의 책에 기록된 살아 있는 사람들이다. 그들은 자신들에 대하여 배우고 아버지로부터 가르침을 받아들이고 그분께 다시 돌아간다.

해석 영원한 생명에 싸여 있으면서도, 자신을 끌어내려 죽음을 맞이하신 예수의 뜻은 우리 모두가 하느님의 영지지식을 받아들여 그분에게 돌아가도록 하는 것이었다. 십자가에 쓴 아버지의 칙령은 우리를 깨어나게 하는 위대한 가르침인 영지이다. 우리는 신과 분리로 망각에 빠졌는데 이것은 우리가 영이 발가벗겨져 무지한 상태에 놓여있다는 뜻이다. 영지가르침을 받아들인 사람들은 자신들의 원래 거소인 아버지에게로 돌아간다.

(10) Since the perfection of the All is in the Father, it is necessary for the All to ascend to him. Therefore, if one has knowledge, he gets what belongs to him and draws it to himself. For he who is ignorant, is deficient, and it is a great deficiency, since he lacks that which will make him perfect. Since the perfection of the All is in the Father, it is necessary for the All to ascend to him and for each one to get the things which are his. He registered them first, having prepared them to be given to those who came from him.

만유는 아버지 안에서 완전하기 때문에, 만유는 그분께로 올라가야 한다. 그러므로 만약 누군가 지식을 얻게 되면, 그것은 자신에게 속한 것을 받아들여 자신에게로 가지고 오는 것이다. 무지한 자는 부족한 상태에 있으며 이것은 엄청난 결핍인데, 이는 자신을 완전하게 해 줄 수 있는 것이 결여되어 있기 때문이다. 만유의 완전성은 아버지 안에 있기 때문에, 만유는 그분에게 올라가서, 각자 자신의 것을 취해야 한다. 그분은 미리 그들을 기록해 두셨고, 자신으로부터 나온 자들에게 (진리를?) 주시려고 그들(진리)을 준비하셨다.

해석 우리가 해야 할 일은 영지지식을 받아들여서 신에게도 돌아가는 것이다. 신과 합일이 우리의 최종 목적이다. 영지지식은 원래 우리 자신에게 속한 것이지만 무지 때문에 그것을 잊고 있다가 다시 찾은 것이다.

영지지식을 통하여 잠에서 깨어나기

(11) Those whose name he knew first were called last, so that the one who has knowledge is he whose name the Father has pronounced. For he whose name has not been spoken is ignorant. Indeed, how shall one hear if his name has not been uttered? For he who remains ignorant until the end is a creature of forgetfulness and will perish with it. If this is not so, why have these wretches no name, why do they have no sound? Hence, if one has knowledge, he is from above. If he is

called, he hears, he replies, and he turns toward him who called him and he ascends to him and he knows what he is called. Since he has knowledge, he does the will of him who called him. He desires to please him and he finds rest.
He receives a certain name. He who thus is going to have knowledge knows whence he came and whither he is going. He knows it as a person who, having become intoxicated, has turned from his drunkenness and having come to himself, has restored what is his own.

그분이 미리 이름을 안 사람들은 마침내 부름을 받았다. 그래서 아버지가 이름을 부르신 자는 지식을 지닌 자이다. 아버지께서 이름을 부르지 않은 자는 무지한 자이다. 이름이 불리지 않으면 들을 수가 없다. 끝까지 무지한 자는 망각의 피조물이며, 그 망각과 함께 사라질 것이다. 그렇지 않다면, 왜 이 비참한 자들은 이름이 없으며, 어찌하여 소리가 없겠는가? 그러므로 지식이 있는 자는 위로부터 온 자이다. 그가 불리어지면 듣고, 대답하고, 자기를 부른 분께로 돌아서서, 그분께로 올라간다. 그는 자신이 어떻게 불리는지 안다. 그는 지식이 있으므로, 자신을 부르신 분의 뜻을 행하며, 그분을 기쁘게 하려고 하고 안식을 발견한다. 그는 특정한 이름을 받게 된다. 이렇게 지식을 지니게 될 사람은 자신이 어디에서 왔고 어디로 가는지를 안다. 술에 취했던 사람이 술에서 깨어나 정신을 차려서 자신에게 속한 것을 되찾듯이 그는 그것을 알게 된다.

해석 이런 구절을 이유로 영지주의자들이 자신들에게만 영지지식이 주어져서 구원을 얻게 된다는 선민의식을 지녔다고 주장하는 학자들도 있다. 만약 그러하다면 인간을 무지에서 건지겠다는 영지주의자들의 기본 정신이 부정되는 결과가 된다. 이것은 그런 뜻이 아니라 인류 사역을 위한 준비된 존재들에 대한 이야기이다. 이들의 헌신적 사역(보살정신)을 통하여 인류는 내면의 불꽃을 밝힐 수 있다. 누구든 영지지식으로 내면을 밝히면 신의 부름을 받게 된다.

(12) He has turned many from error. He went before them to their own places, from which they departed when they erred because of the depth of him who surrounds every place, whereas there is nothing which surrounds him. It was a great wonder that they were in the Father without knowing him and that they were able to leave on their own, since they were not able to contain him and know him in whom they were, for indeed his will had not come forth from him. For he revealed it as a knowledge with which all its emanations agree, namely, the knowledge of the living book which he revealed to the Aeons at last as his letters, displaying to them that these are not merely vowels nor consonants, so that one may read them and think of something void of meaning; on the contrary, they are letters which convey the truth. They are pronounced only when they are known. Each letter is a perfect truth like a perfect book, for they are letters written by the hand of the unity, since the Father wrote them for the Aeons, so that they by means of his letters might come to know the Father.

그분은 많은 사람을 오류로부터 되찾았다. 그분은 온 우주를 포용하는 깊이를 지녀서 어느 것도 그분을 둘러쌀 수 없었다. 그래서 그들이 오류를 범하였을 때, 그분께서는 그들이 떠나온 그들의 장소로 그들보다 먼저 가셨다. 참으로 놀라운 일은, 그들이 아버지 안에 있으면서도 그분을 알지 못했다는 것이다. 또한 그들이 그분 안에 있으면서 그분을 받아들이거나 그분을 알 수 없어서, 스스로 떠날 수밖에 없었다는 것도 놀라운 일이다. 사실은 그분의 의지가 그분에게서 나오지 않아서 그들이 그러했다. 왜냐하면 그분은 모든 발출물이 동의하는 지식으로 자신의 의지를 드러내었기 때문이었다. 이것이 그분께서 에온들에게 마지막에 문자들로 계시해 주신 살아 있는 책에 대한 지식이다. 그분께서는 사람들이 그것들을 읽고 의미 없는 것으로 생각할 수 있게 그 글자들이 모음도 아니고 자음도 아닌 형식으로 표현하였다. 그러나 사실 그것들은 진리를 전달하는 문자들이다. 그들 문자는 오직 알려질 때만 발성이 된다. 각각의 문자는 완전한 한 권의 책처럼 완전한 진리이다. 왜냐하면 그들은 합일(단일성)의 손에 의하여 쓰인 문자이기 때문이다. 아버지가 에온들을 위하여 썼는데 이는 그들이 문자를 통하여 아버지를 알 수 있게 하기 위해서이다.

해석 영지 가르침을 모음도 아니고 자음도 아닌 형식으로 표현하였다는 말은 상징과 이미지로 진리를 드러냈다는 말이다. 문자는 시공간에 한정되어버려서 문자에 담긴 진리가 왜곡되거나 그릇되게 해석되기 때문이다. 그리고 자격 없는 자들이 봐도 내용을 이해할 수 없게 하기 위함이었다.

아버지의 마음은 성령 즉 진리의 영이다.

(13) While his wisdom mediates on the logos, and since his teaching expresses it, his knowledge has been revealed. His honor is a crown upon it. Since his joy agrees with it, his glory exalted it. It has revealed his image. It has obtained his rest. His love took bodily form around it. His trust embraced it. Thus the logos of the Father goes forth into the All, being the fruit of his heart and expression of his will. It supports the All. It chooses and also takes the form of the All, purifying it, and causing it to return to the Father and to the Mother, Jesus of the utmost sweetness.

그분의 지혜는 말씀에 대하여 묵상하게 하고, 그분의 가르침은 말씀을 표현하게 한다. 그래서 그분의 지식이 계시되었다. 그분의 명예는 말씀 위에 씌워진 왕관이다. 그분의 기쁨은 그것(말씀)과 일치하기 때문에, 그분의 영광이 말씀을 드높이셨다. 그것은 (말씀) 그분의 형상을 드러내었고, 그분의 안식을 얻었다. 그분의 사랑은 그것(말씀)을 두르는 육체 형상이 되었고, 그분의 신뢰가 그것을 감싸 안았다. 이와 같이 그분 마음의 열매이자 그분 의지의 표현인 아버지의 말씀은 만유에 내려왔다. 그것은 만유를 지탱하고, 만유의 형상을 선택하여 취하고, 그것을 정화하여, 그것을 아버지와 어머니 즉 무한히 온화한 예수에게 돌려보낸다.

해석 만유를 지탱하고 정화하는 아버지의 말씀 즉 영지지식은 아버지의 영광이고 기쁨이다.

(14) The Father opens his bosom, but his bosom is the Holy

Spirit. He reveals his hidden self which is his son, so that through the compassion of the Father the Aeons may know him, end their wearying search for the Father and rest themselves in him, knowing that this is rest.

아버지는 마음을 여는데 그 마음은 성령이다. 그분은 자신의 아들인 자신의 숨겨진 자아를 드러내는데, 이는 아버지의 자비를 통하여 에온들이 그분을 알도록 하고, 아버지에 대한 그들의 수고스러운 탐구를 끝내고 그분 안에서 안식하면서 이런 것이 바로 안식임을 알도록 하기 위함이다.

해석 아버지의 마음은 성령 즉 진리의 영으로, 이것은 만유를 아버지 품에서 안식하게 한다.

(15) After he had filled what was incomplete, he did away with form. The form of it is the world, that which it served. For where there is envy and strife, there is an incompleteness; but where there is unity, there is completeness. Since this incompleteness came about because they did not know the Father, so when they know the Father, incompleteness, from that moment on, will cease to exist. As one's ignorance disappears when he gains knowledge, and as darkness disappears when light appears, so also incompleteness is eliminated by completeness. Certainly, from that moment on, form is no longer manifest, but will be dissolved in fusion with unity. For now their works lie scattered. In time unity will make the spaces complete. By means of unity each one will understand itself. By means of knowledge it will purify itself of

diversity with a view towards unity, devouring matter within itself like fire and darkness by light, death by life.

그분은 결핍(불완전함)을 채우시고, 형상을 없앴다. 그것의 형상은 그것이 봉사한 세상이다. 왜냐하면 질투와 다툼이 있는 곳에 결핍이 있고, 합일이 있는 곳에 완전함이 있기 때문이다. 그들이 아버지를 몰라서 결핍이 존재하게 되었으므로, 그들이 아버지를 알게 되면 그 순간 결핍은 더 이상 존재하지 않을 것이다. 사람이 지식을 갖게 되면 무지가 사라지듯이, 빛이 나타나면 어둠은 사라지듯이, 결핍도 완전함에 의하여 사라진다. 그 순간부터 확실히 형상은 드러나지 않고 합일(단일성) 속으로 녹아 없어진다. 이는 그들의 일이 흩어져버렸기 때문이다. 때가 되면 단일성으로 모든 공간이 완전하게 될 것이다. 단일성(합일)을 통하여 각자는 자신을 이해하게 될 것이다. 지식을 통하여 그것은(형상) 자신에게서 견해의 다양성을 없애서 합일로 향할 것이고, 그 안에 있는 물질을 불처럼 삼켜버리고, 빛으로 어둠을, 생명으로 죽음을 삼켜버릴 것이다.

해석 아버지의 세계는 단일성의 세계이고 형상의 세계는 분리의 세계이다. 아버지와의 분리로 결핍이 생겨났다. 빛과 진리를 통하여 우리가 신과 합일하게 되면 결핍은 사라진다.

(16) Certainly, if these things have happened to each one of us, it is fitting for us, surely, to think about the all so that the house may be holy and silent for unity. Like people who have moved from a neighborhood, if they have some dishes around which are not good, they usually break them. Nevertheless the

householder does not suffer a loss, but rejoices, for in the place of these defective dishes there are those which are completely perfect.

For this is the judgement which has come from above and which has judged every person, a drawn two-edged sword cutting on this side and that. When it appeared, I mean, the Logos, who is in the heart of those who pronounce it - it was not merely a sound but it has become a body - a great disturbance occurred among the dishes, for some were emptied, others filled: some were provided for, others were removed; some were purified, still others were broken. All the spaces were shaken and disturbed for they had no composure nor stability.

이러한 일들이 진실로 우리 각자에게 일어난다면, 그때 우리는 합일을 위해 집이 거룩하고 고요해지도록 이 모든 것에 대하여 분명하게 고려하는 것이 적당하다. 이는 이사하는 사람들이 흠이 있는 접시가 있다면 이를 깨뜨려 버리는 것과 마찬가지이다. 그럼에도 집주인은 손해가 없다. 오히려 흠이 있는 접시 대신에 완전한 접시들이 있기 때문에 기뻐한다. 이것이 하늘에서 내려와서 모든 사람을 심판한 방식이다. 심판은 이쪽저쪽을 자르는 양날의 칼과 같다. 말씀을 발성하는 자들의 가슴 속에 있는 말씀이 나타났을 때, - 이것(말씀)은 소리만이 아니라 육체가 되었는데 - 접시들 사이에는 큰 혼란이 일어났다. 왜냐하면, 어떤 것들은 비워졌고, 어떤 것들은 채워졌고, 어떤 것들은 제공되었고, 어떤 것들은 제거되었고, 어떤 것들은 정화되었고, 그리고 또 다른 어떤 것들은 깨어졌기 때문이었다. 온 공간이 평온과 안정을 잃어서 흔들렸고 혼란스러워졌다.

해석 첫 문장은 지식을 통하여 우리의 결핍이 사라지게 하려면 우선 각자가 자신의 마음을 정화하여 내면을 평온하게 만들어야 한다는 의미이다. 이어지는 구절들은 아버지가 빛을 통하여 결핍을 심판하는 방식에 대한 설명이다.

(17) Error was disturbed not knowing what it should do. It was troubled; it lamented, it was beside itself because it did not know anything. When knowledge, which is its abolishment, approached it with all its emanations, error is empty, since there is nothing in it.
오류는 어찌할 바를 몰라 당황했다. 오류는 아무 것도 알지 못했기 때문에 당황하였고 애통해하였고 어쩔 줄 몰라 했다. 오류를 몰락시키는 지식이 오류에 가까이 다가갔을 때, 오류는 텅 비어서 그 안에 아무 것도 없었다.

해석 오류는 무지이고, 부조화이고, 어둠이고, 분리이고, 악을 상징한다. 세상은 오류로 가득했는데 예수가 하느님의 마음에서 나온 영지 지식을 세상에 전하자, 오류는 당황하면서 힘을 잃고 그 존재의 근거가 사라졌다.

완전한 힘을 지닌 진리로 존재하는 아버지

(18) Truth appeared; all its emanations knew it. They greeted the Father in truth with a perfect power that joins them with the Father. For, as for everyone who loves the truth – because

the truth is the mouth of the Father; his tongue is the Holy Spirit – he who is joined to the truth is joined to the Father's mouth by his tongue, whenever he is to receive the Holy Spirit, since this is the manifestation of the Father, and his revelation to his aeons.(이 부분은 Harold W. Attridge and George W. MacRae의 번역본)

진리가 출현하자 모든 발출물들이 진리를 알아보았다. 그들은 완전한 힘을 지닌 진리로 존재하는 아버지를 맞이했는데, 그들을 아버지와 하나가 되게 하는 것은 아버지의 완전한 힘이었다. 모든 사람이 진리를 사랑했는데 이는 진리는 아버지의 입이고 성령은 아버지의 혀이기 때문이다. 진리와 하나가 되는 자는 성령을 받을 때마다 아버지의 혀를 통해 아버지의 입과 하나가 된다. 이것은 아버지의 현현이며, 에온들에 대한 그분의 계시이기 때문이다.

해석 아버지는 어떤 형상이 아니라 진리 즉 우주법칙으로 존재한다. 입 속에 혀가 있어서 말을 할 수가 있듯이 진리는 성령을 통하여 드러난다.

(19) He revealed his hidden self and explained it. For who is it who exists if it is not the Father himself? All the spaces are his emanations. They knew that they stem from him as children from a perfect man. They knew that they had not yet received form nor had they yet received a name, every one of which the Father produces. If they at that time receive form of his knowledge, though they are truly in him, they do not know him. But the Father is perfect. He knows every space which is

within him. If he pleases, he reveals anyone whom he desires by giving him a form and by giving him a name; and he does give him a name and cause him to come into being.

Those who do not yet exist are ignorant of him who created them. I do not say, then, that those who do not yet exist are nothing. But they are in him who will desire that they exist when he pleases, like the event which is going to happen. On the one hand, he knows, before anything is revealed, what he will produce. On the other hand, the fruit which has not yet been revealed does not know anything, nor is it anything either. Thus each space which, on its part, is in the Father comes from the existent one, who, on his part, has established it from the nonexistent.

그분은 자신의 감춰져 있던 자아를 드러내어서 그것에 대하여 설명하였다. 아버지 한 분 외에 누가 존재한단 말인가? 온 우주는 그분의 발출물이다. 그들은 완전한 인간에게서 나온 아이들처럼 자신들이 그분에게서 나왔음을 알았다. 그들은 아직도 자신들이 형상도 이름도 받지 않았음을 알았다. 아버지께서는 이것 (이름, 형상)을 하나하나 산출하신다. 그들이 그때 그분의 지식으로 형상을 받아도, 그들은 그분 안에 있으면서도 그분을 알지 못한다. 그러나 아버지께서는 완전하셔서, 자신 안에 있는 모든 우주를 아신다. 만일 그분이 원하신다면, 그분은 그 사람에게 형상과 이름을 주어서, 자신이 원하는 자를 나타나게 하시고. 그 사람에게 이름을 주셔서 그 사람이 존재하게 한다.

아직 존재하지 않는 사람들은 그들을 창조한 그분에 대하여 무지하다. 아직 존재하지 않는 사람들이 아무 것도 아니라고 말하는 것은 아니다. 앞으로 일어날 사건처럼 그들은 그분 안에 있다가 그분이 그들이 존재하기를 원하시면 그리될 것이다. 한편 모든 것이 나타나기 전에, 그분은 자신이 무엇을 낳을지 아신다. 그러나 아직 나타나지 않은 열매는 아무 것도 알지 못하고, 아무 것도 아니다. 이와 같이 아버지 안에 있는 모든 우주는 존재하시는 분에게서 나왔고, 그분은 존재하지 않는 것으로부터 그것(우주)을 지으셨다.

해석 만유는 신으로부터 발출되어 나온다. 만물은 그분에게서 형상과 이름을 부여받는다.

영지지식을 통하여 꿈에서 깨어난 사람은 행복하도다!

(20) For he who has no root has no fruit either, but though he thinks to himself, "I have come into being," yet he will perish by himself. For this reason, he who did not exist at all will never come into existence. What, then, did he wish him to think of himself? This: "I have come into being like the shadows and phantoms of the night." When the light shines on the terror which that person had experienced, he knows that it is nothing. (이 부분은 Harold W. Attridge and George W. MacRae의 번역본)

뿌리가 없는 사람은 열매도 없다. 그는 "나는 존재하게 되었다."라고 생각하지만 그는 저절로 사라질 것이다. 이런 까닭에, 전혀 존재하지 않았던 자는 결코 존재하게 되지 않을 것이다. 그러면 그분(아버지)은 그가 그 자신에 대해 어떻게 생각하기를 원하셨던 것일까? 바로 이렇다 "나는 그림자처럼, 밤의 유령처럼 생겨났다." 빛이 그 사람이 겪은 공포 위로 비취면, 그는 그것이 무(無)임을 안다.

해석 "뿌리가 없는 사람"은 자신의 신성한 존재를 모르고 무지 속에 살아가는 사람을 말한다. 이런 사람들은 자신들이 존재한다고 생각하지만 사실은 깨어나면 순식간에 사라지는 꿈속의 삶과 같은 삶을 살고 있는 것이다. 깨어있지 못한 사람에게 세상은 환영이고 실체 없는 그림자이다. 비슷한 내용이 빌립 복음서 120절에 나온다.

(21) Thus they were ignorant of the Father; he is the one whom they did not see. Since there had been fear and confusion and a lack of confidence and double mindedness and division, there were many illusions which were conceived by him, the foregoing, as well as empty ignorance - as if they were fast asleep and found themselves a prey to troubled dreams. Either there is a place to which they flee, or they lack strength as they come, having pursued unspecified things. Either they are involved in inflicting blows, or they themselves receive bruises. Either they are falling from high places, or they fly off through the air, though they have no wings at all. Other times, it is as if certain people were trying to kill them, even though there is no one pursuing them; or, they themselves are killing those beside them, for they are stained by their blood. Until the moment when they who are passing through all these things - I mean they who have experienced all these confusions - awake,

they see nothing because the dreams were nothing.
이와 같이 그들은 아버지에 대해 알지 못했나니, 그분은 그들이 보지 못한 그런 분이다. 그들은 공포와 혼란과 자신감 결여와 의심과 분열이 있었으므로, 깊은 잠 속에 빠져서 혼란스런 꿈속에 놓여있는 것처럼, 그들에게 많은 환상과 공허한 무지가 일어났다. 그들이 피할 곳이 있는 경우도 있고, 불특정한 것들을 쫒다가 힘없이 오는 경우도 있고, 주먹을 휘두르기도 하고, 상처를 입거나, 높은 곳에서 떨어지기도 하고, 날개 없이 허공으로 날아가기도 한다. 때로는 자신들을 쫒아오는 사람이 아무도 없는데도, 사람들이 자신들을 죽이려 하는 것 같기도 하고, 또는 자신들이 옆 사람들을 죽이려 하는 것 같기도 하다. 왜냐하면 그들은 자신들의 피로 더럽혀진 것이다. 이 모든 것을 겪은 자들이, 즉 이 모든 혼란을 경험한 자들이 깨어날 때 까지는 아무 것도 보지 못한다. 왜냐하면 꿈은 무(無)이기 때문이다.

해석 신과 분리로 무지 속에 있게 되면 마치 꿈을 꾸는 것 같은 삶을 살게 된다. 이들에게 일어나는 모든 것은 환영적인 속성을 띤다. 꿈에서 깨어나기 전에는 꿈이 실제로 느껴지듯 이들의 삶이 그러하다.

(22) Such is the way of those who have cast ignorance aside from them like sleep, not esteeming it as anything, nor do they esteem its works as solid things either, but (rather,) they leave them behind like a dream in the night. The knowledge of the Father, they value as the dawn. This is the way each one has acted, as though asleep at the time when he was ignorant. And

this is the way he has ⟨come to knowledge⟩, as if he had awakened. {and} Good for the man who will return and awaken. And blessed is he who has opened the eyes of the blind.(이 부분은 Harold W. Attridge and George W. MacRae의 번역본)

자신에게서 무지를 잠처럼 내던져버린 자들은 그것을 어떤 것으로 여기지 않으며, 그 무지의 일들을 실제적인 것으로 여기지도 않는다. 대신에 그들은 그것을 한밤에 꾼 꿈처럼 놓아버린다. 그들은 아버지의 지식을 여명으로 여긴다. 사람이 무지했던 시절에는 잠자는 것처럼 행동하였다. 그러다가 잠에서 깨어나듯이 지식에 이르게 되었다. 돌아와서 깨어나는 자는 행복하다. 그리고 눈먼 이들의 눈을 열어준 이에게 복이 있다.

해석 무지 속에 일어나는 모든 것은 꿈처럼 무상하니 집착할 것이 아무것도 없다. 한밤에 꾼 꿈을 놓아버리듯 그렇게 세속적인 욕망을 놓아버려야 한다. 우리는 삶의 반대를 죽음으로 생각한다. 그러나 깨어있지 못한 삶은 죽음과 다를 것이 없다. 꿈과 같은 분리의 삶, 무지의 삶의 반대는 꿈에서 깨어난 신과 합일의 삶이다. 아버지의 영지지식을 통하여 꿈에서 깨어난 사람들은 행복하다. 자신의 참 모습을 찾았기 때문이다.

예수는 무지한 자들에게는 지식이 되셨도다!

(23) And the Spirit came to him in haste when it raised him. Having given its hand to the one lying prone on the ground, it

placed him firmly on his feet, for he had not yet stood up. He gave them the means of knowing the knowledge of the Father and the revelation of his son. For when they saw it and listened to it, he permitted them to take a taste of and to smell and to grasp the beloved son.

영이 서둘러 그에게 와서 그를 일으켜 세웠다. 땅에 누워 있는 사람에게 손을 뻗쳐 그 사람이 발로 일어서게 하였다. 그 사람이 아직 일어나지 않았기 때문이었다. 그분은 그들에게 아버지의 지식과 그 아들의 계시를 아는 방법을 주었다. 그들이 그것을 보고 그것에 귀를 기울였을 때, 그분께서 그들이 사랑하는 아들을 맛보고 냄새 맡고, 만질 수 있도록 하셨다.

해석 이 구절은 의미가 불명확하다. 예수 등장에 앞서 예수 사역의 길을 준비한 세례요한에 대한 구절로 보인다. 사람들에게 물의 세례를 주었던 세례요한은 영 즉 진리와 함께한 성스러운 사람이었으며 예수의 존재를 처음으로 세상에 크게 알렸다.

(24) He appeared, informing them of the Father, the illimitable one. He inspired them with that which is in the mind, while doing his will. Many received the light and turned towards him. But material men were alien to him and did not discern his appearance nor recognize him. For he came in the likeness of flesh and nothing blocked his way because it was incorruptible and unrestrainable. Moreover, while saying new things, speaking about what is in the heart of the Father, he proclaimed the faultless word.

Light spoke through his mouth, and his voice brought forth

life. He gave them thought and understanding and mercy and salvation and the Spirit of strength derived from the limitlessness of the Father and sweetness.

He caused punishments and scourgings to cease, for it was they which caused many in need of mercy to astray from him in error and in chains – and he mightily destroyed them and derided them with knowledge. He became a path for those who went astray and knowledge to those who were ignorant, a discovery for those who sought, and a support for those who tremble, a purity for those who were defiled.

그분(예수)은 나타나시어 그들에게 무한한 존재인 아버지에 대해 알려주었다. 그분은 자신의 뜻을 행하면서 마음속에 있는 것을 그들에게 불어넣으셨다. 많은 사람들이 그 빛을 받아들여서 그분께로 돌아섰다. 그러나 물질적인 사람들은 그분과는 많이 달라서, 그분의 모습을 알아차리지 못하고 그분을 알아보지도 못했다. 그분은 육체의 형상으로 오셨으나 아무것도 그의 길을 가로막지 못했다. 그것은 불멸이었고 무한이었기 때문이다. 또한 그분은 새로운 것들을 말씀하시면서, 즉 아버지의 마음속에 있는 것에 대해 말씀하시면서, 흠 없는 말씀을 선포하였다.

빛이 그분의 입을 통해 말씀하셨고, 그분의 목소리는 생명을 낳았다. 그분은 그들에게 생각과 이해, 자비, 구원 그리고 아버지의 무한함과 감미로움에서 나오는 강력한 영을 주셨다.

그분은 징벌과 고문을 멈추게 하셨다. 이는 오류와 속박 속에서 자비를 갈망하는 자들을 그분에게서 벗어나도록 만든 것이 바로 이것들(징벌과 고문)이기 때문이다. 그분은 권능으로 그들을 멸하시고, 지식으로 그들을 비웃었다. 그분은 길을 잃은 자에게

길이 되었고, 무지한 자들에게는 지식이 되셨으며, 구하는 자들에게는 발견이 되셨고, 흔들리는 자들에게는 격려가 되셨으며, 더러워진 자들에게는 순결함이 되셨다.

해석 ▌ 예수는 아버지의 지식(흠 없는 말씀, 영지지식)을 가지고 세상에 와서, 오류 즉 무지 속에 살아가는 사람들이 무지에서 벗어나도록 아주 다양한 방식으로 헌신하였다.

안식일의 의미

(25) He is the shepherd who left behind the ninety-nine sheep which had not strayed and went in search of that one which was lost. He rejoiced when he had found it. For ninety-nine is a number of the left hand, which holds it. The moment he finds the one, however, the whole number is transferred to the right hand. Thus it is with him who lacks the one, that is, the entire right hand which attracts that in which it is deficient, seizes it from the left side and transfers it to the right. In this way, then, the number becomes one hundred. This number signifies the Father.

그분은 길을 잃지 않은 아흔 아홉 마리의 양을 두고 떠나신 목자이다. 그분은 길을 잃은 한 마리 양을 찾아 떠났다. 그분은 한 마리 양을 찾으시고 기뻐하셨다. 왜냐하면 99마리는 그것을 잡고 있는 왼손의 숫자이기 때문이다. 그러나 하나를 되찾는 순간에, 그 전체의 숫자가 오른손으로 넘어간다. 하나가 부족한 오른손이 부족한 것을 자기에게로 끌어당겨, 그것을 왼쪽에서 집어다가 오른쪽으로 가져가니, 그 숫자가 100이 된다. 이것은 아버지를 상징한다.

해석 길 잃은 한 마리 양은 신에게서 분리되어 무지 속에 살아가는 영혼을 상징한다. 100은 완전함을 상징하고 길 잃은 한 마리 양이 돌아오면서 신의 세계는 완전해진다. 단 한명의 영혼이라도 어둠 속에 남아있으면 기꺼이 그 영혼을 구제하기 위하여 세상에 남겠다는 보살의 서원이 예수의 마음이었다.

(26) He labored even on the Sabbath for the sheep which he found fallen into the pit. He saved the life of that sheep, bringing it up from the pit in order that you may understand fully what that Sabbath is, you who possess full understanding. It is a day in which it is not fitting that salvation be idle, so that you may speak of that heavenly day which has no night and of the sun which does not set because it is perfect. Say then in your heart that you are this perfect day and that in you the light which does not fail dwells.
그분은 안식일에조차도 구덩이에 빠진 양을 보시면 그 양을 구하시기 위해 일하셨다. 그분은 그 양을 구덩이에서 꺼내서 그 양에게 생명을 주셨나니, 이는 안식일이 무엇인지 충분히 알게 하시려는 것이다. 안식일에 구원의 일을 태만히 하는 것은 합당치 않다. 이것은 너희가 밤이 없는 하늘의 낮과 완전하여 지지 않는 태양에 대하여 말하게 하시려는 것이다. 그러니 마음으로 너희는 완전한 낮이며, 너희 안에는 사라지지 않는 빛이 있다고 말하라.

해석 예수는 안식일은 인간을 위하여 있는 것이지 인간이 안식일을 위하여 있는 것은 아니라고 하였다(마태복음 2:27). 그런데도 안식일에 매여 살아가는 사람들이 많다. 영적 성장을 위하여 노력하는 순간이 안식일이고 기도하는 순간이 안식일이다. 왜냐하면 안식일은 분주한 일상에서 벗어나 조용히 안식하며 내면의 신성을 찾으라는 의미였다. 내면의 신성은 완전한 낮이며 사라지지 않는 빛이다.

(27) Speak concerning the truth to those who seek it and of knowledge to those who, in their error, have committed sin. Make sure-footed those who stumble and stretch forth your hands to the sick. Nourish the hungry and set at ease those who are troubled. Foster men who love. Raise up and awaken those who sleep. For you are this understanding which encourages.

If the strong follow this course, they are even stronger. Turn your attention to yourselves. Do not be concerned with other things, namely, that which you have cast forth from yourselves, that which you have dismissed. Do not return to them to eat them. Do not be moth-eaten. Do not be worm-eaten, for you have already shaken it off. Do not be a place of the devil, for you have already destroyed him. Do not strengthen your last obstacles, because that is reprehensible.

진리를 찾는 자들에게 진리에 대해 말하고, 오류 때문에 죄를 범한 자들에게는 지식에 대해 말하여라. 발부리가 걸려 비틀거리는 자들이 넘어지지 않게 해주고, 병든 자들에게 손을 내밀라. 배고픈 자들을 먹이고, 힘들어 하는 자들에게 휴식을 주고, 잠자는 자들을 일으켜 깨워라. 너희는 용기를 주는 이해심 있는 존재이기 때문이다.

만약 힘센 자들이 이와 같이 행동한다면, 그들은 훨씬 더 강해진다. 그대 자신들에게 관심을 기울이고, 마음에서 버린 다른 것들에 관심을 갖지 말라. 그들을 먹으려고 그들에게 돌아서지 말라. 좀 먹지 말고 벌레 먹은 것이 되지 말라. 왜냐하면 너희는 이미 그것을 버렸기 때문이다. 악마의 거처가 되지 말라. 왜냐하면 너희는 이미 악마를 없애 버렸기 때문이다. 마지막으로 남은 장애물들에게 힘을 주지 말라. 왜냐하면 그것은 비난받아야 하기 때문이다.

해석 사라지지 않는 빛과 같은 위대한 존재인 너희들은 모든 사람 각자에게 알맞은 도움을 주라. 마음에서 지워버린 세속적 욕망에 미련을 두지 말라. 여기서 "악마의 거처"는 부정적 생각이 일어나는 사람들의 마음을 의미한다.

아버지의 뜻이 우리의 뜻이어야 한다.

(28) For the lawless one is someone to treat ill, rather than the just one. For the former does his work as a lawless person; the latter as a righteous person does his work among others. So you, do the will of the Father, for you are from him.(이 부분은 Harold W. Attridge and George W. MacRae의 번역본)

무법자는 의로운 자와는 달리 못살게 구는 자이다. 무법자는 무법자로서 자신의 일을 하지만, 의로운 자는 의로운 자로서 사람들 가운데서 자신의 일을 한다. 그러므로 너희는 아버지로부터 나왔으니, 아버지의 뜻을 행하라.

해석 아버지로부터 나온 인간의 영혼은 신성한 신의 불꽃이므로 아버지의 뜻이 바로 인간의 뜻이 된다. 그러므로 아버지의 뜻을 행하라는 것이다. 성경(마태 26:39)[95]에 보면 예수는 십자가 사건이 일어나기 전날에 겟세마네에서 "제 뜻이 아니라 아버지 뜻대로 하소서!"라고 기도한다.

(29) For the Father is sweet and his will is good. He knows the things that are yours, so that you may rest yourselves in them. For by the fruits one knows the things that are yours, that they are the children of the Father, and one knows his aroma, that you originate from the grace of his countenance. For this reason, the Father loved his aroma; and it manifests itself in every place; and when it is mixed with matter, he gives his aroma to the light; and into his rest he causes it to ascend in every form and in every sound.(he causes it to surpass every form (and) every sound. 다른 영어 버전). For there are no nostrils which smell the aroma, but it is the Spirit which possesses the sense of smell and it draws it for itself to itself and sinks into the aroma of the Father.

아버지께서는 감미로우시고 그분의 뜻은 선하시다. 그분께서는 너희에게 속하는 것들을 아시는데, 너희는 그것들 안에서 쉴 수가 있도다. 아버지의 자녀인 사람들은 열매를 보고 너희에게 속한 것이 무엇인지 안다. 그리고 아버지 얼굴의 은혜에서 나온 너희들은 아버지의 향기를 안다. 그래서 아버지께서는 자신의 향기를 사랑하셨고, 그것을 모든 곳에 드러내셨다. 그런데 그것이 물질과 섞이면, 그분은 자신의 향기를 빛에게 주신다. 그래서 그것이 모든 형상과 모든 소리 형태 너머로 상승하게 하여 자신의 안식으로 들어오게 한다. 왜냐하면 향기를 맡는 콧구멍이 없기 때문이다. 그러나 후각을 소유한 영이 그것을 자신을 위하여 자신에게 끌어당겨 아버지의 향기 속에 잠긴다.

해석 아버지는 자신의 향기(진리)로 만유가 자신의 품에서 안식하게 한다. 분리의 세계는 형상과 소리의 세계지만, 아버지의 세계는 형상을 넘어선 합일의 세계이다.

(30) He is, indeed, the place for it, and he takes it to the place from which it has come, in the first aroma which is cold. It is something in a psychic form, resembling cold water which is [...] since it is in soil which is not hard, of which those who see it think, "It is earth." Afterwards, it becomes soft again. If a breath is taken, it is usually hot. The cold aromas, then, are from the division. For this reason, God came and destroyed the division and he brought the hot Pleroma of love, so that the cold may not return, but the unity of the Perfect Thought prevail.

그분은 참으로 그것을 위한 장소이고 그분은 차갑게 되어버린 첫 번째 향기를 그것이 나온 곳으로 데려간다. 그것은 영적인 형상을 하고 있고, 차가운 물과 닮았다. 차가운 물이 부드러운 흙에 있으면, 그것을 본 사람들은 그것을 흙이라고 생각한다(물이 흙에 스며들기 때문에, 즉 신의 향기가 물질에 스며들어서 향기가 보이지 않으니 그냥 물질로 본다는 뜻). 그러나 그것은 후에 다시 원래대로 된다. 호흡을 하면 그것은 뜨거워진다. 그러므로 차가운 향기는 분리에서 나오는 것이다. 이런 이유로 신은 오셔서 분리를 파괴하였고 뜨거운 사랑의 플레로마를 가지고 왔다. 이는 차가움이 다시 돌아오지 못하도록 하고 완전한 생각의 합일이 널리 퍼지게 함이다.

해석 향기는 신의 말씀 즉 진리이고 이것이 분리의 세계인 물질계에 나와서 굳어져버렸다. 차가운 향기가 차가운 물과 닮았다는 것은 공기처럼 사방으로 퍼져나가야 하는 뜨거운 향기가 물질계에 내려와 식게 되어서 차가운 물처럼 되었다는 뜻이다. 신의 숨이 나오면 이것은 다시 뜨거워져서 원래의 상태로 돌아간다.

여기서 향기를 우리의 영혼으로 이해할 수도 있다. 즉 신에게서 나온 영혼이 신과 분리로 오류에 빠져서 그 영혼의 향기가 식어버렸다. 신은 이것을 제자리로 돌리기 위하여 진리 즉 숨을 내쉬었고 이것은 굳어져버린 영혼을 다시 살아나게 한다.

회개의 참된 의미

(31) This is the word of the Gospel of the finding of the Pleroma for those who wait for the salvation which comes from above. When their hope, for which they are waiting, is waiting – they whose likeness is the light in which there is no shadow, then at that time the Pleroma is about to come. The deficiency of matter, however, is not because of the limitlessness of the Father who comes at the time of the deficiency. And yet no

one is able to say that the incorruptible One will come in this manner. But the depth of the Father is increasing, and the thought of error is not with him. It is a matter of falling down and a matter of being readily set upright at the finding of that one who has come to him who will turn back. For this turning back is called "repentance".

이것이 위로부터의 구원을 기다리는 자들이 플레로마를 발견하도록 하는 복음의 말씀이다. 그들이 기다리고 있는 희망이 아직 오지 않고 있지만, 그들의 형상이 그림자 없는 빛이 되면 그때에 플레로마가 올 것이다. 물질의 결핍은 결핍이 있으면 오는 아버지의 무한함 때문에 생긴 것이 아니다. 아무도 불멸이신 분이 이런 식으로 오리라고는 말할 수 없다. 오히려 아버지의 심연은 깊어지고, 오류의 생각은 그분과 함께하지 않는다. 이것은 넘어졌다가 원래 상태로 되돌아가려는 그에게 오신 분을 발견하게 하여 다시 가뿐히 일어서게 한다. 이 되돌아가려는 것을 "회개"라고 부른다.

해석 플레로마는 충만함이고 합일이며 이것은 우리가 진리(복음)를 통하여 깨달음을 얻을 때 온다. "형상이 그림자 없는 빛이 되면"의 뜻은 형상 너머의 근원과 합일한다는 의미이다. 원래 자리인 근원으로 돌아가려는 것이 바로 회개이다. 이것은 우리가 알고 있는 회개의 의미와는 다르다. 회개는 신과의 분리 상태에서 벗어나 원래의 상태인 신과 합일하려는 우리의 의지이고 행동이다.

(32) For this reason, incorruption has breathed. It followed him who has sinned in order that he may find rest. For forgiveness

is that which remains for the light in the deficiency, the word of the pleroma. For the physician hurries to the place in which there is sickness, because that is the desire which he has. The sick man is in a deficient condition, but he does not hide himself because the physician possesses that which he lacks.

In this manner the deficiency is filled by the Pleroma, which has no deficiency, which has given itself out in order to fill the one who is deficient, so that grace may take him, then, from the area which is deficient and has no grace. Because of this a diminishing occurred in the place which there is no grace, the area where the one who is small, who is deficient, is taken hold of.

이러한 이유로 불멸은 숨을 내쉬었다. 그것은 죄를 지은 자가 안식을 얻도록 그를 쫓아갔다. 용서는 결핍 속에 있는 빛을 위해 남아 있는 것이니, 즉 그것은 플레로마의 말씀이다. 의사는 병이 있는 곳으로 달려가나니, 이는 그가 지닌 소망이기 때문이다. 그 때 결핍 상태에 있는 환자는 자신을 숨기지 않나니, 의사는 환자가 부족한 것을 가지고 있기 때문이다.

이런 방식으로 플레로마에 의하여 결핍이 충족되어진다. 플레로마는 결핍이 없으며, 사람들이 결여하고 있는 것을 채우도록 자신을 나누어 준다. 이는 은총이 없고 결핍이 있는 영역으로부터 은총의 힘으로 사람들을 데려가기 위함이다. 이 때문에 은총이 없는 곳에 축소가 일어났다. 이곳은 작은 사람 즉 결핍이 있는 사람이 잡혀있는 장소이다.

해석 불멸은 신을 의미하고, 신은 꿈속을 헤매는 사람들을 구원하기 위하여 숨 즉 영지지식을 내보냈다. 작은 사람은 완전한 사람의 반대 개념으로 우리가 깨닫기 전에는 모두 작은 사람이다.

아버지를 알아볼 때 우리는 아버지에게 돌아간다.

(33) He revealed himself as a Pleroma, i.e., the finding of the light of truth which has shined towards him, because he is unchangeable. For this reason, they who have been troubled speak about Christ in their midst so that they may receive a return and he may anoint them with the ointment.

The ointment is the pity of the Father, who will have mercy on them. But those whom he has anointed are those who are perfect. For the filled vessels are those which are customarily used for anointing. But when an anointing is finished, the vessel is usually empty, and the cause of its deficiency is the consumption of its ointment. For then a breath is drawn only through the power which he has. But the one who is without deficiency – one does not trust anyone beside him nor does one pour anything out. But that which is the deficient is filled again by the perfect Father. He is good. He knows his plantings because he is the one who has planted them in his Paradise. And his Paradise is his place of rest.

그분은 자신을 플레로마(충만)로 드러내었다. 다시 말해서 이 것은 그분을 향하여 빛났던 진리의 빛을 (사람들이) 발견하도록 하기 위함이다. 왜냐하면 그분은 불변하기 때문이다. 그러므로 혼란에 빠진 자들이 자신들 사이에서 자신들이 복귀할 수 있도록 그리고 자신들에게 기름을 부으시도록 그리스도에 대하여 이야기하는 것이다.

　　기름부음은 그들에게 자비를 보이실 아버지의 동정심이다. 그러나 그분의 기름부음을 받은 자들은 완전해진 자들이다. 가득 채워진 용기가 관례상 기름부음을 위하여 사용된다. 기름부음이 끝나면 그릇은 비워진다. 그것의 결핍의 원인은 기름이 소비되었기 때문이다. 그때 그분이 지닌 힘을 통하여서만 하나의 숨이 끌어당겨진다. 그러나 결핍이 없는 자는 자신 곁에 있는 어떤 사람도 믿지 않고, 어떤 것도 내보내지 않는다. 그러나 결핍이 있는 것은 완전한 아버지에 의하여 다시 채워진다. 그분은 선하시다. 그분은 자신의 낙원에다 그들을 심으신 분이어서 자신이 심은 것을 아신다. 그분의 낙원은 그분의 안식 장소이다.

해석 우리가 기름부음을 받아서(즉 깨달아서) 다시 그리스도 의식을 되찾게 되는 것은 신의 자비심 때문이다. 신이 세상에 내려 보낸 영지지식으로 기름부음을 받게 되면 우리는 완전해진다.

(34) This is the perfection in the thought of the Father and these are the words of his reflection. Each one of his words is the work of his will alone, in the revelation of his Logos.

　　Since they were in the depth of his mind, the Logos, who was the first to come forth, caused them to appear, along with an intellect which speaks the unique word by means of a silent grace. It was called "thought," since they were in it before becoming manifest. It happened, then, that it was the first to come forth - at the moment pleasing to the will of him who desired it; and it is in the will that the Father is at rest and with which he is pleased. Nothing happens without him, nor does anything occur without the will of the Father. But his will is incomprehensible.

His will is his mark, but no one can know it, nor is it possible for them to concentrate on it in order to possess it. But that which he wishes takes place at the moment he wishes it - even if the view does not please anyone: it is God's will. For the Father knows the beginning of them all as well as their end. For when their end arrives, he will question them to their faces. The end, you see, is the recognition of him who is hidden, that is, the Father, from whom the beginning came forth and to whom will return all who have come from him. For they were made manifest for the glory and the joy of his name.

이것은 아버지의 생각 속에 있는 완전함이며, 이것들은 아버지의 깊은 사색에서 나온 말씀이다. 그분의 말씀 하나하나는 그분의 로고스(말씀, 이성)의 계시 안에 있는 그분의 의지만이 행할 수 있는 일이다. 그것들은 그분 마음의 심연 속에 있었고, 최초로 나타난 로고스가 그것들을 나타나게 하였다. 로고스는 침묵하는 은혜를 통하여 오직 하나뿐인 말씀을 발성하시는 지성적 존재와 함께 그렇게 하였다. 그것은 생각이라고 불렸고, 그것들이 나타나기 전에 그것들은 그것(지성적 존재?) 안에 있었기 때문이다. 그리고 그것을 바라신 분이 자신의 의지에 기뻐하는 순간에 그것은 처음으로 나타나게 되었다. 아버지는 그 의지 안에서 안식하시고 기뻐한다. 그분 없이는 아무 것도 일어나지 않으며, 아버지의 의지 없이는 어떤 일도 일어나지 않는다. 그분의 의지는 이해할 수 없는 것이다. 그분의 의지는 그분의 흔적이지만 아무도 그것을 알 수 없고, 어느 누구도 그것을 알려고 그것에 집중하는 것이 가능하지 않다. (그분 의지에 대한) 이런 관점이 사람들 마음에 들지 않을지라도, 그분이 원하는 것은 그분이 그것을 원하는 순간에 일어난다, 이것이 하나님의 의지이다. 아버지께서는 그들 모두의 처음과 끝을 아신다. 그들의 끝나는 날에 그분은 그들에게 직접 질문을 할 것이다. 끝이란 것은 아버지이신 숨겨진 분을 알아보는 것이며, 그분에게서 시작이 나왔고, 그분에게서 나온 모든 것은 그분에게로 돌아갈 것이다. 그들은 그분 이름의 영광과 기쁨을 위해 나타났던 것이다.

해석 만유의 근원인 아버지의 무한한 속성에 대한 설명이다. 아버지의 말씀은 아버지의 마음이고 의지이다. 이 의지를 통하여 모든 것이 생겨나지만 사람들은 그 뜻을 알지 못한다. 우리가 아버지를 알아볼 때 분리의 삶은 끝이 나고 우리는 그분에게로 돌아간다. 로고스는 보통 말씀으로 번역되는데 이것의 또 다른 의미는 이성이다.

하느님 이름의 위대한 신비

(35) And the name of the Father is the Son. It is he who, in the beginning, gave a name to him who came forth from him – he is the same one – and he begat him for a son. He gave him his name which belonged to him – he, the Father, who possesses everything which exists around him. He possess the name; he has the son. It is possible for them to see him. The

name, however, is invisible, for it alone is the mystery of the invisible about to come to ears completely filled with it through the Father's agency. Moreover, as for the Father, his name is not pronounced, but it is revealed through a son. Thus, then, the name is great.

Who, then, has been able to pronounce a name for him, this great name, except him alone to whom the name belongs and the sons of the name in whom the name of the Father is at rest, and who themselves in turn are at rest in his name, since the Father has no beginning? It is he alone who engendered it for himself as a name in the beginning before he had created the Aeons, that the name of the Father should be over their heads as a lord - that is, the real name, which is secure by his authority and by his perfect power.

For the name is not drawn from lexicons nor is his name derived from common name-giving, But it is invisible. He gave a name to himself alone, because he alone saw it and because he alone was capable of giving himself a name.

For he who does not exist has no name. For what name would one give him who did not exist? Nevertheless, he who exists also with his name and he alone knows it, and to him alone the Father gave a name. The Son is his name. He did not, therefore, keep it secretly hidden, but the son came into existence. He himself gave a name to him. The name, then, is that of the Father, just as the name of the Father is the Son. For otherwise, where would compassion find a name - outside of the Father?

그런데 아들은 아버지의 이름이다. 그분으로부터 나온 그에게 처음에 이름을 주신 분이 그분이시니, 그(아들)는 그분(아버지) 자신이시며, 그분은 그를 아들로 낳으셨다. 그분은 그분(아들)에게 자신의 이름을 주셨나니, 그분은 주변에 존재하는 모든 것을 소유한 아버지이시다. 그분은 이름이 있고 아들도 있다.

사람들이 그분(아들)을 볼 수는 있으나, 그 이름은 보이지 않는다. 왜냐하면 그것만은 보이지 않는 분의 신비이며, 아버지의 대리인을 통하여 그것(이름)으로 가득 차있는 귀들에게만 다가갈 것이기 때문이다. 아버지의 이름은 발성될 수 없으나, 그것은 아들을 통해 계시된다. 이처럼 그 이름은 위대하다.

그러면 이름이 속하는 그분 외에 누가 그 위대한 이름을 발성할 수 있겠는가? 그리고 아버지의 이름이 이름의 아들들 안에서 안식하고 또 그들이 그분의 이름 안에서 안식하는 그 이름의 아들들 외에는 누가 그 위대한 이름을 발성할 수 있겠는가? 아버지는 시작이 없는 분이시기 때문이다. 그분만이 에온들을 창조하시기 전에 자신을 위해 이름을 낳으신 분이시니, 이는 아버지의 이름이 주님으로서 그들(에온)의 머리 위에 있어야 하는 것이다. 그것은 완전한 권능을 통해 그분의 권위 안에 확고하게 서 있는 진짜 이름이다. 왜냐하면 그 이름은 사전에서 가지고 온 것이 아니고, 이름 지어진 것도 아니기 때문이다. 그것은 보이지 않는다. 그분은 자신에게 그 이름을 주었다. 왜냐하면 그분만이 그것을 보았고 자신에게 이름을 줄 수 있었기 때문이었다.

존재하지 않는 자는 이름이 없다. 존재하지 않은 자에게 어떤 이름이 주어지겠는가? 그러나 그분의 이름과 함께 존재하고 혼자만이 그것을 아는 분(예수)에게만 아버지가 이름을 주었다. 아들이 그분의 이름이다. 그러므로 그분은 그것을 비밀리 숨기지 않으셨고, 아들이 존재하게 되었다. 그분이 그(아들)에게 이름을 부여하였다. 그러므로 아버지의 이름이 아들이듯이, 그 이름은 아버지의 것이다. 그렇지 않다면 자비가 아버지 이외에 어디서 이름을 발견하겠는가?

해석 굉장히 난해한 구문 중 하나이다. 아버지의 이름은 히브리어로 YHVH(요드헤바브헤)이다. 히브리인들은 이 이름이 너무도 위대하여 함부로 발성하지 못하고 주님을 의미하는 아도나이(Adonai)의 모음을 YHVH에 넣어 야훼(여호와)로 불렀다. 신 이름에 대한 신비를 아는 자는 모든 것을 알 수 있는 열쇠를 지녔다고 전해진다.96)

요한복음(17장 11~12)에도 신의 이름에 대한 구절이 나온다. 사람들은 이 구절에 나오는 아버지 이름을 올바르게 해석하지 못한다.

11 나는 이제 세상을 떠나 아버지께 돌아가지만 이 사람들은 세상에 남아 있을 것입니다. 거룩하신 아버지, 나에게 주신 **아버지의 이름**으로 이 사람들을 지켜주십시오. 그리고 아버지와 내가 하나인 것처럼 이 사람들도 하나가 되게 하여주십시오.
12. 내가 이 사람들과 함께 있을 때에는 나에게 주신 아버지의 이름으로 내가 이 사람들을 지켰습니다. 그 동안에 오직 멸망할 운명에 놓인 자를 제외하고는 하나도 잃지 않았습니다. 하나를 잃은 것은 성경 말씀이 이루어지기 위한 것이었습니다.

(36) But someone will probably say to his companion, "Who would give a name to someone who existed before himself, as if, indeed, children did not receive their name from one of those who gave them birth?" Above all, then, it is fitting for us

to think this point over: What is the name? It is the real name.
It is, indeed, the name which came from the Father, for it is he
who owns the name. He did not, you see, get the name on
loan, as in the case of others because of the form in which
each one of them is going to be created. This, then, is the
authoritative name. There is no one else to whom he has given
it. But it remained unnamed, unuttered, 'till the moment when
he, who is perfect, pronounced it himself; and it was he alone
who was able to pronounce his name and to see it.

그러나 누군가는 자신의 동료에게 이렇게 말할 것이다. "누가 자기 자신보다 먼저 존재한 분에게 이름을 부여하겠는가? 이것은 마치 자식들이 자신들을 낳은 이들로부터 이름을 받지 않았다고 말하는 것과 마찬가지일 것이다." 그러면 먼저 우리는 '이름이란 것이 무엇인가?' 하는 문제에 대하여 깊게 생각하는 것이 타당하다. 그것은 진실한 이름이다. 그것은 참으로 아버지로부터 온 이름인데, 왜냐하면 그분이 그것을 소유하기 때문이다. 그러므로 그분은 창조되어질 각자의 형상에 따라 이름을 받는 다른 이들처럼 이름을 빌린 것이 아니다. 이것은 권위 있는 이름이다. 그분에게 그것(이름)을 받은 사람은 없다. 완전하신 그분이 그것을 스스로 발성하실 때까지는 그것은 이름이 붙여지지 않고 말로 표현되지도 않는다. 그리고 그분만이 그의 이름을 발성하고 그것을 볼 수 있었다.

해석 아버지의 이름은 신비 중의 신비이다. 이에 대해서는 본서 2장 1~2절 참고할 것.

(37) When, therefore, it pleased him that his name, which is loved, should be his Son, and he gave the name to him, that is, him who came forth from the depth, he spoke about his secret things, knowing that the Father is a being without evil.(Harold W. Attridge and George W. MacRae의 영어버젼)

For this reason, indeed, he sent this particular one in order that he might speak concerning the place and his place of rest from which he had come forth, and that he might glorify the Pleroma, the greatness of his name and the sweetness of his Father.

Each one will speak concerning the place from which he has come forth, and to the region from which he received his essential being, he will hasten to return once again. And he went from that place - the place where he was - because he tasted of that place, as he was nourished and grew. And his own place of rest is his Pleroma.

사랑받는 그분의 이름이 그분의 아들이라는 사실이 그분을 기쁘게 하였고, 그분이 심연으로부터 온 그(아들)에게 이름을 주었을 때 그분(아들)은 아버지가 악의 없는 존재인 것을 알고는 그분의 비밀에 대하여 이야기하였다.

바로 이 때문에, 그분께서 이 특별한 사람(아들)을 보내셨나니, 이는 그가 자신이 나온 곳이자 자신의 안식처인 곳에 대해 말하도록 하기 위해서이며, 플레로마와, 그분 이름의 위대함과, 아버지의 감미로움을 영광스럽게 하기 위해서였다.

각자는 자신이 나온 곳에 대해 말할 것이며, 자신의 본질적 존재를 받은 영역으로 서둘러 다시 돌아갈 것이다. 그는 자양분을 받으며 자랐던 그 장소를 맛보았기에, 그 장소에서 나왔다.

그의 안식처는 그의 플레로마이다.

해석 신 이름의 신비에 대한 이어지는 이야기이다.

하느님에게 복귀와 안식의 신비

(38) All the emanations from the Father, therefore, are Pleromas, and all his emanations have their roots in the one who caused them all to grow from himself. He appointed a limit.

They, then, became manifest individually in order that they might be in their own thought, for that place to which they extend their thoughts is their root, which lifts them upward through all heights to the Father. They reach his head, which is rest for them, and they remain there near to it so that they say that they have participated in his face by means of embraces. But these of this kind were not manifest, because they have not risen above themselves. Neither have they been deprived of the glory of the Father nor have they thought of him as small, nor bitter, nor angry, but as absolutely good, unperturbed, sweet, knowing all the spaces before they came into existence and having no need of instruction. Such are they who possess from above something of this immeasurable greatness, as they strain towards that unique and perfect one who exists there for them.

그러므로 아버지의 모든 발출물은 플레로마들이며, 모든 발출물은 그들을 자라게 하신 분 안에 뿌리를 가진다. 그분은 그들의 한계를 정하였다.

그래서 그들은 그들 자신들의 생각으로 각자 현시하게 되었다. 그들이 자신들의 생각을 확장하는 곳이 그들의 뿌리인데, 그것이 그들을 최고 높은 곳으로 끌어올려 아버지께 이르게 한다. 그들은 그분의 머리에 이르는데 그 머리가 그들에게 안식이다. 그들은 그분께 아주 가까이 있어서 포옹을 통하여 그분의 얼굴에 접하고 있다고 말할 수 있다. 그러나 그들은 자신들 너머 위로 올라가지 않아서 이런 식으로 드러나지는 않았다. 그들은 아버지의 영광을 훼손하지 않았고, 그분이 하찮다거나, 가혹하다거나, 분노한다고 생각하지 않았다. 그러나 그들은 그분이 절대적으로 선하고 동요하지 않으시며, 온화하시고, 모든 공간이 존재하기 전에 그것들을 아셨고, 가르침이 필요 없는 분이라고 생각하였다. 이처럼 그들은 자신들을 위하여 그곳에 존재하는 유일하고 완전하신 분을 향하여 열정적으로 올라가서, 위로부터 측량할 수 없는 위대함을 얻는다.

해석 우리의 뿌리는 아버지에게 있다. 그러므로 아버지에게 돌아가야 한다. 신에게로 혼의 복귀는 인간의 최종 목적이고 운명이다. 혼의 뿌리에 대한 것은 카발라에 다루는 신비 개념이다.

(39) And they do not go down to Hades. They have neither envy nor moaning, nor is death in them. But they rest in him who rests, without wearying themselves or becoming involved in the search for truth. But, they, indeed, are the truth, and the Father is in them, and they are in the Father, since they are perfect, inseparable from him who is truly good. They lack

nothing in any way, but they are given rest and are refreshed by the Spirit. And they listen to their root; they have leisure for themselves, they in whom he will find his root, and he will suffer no loss to his soul. Such is the place of the blessed; this is their place.

그들은 저승으로 내려가지 않고, 질투하거나 탄식하지도 않으며, 그들에게 죽음도 없다. 그러나 그들은 안식하고 계신 그분 안에서 안식하며, 수고하지도 진리 추구에 골몰하지도 않는다. 오히려 그들 자신이 진리이고. 아버지께서 그들 안에 계시며, 그들은 아버지 안에 있다. 그들은 완전하며, 참으로 선하신 분에게서 분리되지 않고, 결코 부족하지 않기 때문이다. 그들은 안식이 주어지고 성령으로 소생하게 된다. 그들은 그들의 뿌리에 관심을 기울이고 스스로 여유를 즐기고, 그는 자기 뿌리를 발견할 것이며, 영혼의 어떤 손실도 입지 않을 것이다. 이것이 축복받은 자들의 거소이니, 이것이 그들의 거소이다.

해석 아버지 품에 돌아간 영혼은 아버지와 하나가 되고 아버지는 영원한 악식의 장소이다. 이들 영혼은 진리 그 자체가 된다. 이것은 이렇게 표현된다. "아버지께서 그들 안에 계시며, 그들은 아버지 안에 있다." 이것은 요한복음(14:20)의 구절97)과 같다.

(40) For the rest, then, may they know, in their places, that it is not fitting for me, having come to be in the resting-place, to speak of anything else. But it is in it that I shall come to be, and (it is fitting) to be concerned at all times with the Father of the all, and the true brothers, those upon whom the love of

the Father is poured out, and in whose midst there is no lack of him. They are the ones who appear in truth, since they exist in true and eternal life, and (since they) speak of the light which is perfect, and (which is) filled with the seed of the Father, and which is in his heart and in the pleroma, while his Spirit rejoices in it and glorifies the one in whom it existed, because he is good. And his children are perfect and worthy of his name, for he is the Father; it is children of this kind that he loves.(이 부분은 Harold W. Attridge and George W. MacRae 의 영어버전)

안식 장소에 머물게 된 내가 이와 다른 어떤 것에 대하여 이야기하는 것은 적절하지 않다는 것을 사람들이 알았으면 한다. 나는 그것 안에 있게 될 것이며, 거기서 언제나 만유의 아버지와, 아버지의 사랑이 부어져서 부족함이 없는 참된 형제들과 함께 할 것이다. 그들은 진리 안에 나타나는 이들이니, 그들은 진실하고 영원한 생명 안에 있기 때문이다. 그들은 완전하고 아버지의 씨앗으로 가득 찬 빛에 대하여 이야기한다. 그들은 그분의 마음과 플레로마 안에 있는 빛에 대해서 이야기한다. 그분의 영은 그것 안에서 기뻐하고, 그분의 영은 그것이 존재하게 한 그분을 찬미한다. 이는 그분이 선하시기 때문이다. 그분의 자녀들은 완전하여, 그분의 이름을 지닐 자격이 있다. 그분이 아버지이시기 때문이다. 그분은 바로 이런 자녀들을 사랑하신다.

해석 하느님 품안에서 최종적인 안식을 하는 영혼들에 대한 설명이다. 저자는 신과 합일의 상태에 있는 영혼들에 대하여 이야기하면서 진리복음서를 끝낸다.

참고 문헌

(1) 국내도서

권터 보른캄. "바울". 이화여자대학교, 2006(허혁 옮김)
길희성. "보살예수". 현암사, 2004
김경재. "이름 없는 하느님". 삼인, 2002
김용옥. "기독교 성서의 이해". 통나무, 2007
김용옥. "도올의 로마서 강해". 통나무, 2017
김우타. "소리 없는 소리". 두레미디어, 2004
김태항. "카발라의 신비열쇠". 하모니, 2009
김태항. "슬픈 예수". 하모니, 2011
김태항. "도마복음과 카발라". 하모니, 2016
김태항. "카발라와 예수 그리고 성경". 하모니, 2016
달라이라마. "달라이라마 예수를 말하다". 나무심는사람, 1999(류시화 옮김)
도널드 크레이그. "모던매직". 물병자리, 2005(김태항 옮김)
로돌프 카세르 외. "예수와 유다의 밀약". YBM SISA, 2006(김환영 옮김)
루돌프 볼트만. "기독교 초대교회 형성사-서양고대종교사상사". 이화여자대학교출판부, 1993(허혁 옮김)
리 스트로벨. "예수는 역사다". 두란노, 2002(윤관희 외 옮김)
리 스트로벨. "리 스트로벨의 예수 그리스도". 두란노, 2009(홍종락 옮김)
리처드 킥헤퍼. "마법의 역사". 파스칼북스, 2003(김현태 옮김)

마들렌 스코펠로. "영지주의자들". 분도출판사, 2006(이수민 옮김)
마르틴 부버. "하시디즘과 현대인". 현대사상사, 1994(남정길 옮김)
마이클 베이전트 외. "사해사본의 진실". 예담, 2007(김문호 옮김)
마크 털리. "예수의 생애", 문학동네, 2004(윤희기 옮김)
민희식. "성서의 뿌리: 오리엔트 문명과 구약성서". 블루리본, 2008
바트 어만. "성경 왜곡의 역사". 청림출판, 2006(민경식 옮김)
바트 어만. "예수 왜곡의 역사". 청림출판, 2010(강주헌 옮김)
바트 어만. "잃어버린 기독교의 비밀". 이제, 2008(박철현 옮김)
브라이언 랭커스터. "유대교 입문". 김영사, 1999(문정희 옮김)
세 명의 입문자. "헤르메스 가르침". 하모니, 2014(김태항 옮김)
송혜경. "신약외경 상권". 한님성서연구소, 2009
송혜경. "영지주의자들의 성서". 한님성서연구소, 2014
스티븐 횔러. "이것이 영지주의다". 샨티, 2006(이재길 옮김)
아리예 카플란. "성경과 명상", 하모니, 2012(김태항 옮김)
아리예 카플란. "유대명상", 하모니, 2011(김태항 옮김)
아리예 카플란, "카발라 명상". 하모니, 2015(김태항 옮김)
에밀 루드비히. "예수의 전기". 지호, 1998(김문호 옮김)
예후다 베르그. "내 영혼의 빛". 나무와 숲, 2002(구자명 옮김)
예후다 베르그. "신의 72가지 이름". 반디미디어, 2003(윤원섭 옮김)
오강남. "예수는 없다". 현암사, 2005
윌리엄 슈니더윈드. "성경은 어떻게 책이 되었을까". 에코리브르,
　　　 2006(박정연 옮김)
이동진. "제2의 성서". 해누리, 2005
이재길. "성서 밖의 복음서". 정신세계사, 2007
자크 뒤켄. "예수". 바오로딸, 2002(김현주, 피에르 메지니 옮김)
제라르 베시에르. "예수, 사랑의 율법". 시공사,
　　　 2001(변지현 옮김)

제프 벤 시몬 할레비. "카발라". 안그라픽스, 1997(박태섭 옮김)
조찬선. "기독교 죄악사". 평단출판사, 2000
찰스 폰스. "카발라". 물병자리, 1997(조하선 옮김)
티모시 프리크, 피터 갠디. "예수는 신화다". 동아출판사,
　　　2002(승영조 옮김)
티모시 프리크. "웃고 있는 예수: 종교의 거짓말과 철학적 지혜".
　　　어문학사, 2009(유승종 옮김)
폴 존슨. "유대인의 역사". 살림, 2005(김한성 옮김)
허셀 셍크스. "사해 두루마리의 미스터리와 의미". 경서원,
　　　2007(허종열 옮김)

(2) 외국 도서

Aivanhov, Omaraam. "The Fruits of The Tree of Life". Los
　　　Angeles: Prosveta, 1989
Ahmed, Rollo. "The Black Art". London: Senate, 1994
Barnstone, Willis. "The Other Bible", New York:
　　　HarperSanFrancisco, 1984
Berg, Michael. "The Way: Using Wisdom of Kabbalah for Spiritual
　　　Transformation and Fulfillment". Hoboken: John Wiley &
　　　Sons, Inc, 2001
Berg, Rabbi. "Reincarnation: Wheel of a Soul". New York: The
　　　Kabbalah Learning Centre, 1991
Berg, Rabbi. "Kabbalah for the Layman". New York: The Kabbalah
　　　Learning Centre, 1991
Berg, Yehuda. "The 72 Names of God: Technology for soul". New
　　　York: The Kabbalah Centre, 2003

Berg, Yehuda. "True Prosperity", New York: The Kabbalah Centre, 2005

Cooper, David A. "God is a Verb: Kabbalah and the Practice of Mystical Judaism". New York: Riverhead Books, 1997

Dan, Joseph & kiener Ronald. "The Early kabbalah", New York: Paulist Press. 1986

Doreal, M. "Four Gospels: An Interpretation". Denver: Brotherhood of the White Temple, 1942

Doreal, M. "The Occult and Mystery teachings of Jesus". Denver: Brotherhood of the White Temple.

Doreal, M. "The life of Jesus". Denver: Brotherhood of the White Temple.

Doreal, M. "Sepher Yetzirah: The book of Creation". Denver: Brotherhood of the White Temple, 1941

Doreal, M. "Mystical teachings in the gnostic works concerning Jesus and the mytery" Denver: Brotherhood of the White Temple, 1958.

Doreal, M. "The Kabbala(1~3)". Denver: Brotherhood of the White Temple, 1960

Dunn, James D. "Window of the Soul: The Kabbalah of Rabbi Isaac Luria". San Francisco: Red Wheel/Weiser, LLC, 2008

Fortune Dion. "The Mystical Qabalah". Maine: Samuel Weiser, Inc. 2000

Frank, Adolphe. "The Kabalah. Trans. John C. Wilson". New York: University Books. 1967

Gawin Shakti. "Creative Visualization". CA: New World Library. 1995

Goleman, Daniel. "The Meditative Mind". New York: Putnam Book, 1988

Goodrick-Clarke, Nicholas. "The Western Esoteric Traditions". Oxford: Oxford University Press, 2008

Green, Nan F. "Discovering Jewish Meditation". Woodstock, Vermont: Jewish Lights Publishing, 1999

Guiley, Rosemary. "Harper's Encyclopedia of Mystical and Paranormal Experience". Edison, NJ: Castle Books, 1991

Hall, Manly P. "The Secret Teachings of All Ages". New York: Penguin, 2003

Hauck, Dennis, "Alchemy", New York: Penguin Group, 2008

Holroyd, Stuart. "The Elements of Gnosticism", Rockport: Element, 1994

Hoffman, Eward. "The Wisdom of Maimonides". Boston: Trumpeter Books, 2008

Kalisch, Isidor. "Sepher Yezirah". New York: L. H. Frank & CO., Publishers and Printers, 1877

Kaplan, Aryeh. "Meditation and Kabbalah". York Beach, ME: Samuel Weiser, Inc. 1982

Kaplan, Aryeh. "Jewish Meditation: A Practical Guide". New York: Schocken Books Inc, 1985

Kaplan, Aryeh. "Sepher Yetzirah: In theory and Practice". York Beach, ME: Samuel Weiser, Inc. 1997

Kaplan, Aryeh. "Meditation and the Bible". York Beach, ME: Samuel Weiser, Inc. 1978

Kaplan, Aryeh. "Kabbalah and The age of the Universe". USA: BN Publishing. 2007

Kaplan, Aryeh. "The Bahir". York Beach, ME: Samuel Weiser, Inc. 1979

Kraig, Donald. "Modern Magick: Eleven Lessons in the High Magickal Arts". St. Paul, MN: Llewellyn Publications, 2002

Kurzweil, Arthur. "Kabbalah for Dummies". Hoboken, NJ: Wiley Publishing, Inc. 2007

Laitman, Michael. "A Guide to The Hidden Wisdom of Kabbalah".

Ont, Canada: Laitman Kabbalah Publisher, 2002

Levi, Eliphas. "Transcendental Magic(Translated by Arthur E. Waite)". York Beach, ME: Samuel Weiser Books. 2001

Levi, Eliphas. "The History of Magic(Translated by Arthur E. Waite)". York Beach, ME: Samuel Weiser Books. 2001

Mathers, MacGregor. "The Kabbalah Unveiled". York Beach, ME: Samuel Weiser, Inc. 1970

Mathers, MacGregor. "The key of Solomon the King(Translated and edited from manuscripts in the British Museum)". York Beach, ME: Samuel Weiser, Inc. 1989

Matt, Daniel C. "Zohar; The Book of Enlightenment". New Jersey: Paulist Press, 1983

Matt, Daniel C. "The Essential Kabbalah". New York: HaperOne, 1995

Murphy, Joseph. "The Power of Your Subconscious Mind". New Jersey: Prentice Hall, 1963

Nataf, Andre. "Dictionary of the Occult(Translated from the French by John Davidson)". Hertfordshire: Wordsworth Editions Ltd. 1994

Oliver, Charles. "Handbook of Magic & Witchcraft". London: Senate, 1996

Parfitt, Will. "The Element of The Qabalah". Rockport, MA: Element Books, 1991

Ponce, Charles. "Kabbalah: An Introduction and Illumination for the World Today". Wheaton, IL: Quest Books, 1995

Regarie, Israel. "The Middle Pillar". St. Paul, MN: Llewellyn Publications, 1970

Regarie, Israel. "The Tree of Life: a Study in Magic". York Beach, Maine: Samuel Weiser, Inc. 1972

Regarie, Israel. "A Garden of Pomegranates: An Outline of the

Qabalah", St. Paul, Minnesota, Llewellyn Publishings, 1987

Ribner, Melinder. "Everyday Kabbalah". New York: Kensington Publishing, 1998

Ribner, Melinder. "New Age Judaism: Ancient Wisdom for the Modern World". Florida: Simcha Press, 2000

Robinson, James M. ed., "The Nag Hammadi Library In English", New York: HaperOne. 1988

Scholem, Gershom. "Kabbalah". New York: Penguin Books, 1978

Scholem, Gershom. "Origins of the Kabbalah(독일어의 영어 번역본 임)". The Jewish Publication Society, 1987

Waite, Arthur Edward. "The Book of Ceremonial Magic". New York: Carol Publishing Group, 1994

Waite, Arthur Edward. "The Holy Kabbalah". Hertfordshire, England: Oracle Publishing Ltd. 1996

Wescott, W.W. "Sepher Yetzirah".
(ttp://www.mdconnect.net/~xe/qabalah/sefer_yetzirah/versions.php)

Yudelove, Eric Steven. "The Tao & The Tree of Life". Minnesota: Llewellyn Publications, 1996

Ziranda. "Symbolism of the life of Jesus". Denver: Brotherhood of the White Temple,

부 록

도마복음(The Gospel of Thomas)98)

이 가르침은 살아있는 예수께서 말씀하신 비밀의 말씀이며 디디모스 유다 도마가 기록한 것이다.

1 예수께서 말씀하시길, "누구든지 이 비밀 말씀의 뜻을 깨닫게 되는 자는 죽음을 경험하지 않으리라."

2 예수께서 말씀하시길, "구하는 자는 찾을 때까지 구함을 멈추지 말라. 그가 찾게 될 때 불안하게 될 것이요, 그 불안은 놀라움으로 바뀔 것이며 마침내 그는 모든 것을 지배하리라."

3 예수께서 말씀하시길, "만약 너희 인도자들이 너희에게, '보라 천국이 하늘에 있노라'고 말한다면 공중의 새들이 너희를 앞설 것이요, 만일 그들이 '천국이 바다에 있노라'고 한다면 물고기들이 너희를 앞설 것이니라. 오히려 천국은 너희 안에도 있으며 너희 바깥에도 있느니라. 너희가 네 자신을 알게 되면 너희는 알려질 것이요 살아계신 아버지의 자녀가 자신임을 깨닫게 되리라. 그러나 자신을 모른다면 빈곤 가운데 사는 것이며 빈곤 그 자체이니라."

4 예수께서 말씀하시길, "오래 산 노인은 일곱 날 된 아이에게 기꺼이 생명의 장소가 어디 있는지 물을 것이며 그래서 노인은 살 것이다. 먼저 온 사람 들 중 많은 이가 마지막까지 남을 것이며 마침내 하나가 될 것이다."

5 예수께서 말씀하시길, "너희 눈앞에 있는 것이 무엇인지 알라. 그리하면 네게서 감추어진 것이 드러나리라. 감추어진 것은 모두 드러나기 때문이니라."

6 제자들이 예수에게 묻기를, "저희가 금식하기를 원하십니까? 어떻게 기도해야 합니까? 저희가 자선을 베풀어야 하나요? 어떤 음식을 삼가 해야 합니까?" 예수께서 말씀하시길 "거짓말하지 말라! 그리고 너희가 미워하는 일을 하지 말라! 모든 것은 천국 앞에 드러나기 때문이다. 감추어지고 가려진 것은 드러날 것이기 때문이다."

7 예수께서 말씀하시길, "사람이 사자를 먹고 사자가 사람이 되는 것은 축복받을 일이고 사자의 먹이가 되는 사람은 저주스러운 일이도다. 이 또한 사자는 사람이 된다."

8 예수께서 말씀하시길, "그 사람은 그물을 바다에 던져 작은 물고기를 가득 잡아 올리는 지혜로운 어부 같도다. 지혜로운 어부는 그 가운데서 크고 좋은 물고기 한 마리를 찾아내어 나머지 작은 물고기들을 바다에 되던져 넣고 어려움 없이 그 큰 물고기를 선택하였느니라. 귀 있는 자들은 들어라!"

9 예수께서 말씀하시길, "씨 뿌리는 자가 한 주먹의 씨를 가지고 나가 뿌리니 어떤 것은 길 위에 떨어져 새들이 와서 씨들을 모았고 어떤 것은 돌 위에 떨어져 흙 속에 뿌리내리지 못하여 이삭을 내지 못하였느니라. 어떤 것은 가시가 있는 관목 위에 떨어져 자라지 못하고 말라버려 벌레가 먹어버렸고 어떤 것은 좋은 땅에 떨어져 좋은 곡식을 내어 육십 배 또 백이십 배의 결실을 맺었느니라."

10 예수께서 말씀하시길, "나는 이 세상에 불을 던졌노라. 보라, 이 것이 타오를 때까지 내가 지키고 있노라."

11 예수께서 말씀하시길, "이 하늘은 사라질 것이요 그 위의 하늘도 사라질 것이니라. 죽은 자는 살지 아니하고 산 자는 죽지 아니하리라. 너희가 죽은 것을 먹던 그 시절에 너희는 죽은 것을 살게 했느니라. 너희가 빛 가운데 머물 때 무엇을 하겠느냐? 너희가 하나였던 그날에 너희는 둘이 되었노라. 그러나 너희가 둘이 될 때 무엇을 하겠느냐?"

12 제자들이 예수께 이르되, "그대가 우리를 떠날 것을 아나이다. 그러면 누가 우리의 지도자가 되겠나이까?" 예수께서 말씀하시길, "그대가 어디에 있든지 의인 야고보에게 가거라. 그를 위하여 하늘과 땅이 생겨났노라."

13 예수께서 제자들에게 말씀하시길, "나를 다른 것에 견주어서 내가 무엇과 같은지 말해보라."
시몬 베드로가 예수께 대답하길, "당신은 의로운 신의 사자(使者) 같나이다."
마태가 대답하길, "당신은 지혜로운 철학자 같나이다."
도마가 대답하길, "스승이시여, 저는 당신이 무엇과 같은지 제 입으로는 아무것도 말할 수 없나이다."
예수께서 말씀하시길, "나는 너의 스승이 아니니라. 너는 취했고, 내가 측량하여 부여한 솟아나는 샘물로 네가 도취되었기 때문에 그러하느니라."
그리고 예수께서 도마를 데리고 물러나서는 그에게 세 가지를 말씀하셨다. 도마가 동료들에게 돌아왔을 때에 그들이 "예수께서 그대에게 무엇을 말씀하셨는가요?"하고 물었다.
도마가 그들에게 말하길, "만약 그 분께서 나에게 하신 말씀을 그대들에게 하나라도 말한다면, 그대들은 돌을 집어 나를 치겠고 그러면 돌에서 불이 나와 그대들을 불살라버릴 것이오."

14 예수가 말씀하시길, "그대들이 금식하면 자신에게 죄를 불러올 것이며, 그대들이 기도하면 비난받을 것이며, 그대들이 자선을 베푼다면 그대 영혼에 해가 될 것이니라. 그대들이 어느 지역을 방문하든 그 지역 사람들의 초대를 받는 경우 그들이 제공하는 음식을 먹을 것이며 아픈 사람들을 치료하라. 입으로 들어가는 것이 그대들을 더럽히는 것이 아니라 그대들 입에서 나오는 것이 그대들을 더럽히기 때문이니라."

15 예수께서 말씀하시길, "여자에게서 태어나지 않은 사람을 보거든 머리를 숙이고 경배하라. 그분이 바로 하느님 아버지이시다."

16 예수께서 말씀하시길, "세상 사람들은 내가 이 세상에 평화를 주기 위하여 온 것으로 알고 있으나 내가 세상에 불과 검과 전쟁이라는 분쟁을 주러 온 줄 모르고 있도다. 왜냐하면 집안에 다섯 사람이 있는데 세 사람이 두 사람과 다투고 두 사람은 세 사람과 다투고 아버지는 아들과 아들은 아버지와 다툴 것이기 때문이다. 그래서 그들은 서로 분리되어 있을 것이다."

17 "나는 그대에게 어떤 눈도 보지 못했고 어떤 귀도 듣지 못했고 어떤 손도 만지지 못했으며 누구도 생각한 적이 없는 것을 주겠노라."

18 제자들이 예수께, "우리의 끝(종말)이 어떠할지 말씀해 주십시오!"라고 하니 예수께서 말씀하시길, "그대들이 끝(종말)을 알려고 하는데, 그러면 시작(태초)은 발견하였는가? 왜냐하면 시작(태초)이 있는 곳에 끝(종말)이 있기 때문이니라. 시작(태초)에서 자신의 자리를 차지할 사람은 복이 있나니, 그는 끝(종말)을 알게 될 것이며 죽음을 경험하지 않을 것이다."

19 예수께서 말씀하시길, "자신이 생겨나기 전에 존재한 자, 그대는 복되도다. 만약 그대들이 나의 제자가 되어 내 말에 귀 기울이면 이 돌들이 그대들을 섬기리라. 이는 그대들을 위하여 여름과 겨울에도 변치 않으며 잎사귀들도 떨어지지 않는 낙원의 다섯 나무들이 있기 때문이니라. 이 나무를 아는 사람은 누구나 죽음을 맛보지 아니하리라."

20 제자들이 예수에게 여쭈었다. "천국은 무엇과 같은지 말씀해 주십시오." 예수께서 말씀하시길, "천국은 겨자씨 같도다. 씨 중에 가장 작은 씨이나 좋은 토양에 떨어지면 커다란 식물로 자라 공중을 날아다니는 새들의 보금자리가 되는 것과 같도다."

21 마리아가 예수에게 말했다. "그대의 제자들은 누구와 같습니까?" 예수께서 말씀하시길, "그들은 남의 밭에 거주하는 아이들과 같도다. 밭의 주인들이 돌아와, 밭을 돌려달라고 말하면 아이들은 주인에게 밭을 돌려주기 위하여 그들 앞에서 옷을 벗을 것이다. 그러므로 나(예수)는 말하노라. 만약 집주인이 도둑이 올 것을 안다면, 미리 경계를 서서 도둑이 집안으로 침입하여 자신의 재산을 가져가지 못하게 할 것이다. 이처럼 그대는 세상을 경계하라. 도둑이 그대에게 오지 못하도록 스스로 힘을 갖추어라. 그대가 예견하는 고난이

필히 현실이 될 것이다. 그대들 중에 한 사람이라도 이해하는 자가 있기를 바라노라. 곡식이 익으매 그는 속히 낫을 가지고 추수하였도다. 누구든지 들을 귀 있는 자들은 명심해 들어라."

22 예수께서 젖먹이 아기들을 보고는 제자들에게 "이 아이들은 천국에 들어가는 자들과 같도다."라고 말씀하셨다. 그러자 제자들이 "그러면 우리도 어린아이처럼 하늘나라에 들어가겠나이까?"라고 물었다.
예수께서 제자들에게 말씀하시길, "너희가 둘을 하나로, 안을 바깥처럼, 바깥을 안처럼, 위를 아래처럼 만들 때, 남자와 여자를 하나로 만들어 남자는 남자가 아니고 여자는 여자가 아닌 것으로 만들 때, 눈이 있는 자리에 눈들을, 손이 있는 자리에 손을, 발이 있는 자리에 발을, 닮은 것이 있는 자리에 닮은 것을 만들 때, 그대들은 천국에 들어가리라."

23 예수께서 말씀하시길, "나는 천 명 중에 한 명을 만 명 중에 두 명을 선택할 것이며 그들은 하나로 서 있을 것이다."

24 제자들이 "당신이 계신 곳을 우리에게 보이소서. 이는 우리가 그곳을 찾아야하기 때문입니다."라고 물었다. 그러자 예수께서 말씀하시길, "귀 있는 누구든 들어라! 빛의 사람 안에 빛이 있고 그 사람은 온 세상을 비추느니라. 만약 그가(그것이) 빛나지 않는다면 그 사람은 암흑이니라."

25 예수께서 말씀하시길, "그대 형제를 그대 영혼처럼 사랑하고 그대 눈동자처럼 보호하라."

26 예수께서 말씀하시길, "그대는 형제 눈에 있는 티끌을 보면서 자신의 눈에 있는 들보는 보지 못하도다. 그대 눈의 들보를 빼버리면 그때야 눈이 밝아져 형제 눈에 있는 티끌을 빼버릴 수 있느니라."

27 "세상에 대하여 금식하지 않는다면 천국을 찾지 못할 것이니라. 안식일을 안식일답게 지키지 못한다면 아버지를 보지 못할 것이니라."

28 예수께서 말씀하시길, "나는 세상 한가운데 와서 육체로 사람들에게 나타났노라. 나는 사람들 모두가 취했음을 알았고 그들 어느 누구도 목말라 하지 않았노라. 내 영혼은 사람들의 아들들 때문에 마음 아팠노라. 그들은 마음의 눈이 멀어 앞을 보지 못하고 빈손으로 세상에 와서 빈손으로 세상을 떠나려하기에 그랬노라. 그러나 지금 당장은 취해 있겠으나 그들이 자신들의 포도주를 던져버릴 때 비로소 그들은 (잘못을) 회개할 것이니라."

29 예수께서 말씀하시길, "영혼 때문에 육체가 생겨났다면 이것은 경이로운 일이로다. 그러나 육체 때문에 영혼이 생겨났다면 이것은 경이 중의 경이로다. 이 위대한 부(富)가 이처럼 가난 속에 자신의 거소를 만들었다는 것이 참으로 놀랍도다."

30 예수께서 말씀하시길, "신이 셋 있는 곳에 신이 있도다. 둘 또는 하나의 신이 있는 곳에 나는 그것과 함께 하노라."

31 예수께서 말씀하시길, "예언자는 자신의 고향에서 환영받지 못하고 의사는 자신을 아는 사람을 치유하지 못하노라."

32 예수께서 말씀하시길, "높은 산위에 단단하게 세워진 도시는 무너지지도 않고 숨겨질 수도 없도다."

33 예수께서 말씀하시길, "그대가 듣게 될 것을 지붕위에 서서 (사람들에게) 전하라. 등불을 켜서 감추거나 숨겨진 곳에 두는 사람은 없기 때문이다. 오히려 사람들은 등불을 받침대에 두어 오가는 모든 사람들이 그 빛을 보도록 한다."

34 예수께서 말씀하시길, "소경이 소경을 인도하면 둘 다 구덩이에 빠질 것이니라."

35 예수께서 말씀하시길, "힘이 센 사람의 집에 들어가 강제로 집을 차지하려면 먼저 그의 손을 결박하여야 한다. 그러면 그의 집을 약탈할 수 있느니라."

36 예수께서 말씀하시길, "밤낮으로 무엇을 입을 것인 지 걱정하지 말라."
이 구절은 나그함마디의 콥트어 사본의 내용이고 옥시링쿠스에서 발견된 그리스 사본에는 좀 더 긴 내용이 나온다.
예수께서 말씀하시길, "밤낮으로 무엇을 먹을까, 무엇을 입을까 염려하지 말라. 그대들은 실을 잣지도 않고 길쌈도 하지 않는 백합보다 더욱 귀하니라. 그대들에게 의복이 없을 때 무엇을 입겠느냐. 누가 그대 키를 크게 하겠느냐. 바로 그분이 그대들에게 의복을 주실 것이니라."

37 제자들이 묻기를 "당신은 언제 우리에게 정체를 드러낼 것이며 언제 우리가 그런 당신을 볼 수 있겠나이까?" 예수께서 말씀하시길,

"그대들이 어린아이처럼 부끄럼 없이 옷을 벗어 집어 들고는 발밑에 두고 밟을 때 그대들은 살아있는 분의 아들을 보게 될 것이며 두려워하지 않을 것이다."

38 예수께서 말씀하시길, "그대들은 여러 차례 내가 그대들에게 전하고자 하는 이런 말들을 듣고 싶어 하였도다. 이런 가르침을 그대들에게 전해 줄 사람은 아무도 없도. 그대들이 나를 찾는 날이 있겠지만 나를 찾지는 못할 것이니라."

39 예수께서 말씀하시길, "바리세인들과 학자들이 지식(영지)의 열쇠들을 취하여 감추었느니라. 그들 자신도 들어가지 않으며 들어가기를 원하는 자들도 들어가도록 허용치 않느니라. 그러나 그대들은 뱀들처럼 지혜롭고 비둘기들처럼 순수하라."

40 예수께서 말씀하시길, "포도나무가 아버지에게서 떨어져 나와서 심어졌으나 튼튼하지 못하여 뿌리째 뽑히어 파괴 될 것이다."

41 예수께서 말씀하시길, "가진 자는 더 많이 받을 것이며 가진 것이 없는 사람은 자신이 가진 작은 것 마저 빼앗길 것이니라."

42 예수께서 말씀하시길, "지나가는 사람이 되라."

43 제자들이 예수께 묻되, "우리에게 이러한 것들을 말씀하시는 당신은 누구시나이까?" 예수께서 말씀하시길 "그대들은 내가 그대들에게 말해주는 것을 듣고도 내가 누구인지 알지 못하도다. 그러나 그대들은 유대사람과 같아졌으니 이는 그들이 나무는 사랑하되 그 열매는 미워하거나 열매는 사랑하되 나무를 미워하기 때문이니라."

44 예수께서 말씀하시길, "아버지에 불경(不敬)을 저지르는 사람은 용서받을 것이며 그 아들에게 불경을 저지르는 사람도 용서받을 것이나 성령에게 불경을 저지르는 사람은 지상에서나 하늘에서 용서받지 못할 것이다."

45 예수께서 말씀하시길, "가시나무에서 포도를 엉겅퀴에서 무화과를 수확하지 못하느니라. 이는 이들이 과실을 산출하지 못하기 때문이니라. 선한 자들은 자신의 창고에서 좋은 것을 가져오고 악한 자는 그들 마음속의 악한 창고에서 악한 것을 가져오고 악한 것을 말하느니라. 이는 그 마음에 넘쳐나는 악으로부터 그들이 나쁜 것을 가져옴이라."

46 예수께서 말씀하시길, "아담으로부터 세례 요한까지 여자에게서 태어난 사람들 가운데 세례 요한보다 더 위대한 자가 없으니, 왜냐하면 그의 눈이 파괴되지 않았기 때문이니라. 그러나 너희 가운데 어린아이가 되는 사람은 누구든지 왕국을 알게 될 것이며 요한보다 위대하게 될 것이라고 나는 말하였느니라." (46절은 Blatz 영어 본 사용)

47 예수께서 말씀하시길, "한 사람이 두 말을 탈 수 없고 두 활을 구부릴 수 없느니라. 그리고 한 종이 두 주인을 섬길 수 없나니 두 주인을 섬긴다면 한 주인을 공경하고 다른 주인을 얕잡아 보는 것이 되느니라. 오래된 포도주를 마시고 즉시 새 포도주를 마시기를 원하는 사람은 없나니. 새 포도주는 오래된 포대에 넣지 않으니 이는 포대가 찢어질 수 있기 때문이요, 오래된 포도주를 새 포대에 넣지 않으니 이는 새 포대가 상할 수 있기 때문이니라. 낡은 헝겊으로 새 옷을 기우지 않으니 이는 새 옷이 찢어질 수 있기 때문이

니라."

48 예수께서 말씀하시길, "만약 두 사람이 한 집안에서 서로 평화롭게 지낼 수 있다면 그들이 산더러 '여기서 움직여라' 하면 산이 움직이리라."

49 예수께서 말씀하시길, "혼자이며 선택받는 자는 복이 있나니 천국을 찾을 것이니라. 그대는 거기로부터 왔으며 거기로 돌아갈 것이니라."

50 예수께서 말씀하시길, "사람들이 '당신들은 어디서 왔느냐?'고 물으면 '우리는 빛에서 왔으며 빛이 스스로 생겨나기 시작하여 스스로 형성되고 형상으로 나타난 그곳에서 왔노라' 대답하라. 사람들이 '그것이 당신이냐?'고 묻거든 '우리는 그것의 자녀들이며 살아계신 아버지의 택함을 입은 자들이라' 말하라. 만약 그들이 '당신 안에 아버지가 존재한다는 증거가 어디 있느냐?' 하면 사람들에게 말하라 '그것은 움직임과 휴식이라' 말하라."

51 제자들이 예수께 말씀드리길, "죽은 자의 휴식은 언제 오며 언제 새로운 세계가 오나이까?" 예수께서 제자들에게 말씀하시길, "그대들이 기대하고 있는 것은 이미 왔으나 그대들이 단지 알아보지 못할 뿐이니라."

52 제자들이 예수에게 말씀드리길, "이스라엘에서 24명의 예언자가 말씀하였고 그들 모두는 당신에 대하여 말하였나이다." 예수가 말씀하시길, "그대들은 그대들 앞에 있는 살아있는 자를 빠트리고 죽은 자에 대하여 말하고 있도다."

53 제자들이 예수께 말씀드리길, "할례가 유익하나이까?" 예수가 제자들에게 말씀하시길, "할례가 유익하다면 그들 아버지가 어머니 뱃속에서 이미 할례가 되어 태어나도록 하였을 것이다. 영(靈)으로 하는 할례가 참으로 유익하도다."

54 예수께서 말씀하시길, "가난한 자는 복이 있나니 하늘의 왕국이 그들 것이니라."

55 "자신의 아버지나 어머니를 미워하지 않는 사람은 나의 제자가 될 수 없도다. 자신의 형제자매를 미워하지 않는 사람과 나처럼 자신의 십자가를 짊어지지 않은 사람은 나에게는 가치 없는 사람이니라."

56 예수께서 말씀하시길, "이 세상을 이해하게 되면 누구든지 시체를 발견하며 시체를 발견한 사람은 누구든지 이 세상보다 위대하느니라."

57 예수께서 말씀하시길, "아버지 왕국은 좋은 씨를 가진 사람과 같도다. 그 사람의 적이 밤에 와서 좋은 씨 사이에 잡초를 뿌렸노라. 그 사람은 일꾼들에게 잡초를 뽑지 말도록 하였도다. 그 사람은 일꾼들에게 '그대들이 잡초를 뽑으려다 잡초사이에 있는 밀을 뽑지는 않을까 걱정이 되노라.'라고 말하였노라. 추수하는 날에 잡초는 쉽게 눈에 띌 것이며 잡초는 뽑혀서 불살라질 것이니라."

58 예수께서 말씀하시길, "고생하여 생명을 발견한 자는 복이 있도다."

59 예수께서 말씀하시길, "그대들이 살아있는 동안 살아있는 분을 모셔라. 죽어서 그분을 보려 해도 볼 수 없게 되지 않도록 하라."

60 제자들은 유대 땅으로 가는 도중에 양을 운반하는 사마리아인을 보았다. 예수께서 제자들에게 말씀하시길, "저 사람은 양을 가지고 무엇을 할 것인가?" 하니, 제자들이, "양을 죽여 먹으려고 그럽니다."라고 하자 예수께서 "양이 살아있는 동안은 양을 먹지 못할 것이니라. 양을 죽였을 때 비로소 사체가 되노라(그래서 먹을 수 있도다)."
제자들이 "그는 다른 방법(먹기 위해서 죽이는 것 이외의 다른 방법)이 없을 겁니다."라고 말하였다. 그러자 예수께서 "시체가 되어 먹혀지지 않도록 그대들도 자신을 위한 휴식장소를 구하라."고 말씀하였다.

61 예수께서 말씀하시길, "두 사람이 한 침대에서 쉬고 있는데, 한 사람은 죽고 다른 한 사람은 살 것이니라." 살로메가 묻기를 "당신은 누구시기에 저의 침상에 올라와 식탁에서 식사를 하셨나이까?" 예수께서 그녀에게 말씀하시길,
"나는 나누어지지 않은 분으로부터 온 자이니라. 나에게 아버지 일의 일부가 주어졌노라."
(살로메) "저는 당신의 제자입니다."
(예수) "그러므로 내가 말하노니, 그가 파괴되지 않는다면 빛으로 채워질 것이나 그가 나누어진다면 어둠으로 채워질 것이니라."

62 예수께서 말씀하시길, "나의 비밀을 받을만한 가치 있는 자들에게만 나의 비밀을 말하노라. 그대 오른손이 하는 일을 왼손이 알지 못하도록 하라."

63 예수께서 말씀하시길, "많은 돈을 가진 부자가 있었느니라. 그가 '내가 나의 돈을 들여 씨를 뿌리고 길러서 수확하여 창고에 가득 채워 아무런 부족함이 없게 하리라.' 생각하였으나 그날 밤 그는 죽었느니라. 여기 귀 가진 자들은 들으라."

64 예수께서 말씀하시길, "어떤 사람이 손님을 초대하였느니라. 저녁 만찬을 준비한 다음, 하인을 보내어 손님들을 모셔오게 하였느니라. 하인이 첫 번째 손님에게 가서, '저희 주인님께서 당신을 초대했습니다.'라고 말했으나 그 사람이 '상인들에게 청구할 것이 있는데 그들이 오늘밤에 나를 찾아 올 것이요. 나는 가서 그들에게 지시를 해야 하겠으므로 초대에 응하지 못하겠소. 만찬에서 나를 제외시켜달라고 전하시오.'라고 말하였느니라. 이에 그 하인이 다음 손님에게 가서 그에게
'저희 주인님께서 당신을 초대했습니다.'라고 말하였으나 그 사람이 하인에게, '나는 방금 집을 한 채 샀는데 그것 때문에 바빠서 시간을 낼 수 없소'라고 하였느니라. 그 하인이 또 다른 손님에게 가서, '저희 주인님께서 당신을 초대하였습니다.'라고 하였으나 그 사람이 말하기를, '내 친구가 곧 결혼을 할 예정이므로 내가 연회를 준비해야하므로 가지 못하겠소. 만찬에서 나를 제외시켜달라고 전하시오.'라고 말했느니라. 이에 하인이 다시 다른 사람에게 가서 말하기를, '저희 주인님께서 당신을 초대했습니다.'라고 했으나 그 사람이 하인에게, '나는 농장을 하나 샀는데 그 소작료를 받으러 가야하므로 가지 못하겠소. 나를 제외시켜 달라고 전하시오.'라고 했느니라.
이에 그 하인이 돌아가 주인에게, '주인께서 만찬에 초대하신 사람들이 모두 핑계를 대며 그 초대를 거절했나이다.'라고 하니 주인이 하인에게, '거리로 나가서 그대가 길에서 만나는 사람들을 데려와 그들이 만찬을 즐기게 하라.'고 했느니라. 장사꾼과 상인들은 내 아

버지의 집에 들어가지 못할 것이니라."

65 예수께서 말씀하시길, "포도원을 소유한 선한 사람이 있었느니라. 그는 포도밭을 몇몇 농부들에게 소작을 주어 그 대가로 수확물을 거두려 하였느니라. 그가 소작료를 받고자 하인을 농부들에게 보냈으나 그들은 하인을 붙잡아 심하게 때렸느니라. 하인이 돌아와 주인에게 일어난 일을 보고하였노라. 주인이 말하길, '아마 하인을 농부들이 몰라보았으리라.'하고는 다른 종을 보내었다. 농부들이 마찬가지로 그를 때렸느니라. 그러자 주인은 자신의 아들을 보내며 말하길, '아마 그들이 나의 아들에게는 경의를 표하리라.'고 하였다. 이는 그 농부들이 그가 포도원의 상속자임을 알고 있었기 때문이니라. 그러나 농부들이 그 아들을 붙잡아죽였도다. 귀 있는 자는 들으라."

66 예수께서 말씀하시길, "건축자들이 버린 돌을 내게 보여 주거라. 이것이 바로 주춧돌이도다."

67 예수께서 말씀하시길, "모든 것을 알되 자기 자신을 모르는 사람은 아무것도 모르는 사람이니라."

68 예수께서 말씀하시길, "미움 받고 박해받을 때 복이 있나니. 그대들이 박해받는 장소에서 그들은 아무 장소도 찾지 못하리라."

69 예수께서 말씀하시길, "자신들 내면에서 박해받는 자들은 복이 있나니, 그들이 진실로 하늘에 계신 아버지를 알게 된 사람들이니라. 배고픈 자들은 복이 있나니, 그들의 배고픔은 채워질 것이니라."

70 예수께서 말씀하시길, "그대 안에 있는 것을 열매 맺게 한다면

그것이 그대를 구원할 것이며 그대 안에 그것을 가지지 않는다면 그대가 가지지 않은 그것이 그대를 죽일 것이니라."

71 예수께서 말씀하시길, "나는 이 집을 헐겠으니 아무도 이것을 짓지 못할 것이니라."

72 한 사람이 예수께, "나의 형제들에게 말씀하시어 내 아버지의 재산을 나와 나누도록 해주소서."라고 요청하자, 예수께서 그 사람에게 말씀하시길, "이 사람아, 누가 나를 나누는 자로 만들었는가?" 하시고는 제자들에게 돌아서서 "나는 나누는 자가 아니로다. 그렇지 아니한가?"라고 말씀하셨다.

73 예수께서 말씀하시길, "추수할 것은 많되 추수할 일꾼이 적으니, 들판으로 일꾼들을 급히 보내달라고 주님에게 청하라."

74 그분이 말씀하시길, "주여, 우물가에 많은 이들이 둘러 모여 있으나, 우물 안에는 아무 것도 없나이다."

75 예수께서 말씀하시길, "많은 이들이 문 앞에 서있으나, 홀로된 자만이 신방에 들어가리라."

76 예수께서 말씀하시길, "아버지의 나라는 많은 물건을 가지고 있던 중에 진주 하나를 발견한 장사꾼과 같도다. 그 장사꾼은 현명한 사람이어서 가지고 있던 모든 물건을 팔아서는 자기 자신을 위하여 단지 진주 하나만을 샀느니라. 그러므로 그대도 벌레가 먹지 않고 좀도 슬지 않는 곳에 영원히 존재하는 그런 보물을 찾으라."

77 예수께서 말씀하시길, "나는 모든 것들 위에 있는 빛이며 나는 전체이니라. 나로부터 모든 것이 나왔고, 모든 것은 나에게로 이르느니라. 나무토막을 쪼개 보라. 내가 그곳에 있을 것이다. 돌을 들추어 보라. 그러면 거기에서 나를 발견할 것이니라."

78 예수께서 말씀하시길, "그대들은 왜 광야로 나왔는가? 바람에 흔들리는 갈대를 보려고 왔는가? 그대 왕들과 세력가들처럼 좋은 옷을 입고 있는 이 사람을 보려고 왔는가? 그들이 좋은 옷은 입고 있으나 그들은 진리를 알 수 없느니라."

79 군중 속에 한 여자가 예수께 "당신을 잉태한 자궁과 당신을 먹였던 젖가슴은 복되옵니다."라고 하였다. 그러자 예수께서 대답하시기를, "하늘에 계신 아버지의 말씀을 듣고 이를 진실로 간직한 이들은 복되도다. 왜냐하면 오히려 너희가 '아이를 잉태하지 않은 자궁과 모유를 내지 않은 젖이 복되다.'라고 말할 날들이 있게 되리라."

80 예수께서 말씀하시길, "세상을 알게 된 사람은 육체를 발견하였도다. 그러나 육체를 발견한 사람은 이 세상보다 더 위대하도다."

81 예수께서 말씀하시길, "부유하게 된 자가 왕이 되게 하고, 권력을 가진 자는 그것을 버리도록 하라."

82 예수께서 말씀하시길, "내 곁에 가까이 있는 자는 불에 가까이 있음이요, 나로부터 멀리 떨어져있는 자는 하느님 나라로부터 멀리 떨어져 있음이라."

83 예수께서 말씀하시길, "형상들은 사람들에게 분명히 드러나나,

사람들 안에 있는 빛은 아버지 빛의 형상 안에 감추어져 있느니라. 그(아버지)는 자신을 드러내겠지만 그의 형상은 그의 빛에 의해 감추어져 있을 것이니라."

84 예수께서 말씀하시길, "그대가 자신과 닮은 것을 볼 때 기뻐하지만, 그대에 앞서 존재한 죽지도 않고 드러내지도 않은 그대 모습들을 본다면 그대가 얼마만큼 그것을 감당하리오."

85 예수께서 말씀하시길, "아담이 큰 권능과 큰 부유함에서 왔으나 너희들만큼 가치 있지는 않았느니라. 왜냐하면 아담이 가치가 있었더라면, 아담은 죽음을 맛보지 않았으리라."

86 예수께서 말씀하시길, "여우들도 자기들의 굴이 있고 새들도 자기들의 둥지가 있으나, 사람의 아들은 누워 쉴 곳이 없도다."

87 예수께서 말씀하시길, "한 육체에 의지하는 육체란 얼마나 초라한가, 그리고 이 둘에 의지하는 영혼은 얼마나 초라한가."

88 예수께서 말씀하시길, "천사들과 예언자들이 그대들에게 와서 그대들이 이미 가지고 있는 것을 그대들에게 줄 것이니라. 그대들도 자신들이 가지고 있는 것을 그들에게 주면서 스스로에게, '언제 그들이 와서 그들의 것을 가져갈까?'라고 하리라."

89 예수께서 말씀하시길, "왜 그대들은 잔의 겉만을 닦느냐? 그대들은 안을 만든 이가 또한 겉을 만든 이라는 것을 깨닫지 못하는가?"

90 예수께서 말씀하시길, "내게로 오라. 나의 멍에는 편하고 나의 다스림은 온화하니, 그대들은 자신을 위한 휴식을 얻게 되리라."

91 제자들이 예수께 말씀드리길, "저희가 당신을 믿을 수 있도록 당신이 누구인지 우리에게 말씀해 주십시오." 예수께서 그들에게 말씀하시길, "그대들은 하늘과 땅의 형세는 분간하면서 그대들 앞에 있는 사람이 누구인지는 알지를 못하고 이 순간을 이해할 줄도 모르는구나."

92 예수께서 말씀하시길, "구하라 그러면 찾을 것이다. 예전에 그대들이 나에게 물은 것에 대하여 답변을 하지 않았느니라. 지금 말하려 해도 그대들이 그것을 찾지 않는구나."

93 (예수께서 말씀하시길), "거룩한 것들을 개에게 주지 말라. 개들이 그것을 거름더미 위로 던져버릴 것이니라. 진주를 돼지에게 던져주지 말라. 돼지들이 그것을(   )."

94 예수께서 말씀하시길, "구하는 자는 찾을 것이며 두드리는 자에게는 열릴 것이니라."

95 예수께서 말씀하시길, "그대가 돈이 있다면, 이자를 쳐서 빌려주지 말라. 차라리 그 돈을 되돌려 받지 못할 사람에게 주라."

96 예수께서 말씀하시길, "아버지의 나라는 한 여자 같도다. 그 여자는 작은 효모 한 조각을 가루반죽 속에 넣어 큰 빵 덩어리를 만들었도다. 귀 있는 자들은 들어라."

97 예수께서 말씀하시길, "아버지의 나라는 음식이 가득 담긴 항아리를 이고 가는 한 여자 같도다. 먼 길을 걸어 집으로 가고 있는 동안 항아리 손잡이가 깨져, 음식은 그녀가 걸어온 길 위에 쏟아졌지만 그 여자는 알지 못했도다. 그 여자가 집에 도착해 항아리를 내려놓고서야 비로소 항아리가 텅 비어있음을 알았느니라."

98 예수께서 말씀하시길, "아버지 나라는 아주 힘 있는 사람을 죽이려는 어떤 사람과 같으니라. 그는 자신의 집에서 칼을 뽑아들고 어떻게 손을 사용해야 하는지 알아보려고 칼로 벽을 찔러보았느니라. 그리고 나서 그는 그 힘센 사람을 죽였느니라."

99 제자들이 예수께, "당신의 형제들과 어머니가 밖에 서 있나이다."라고 하니 예수께서 제자들에게 말씀하시길, "내 아버지가 뜻하시는 바대로 행하는 자들이 나의 형제요 나의 어머니이니라. 그들이 내 아버지의 나라에 들어갈 사람들이니라."

100 제자들이 예수께 금화 한 닢을 보여드리며, "로마 황제의 사람들이 우리에게 세금을 요구하고 있습니다."라고 말하자, 예수께서 제자들에게 말씀하시길, "로마 황제에게 속한 것은 로마 황제에게 주고 하느님에게 속한 것은 하느님에게 나의 것은 나에게 주라."

101 (예수께서 말씀하시길), "나처럼 자기의 아버지와 어머니를 미워하지 않는 자는 내 제자가 될 수 없고 나처럼 자기 아버지와 어머니를 사랑하지 않는 자도 내 제자가 될 수 없느니라. 왜냐하면 내 진정한 어머니가 나에게 생명을 주셨기 때문이니라."

102 예수께서 말씀하시길, "바리새인들에게 화가 있을지니, 그들은

소 여물통 안에서 잠자는 개와 같으니 그는 자신이 먹지도 않으면서 다른 소도 먹지 못하게 하느니라."

103 예수께서 말씀하시길, "도적들이 어디로 들어올지 아는 자는 복이 있나니, 그는 일어나서 자신 영내의 자원을 모아 도적들이 오기 전에 방비할 수 있기 때문이니라."

104 제자들이 예수께, "오셔서 오늘 저희들과 기도하고 금식하소서." 하니 예수께서 말씀하시길, "내가 무슨 죄를 지었는가. 아니면 내가 무슨 이루지 못한 일이 있는가? 신랑이 신부 방을 떠날 때 그들이 금식하고 기도하게 하라."

105 예수께서 말씀하시길, "아버지와 어머니를 아는 자는 창녀의 아들이라 불릴 것이니라."

106 예수께서 말씀하시길, "그대가 둘을 하나로 만들 때 사람의 아들들이 될 것이며 그대가 '산이여 여기서 물러가라'고 말하면 산은 물러갈 것이니라."

107 예수께서 말씀하시길, "왕국은 마치 백 마리의 양을 지닌 한 목자와 같으니라. 어느 날 그 양들 중 가장 큰 양 한 마리가 길을 잃었느니라. 그러자 목자는 다른 아흔 아홉 마리를 남겨두고 길 잃은 양 한 마리를 찾을 때까지 찾아 나섰느니라. 목자는 힘들여 찾은 후에 그 양에게 말하길, '나는 다른 아흔 아홉 마리의 양보다 더 너를 사랑한단다.'

108 예수께서 말씀하시길, "나의 입으로부터 마시는 사람은 나와

같이 될 것이며, 내 자신이 바로 그 사람이 될 것이니라. 그러면 감추어진 것들이 그에게 드러나게 될 것이니라."

109 예수께서 말씀하시길, "왕국은 자신의 밭에 보물이 숨겨져 있다는 것을 알지 못하는 사람과 같으니라. 그 사람이 죽으면서 그 밭을 아들에게 물려주었고 그 아들도 밭에 보물이 숨겨져 있다는 것을 알지 못하여 물려받은 그 밭을 팔았느니라. 그 밭을 산 사람이 밭을 갈다가 그 보화를 발견하였고, 원하는 모든 사람들에게 이자를 받고 돈을 빌려주기 시작하였느니라."

110 예수께서 말씀하시길, "세상을 발견하여 부유하게 된 자는 세상을 단념하거라."

111 예수께서 말씀하시길, "그대들 앞에서 하늘과 땅이 사라질 것이니라. 살아 계신 분 안에서 살아가는 사람은 결코 죽음을 보지 않으리라. 자기 자신을 발견하는 사람은 누구나 이 세상보다 위대하도다."라고 나 예수가 말하지 않았는가?

112 예수께서 말씀하시길, "영혼에 의지하는 육체에게 슬픔이, 육체에 의지하는 영혼에게도 슬픔이 있으리라."

113 제자들이 예수께 묻기를, "언제 (아버지) 왕국이 오겠습니까?" (예수께서 말씀하셨다), "그것은 너희가 기다린다고 오지 않을 것이다. '보라, 여기에 하늘나라가 있다' 혹은 '보라, 저기에 하늘나라가 있다'고 말할 수 있는 것이 아니니라. 오히려 아버지 왕국은 이 땅 위에 펼쳐져 있으나 사람이 보지 않을 뿐이니라."

114 시몬 베드로가 그들에게 말하길, "마리아가 우리에게서 떠나도록 합시다. 여자들은 생명을 얻을 가치가 없기 때문이지요." 예수께서 말씀하시길, "내가 그녀를 남자로 만들기 위하여 그녀를 인도할 것이니라. 이것은 그녀가 남자를 닮은 살아있는 영이 되도록 함이니라. 자신을 남자로 만든 모든 여자는 하늘나라에 들어갈 것이기 때문이니라."

주 석

1) 주석가들은 그 경험을 일사병이나 간질발작, 신비주의적 계시 등으로 다양하게 해석하기도 한다.
2) 6. 그리스도의 은총으로 하느님의 자녀가 된 여러분이 그렇게도 빨리 하느님을 외면하고 또 다른 복음을 따라가고 있다니 놀라지 않을 수 없습니다.
   7. 사실 다른 복음이란 있을 수 없습니다. 다만 어떤 사람들이 여러분의 마음을 뒤흔들고 그리스도의 복음을 변질시키려 하고 있을 따름입니다.
   8. 우리는 말할 것도 없고 하늘에서 온 천사라 할지라도 우리가 이미 전한 복음과 다른 것을 여러분에게 전한다면 그는 저주를 받아 마땅합니다.
   9. 전에도 말한 바 있지만 다시 한 번 강조하겠습니다. 누구든지 여러분이 이미 받은 복음과 다른 것을 전하는 자가 있다면 그는 저주를 받아 마땅합니다.
3) 부록에 나오는 도마복음 참조할 것.
4) 스티븐 휠러, 〈이것이 영지주의다〉 p256.
5) 마들렌 스코펠로, 〈영지주의자들〉 pp36~39.
6) 일레인 페이절스, 〈숨겨진 복음서 영지주의〉 pp30~34.
7) 바트 D 어만, 〈잃어버린 기독교의 비밀〉 p259.
8) 바트 D 어만, 〈잃어버린 기독교의 비밀〉 p252
9) 스티븐 휠러, 〈이것이 영지주의다〉 p128.
10) Stuart Holroyd, 〈The Elements of Gnosticsm〉 pp7~10.
11) 송혜경, 〈신약외경〉 p160. (Perkins, Pheme. "Gnosticism", Encyclopedia of Early Christianity pp465-469).
12) 마들렌 스코펠로, 〈영지주의자들〉 p25.
13) 스티븐 휠러, 〈이것이 영지주의다〉 p128.
14) 스티븐 휠러, 〈이것이 영지주의다〉 p76.
15) 티모시 프리크, 피터 갠디, 〈예수는 신화다, Jesus Mysteries〉 p166.
16) 티모시 프리크, 피터 갠디, 〈예수는 신화다, Jesus Mysteries〉 p79.

17) 김태항, 〈카발라와 예수 그리고 성경〉 참조.
18) 히브리인들은 성경에 기록된 말씀을 이해하기 위해 다음과 같은 4가지 방법을 사용하였다. 첫째는 '페사트'(peshat)로서 문자 그대로 해석을 하는 것이고 두 번째는 '레마즈'(remez)로서 은유적 해석이며 세 번째는 '데라쉬'(derash)로서 장시간 검토와 연구를 통해 깊숙이 깔려 있는 실제의 내용을 찾아내는 해석이며 네 번째로 '소드'(sod)로서 비유 속에 감추어진 내면적인 의미를 찾아내는 신비적 해석이다.
보통 우리는 문자적 의미에 한정되어 구약성경을 이해하나 카발리스트들은 이 4개 차원을 다 보기 때문에 일반인이 보지 못하는 신비를 이해한다. 이 4가지 차원의 해석은 생명나무 4계의 수준과 일치한다. 카발라 4계의 시각에서 보면 구약은 4가지로 해석이 가능하다는 의미이다. 카발라 대표적 문헌인 "조하르"에서는 이것을 상징적으로 '외관', '육체', '영혼', '영혼의 영혼'으로 표현한다. 카발리스트들은 외관 안에 숨어있는 진짜 토라를 보는 지혜를 얻으려 한다. 그렇게 될 때 신의 숨이 토라를 통하여 이 세상에 작동하는 신비를 보게 된다.
19) 이에 대해서는 2장에서 다룬다.
20) Doreal, 〈The life of Jesus〉 참조.
21) Doreal, 〈Mystical Teachings in the Gnostic works concerning Jesus and the mysteries〉 참조.
22) 스티븐 휠러, 〈이것이 영지주의다〉 p19.
23) 마들렌 스코펠로, 〈영지주의자들〉 p25.
24) 바트 D 어만, 〈잃어버린 기독교의 비밀〉 참조.
25) 티모시 프리크, 피터 갠디, 〈예수는 신화다, Jesus Mysteries〉 p31.
26) 찰스 폰스, 〈카발라〉 p277.
27) 스티븐 휠러, 〈이것이 영지주의다〉 p234.
28) 스티븐 휠러, 〈이것이 영지주의다〉 p258.
29) 마들렌 스코펠로, 〈영지주의자들〉 p91.
30) 리 스트로벨, 〈예수 그리스도〉 p15.
31) 티모시 프리크, 피터 갠디, 〈예수는 신화다〉 pp219~220.
32) 일레인 페이절스, 〈숨겨진 복음서 영지주의〉 p15.
33) 일레인 페이절스, 〈숨겨진 복음서 영지주의〉 참고.
34) 마들렌 스코펠로, 〈영지주의자들〉 p41.
35) 마들렌 스코펠로, 〈영지주의자들〉 p122.

36) ①~⑧, 일레인 페이절스, 〈숨겨진 복음서 영지주의〉 참고.
37) 스티븐 횔러, 〈이것이 영지주의다〉 p103.
38) 카발라 창조론에 대해서는 본서 2장 참조할 것.
39) 본서 2장 참조.
40) 아리예 카플란, 〈카발라 명상〉 p73.
41) 김태항, 〈카발라의 신비열쇠〉 p34.
42) 마들렌 스코펠로, 〈영지주의자들〉 p15.
43) 스티븐 횔러, 〈이것이 영지주의다〉 p105.
44) 스티븐 횔러, 〈이것이 영지주의다〉 p120.
45) 바트 어만, 〈성경왜곡의 역사〉 참조.
46) 김태항, 〈슬픈 예수〉 p21.
47) 그대에게 하늘 왕국의 비밀을 알도록 허락되었으나 그들에게는 허락되지 않았다(마태 13:11).
48) Stuart Holroyd, 〈The Elements of Gnosticsm〉 p16.
49) Stuart Holroyd, 〈The Elements of Gnosticsm〉 p16.
50) Stuart Holroyd, 〈The Elements of Gnosticsm〉 p11.
51) 아인은 무(無)의 의미이고 소프는 한계(限界)의 의미를 지니고 있고 이 둘을 합치면 한계 없음 즉 "무한"이라는 의미가 산출된다.
52) 카발라 창조론에 대해서는 본서 2장 9절 참고할 것.
53) 김태항, 〈카발라의 신비열쇠〉 pp160~162.
54) Doreal 〈The Kabbala, part 3〉, pp10~13.
    김우타, 〈구도여행과 소리 없는 소리〉, pp344~345.
55) 김우타, 〈구도여행과 소리 없는 소리〉, p344, 도리얼(Doreal)의 생명나무 이론임.
56) 신의 이름이 왜 중요한지는 글을 읽고도 처음에는 알 수가 없을 것이다. 반복해서 읽다보면 그 의미가 다가온다. 그것만으로도 커다란 성장이다.
57) 눈에 보이는 물질우주를 포함한 모든 우주.
58) 카발라 마법, 고급마법으로 불린다.
59) Doreal, 〈The Kabbala, Part 1〉, p14.
60) Kraig, Donald 〈Modern Magick〉, pp106~107.
61) Kaplan, Aryeh 〈Sefer Yetzirah〉, p62.

62) Green, Nan F ⟨Discovering Jewish Meditation⟩ p122.
63) 아리예 카플란 ⟨성경과 명상⟩, pp117~140.
64) 에덴동산에서 추방당한 혼을 잃어버린 혼들이라 하고, 이런 일을 겪지 않은 혼들을 "사람의 태양" 혹은 "완전한 사람"이라한다. 이들은 추방당한 혼을 구원하기 위하여 지상으로 내려온다. 예수가 대표적인 인물이었다.
65) 김우타, ⟨구도여행과 소리 없는 소리⟩ pp382~384.
66) 마태복음 13:10절, 제자들이 예수께 가까이 와서 "저 사람들에게는 왜 비유로 말씀하십니까?"하고 묻자, 13절. 내가 그들에게 비유로 말하는 이유는 그들이 보아도 보지 못하고 들어도 듣지 못하고 깨닫지도 못하기 때문이다.
67) 김우타, ⟨구도여행과 소리 없는 소리⟩ p378.
68) 김우타, ⟨구도여행과 소리 없는 소리⟩ pp377~379.
69) 스티븐 휠러, ⟨이것이 영지주의다⟩ p104.
70) 스티븐 휠러, ⟨이것이 영지주의다⟩ p56.
71) 스티븐 휠러, ⟨이것이 영지주의다⟩ p36.
72) 바트 D 어만, ⟨잃어버린 기독교의 비밀⟩ p252~257.
73) 마들렌 스코펠로, ⟨영지주의자들⟩ p131.
74) 마들렌 스코펠로, ⟨영지주의자들⟩ p132.
75) 송혜경, ⟨영지주의자들의 성서⟩, Robinson, James M. ed., ⟨The Nag Hammadi Library In English⟩ 참조.
76) Stuart Holroyd, ⟨The Elements of Gnosticsm⟩ p4.
77) 김우타, ⟨구도여행과 소리 없는 소리⟩ pp353~354.
78) Stuart Holroyd, ⟨The Elements of Gnosticsm⟩ p42.
79) 마들렌 스코펠로, ⟨영지주의자들⟩ pp49-56. 위키피디아 참고.
80) 본서 p55 참조할 것.
81) 참된 기도에 대해서는 김태항, ⟨슬픈 예수⟩ pp184~195 참조할 것
82) 이에 대해서는 아리예 카플란, ⟨성경과 명상⟩ pp64~80 참조할 것.
83) 신의 이름에 대해서는 본서 pp55~65 참조할 것.
84) 송혜경, ⟨영지주의자들의 성서⟩ p367.
85) 예수가 사용한 아람어와는 근친 언어.
86) 1. 엿새 후에 예수께서는 베드로와 야고보와 야고보의 동생 요한만

을 데리시고 따로 높은 산으로 올라가셨다. 2. 그 때 예수의 모습이 그들 앞에서 변하여 얼굴은 해와 같이 빛나고 옷은 빛과 같이 눈부셨다. 3. 그리고 난데없이 모세와 엘리야가 나타나서 예수와 함께 이야기하고 있었다. 4. 그 때에 베드로가 나서서 예수께 "주님, 저희가 여기에서 지내면 얼마나 좋겠습니까! 괜찮으시다면 제가 여기에 초막 셋을 지어 하나는 주님께, 하나는 모세에게, 하나는 엘리야에게 드리겠습니다." 하고 말하였다. 5. 베드로의 이 말이 채 끝나기도 전에 빛나는 구름이 그들을 덮더니 구름 속에서 "이는 내 사랑하는 아들, 내 마음에 드는 아들이니 너희는 그의 말을 들어라." 하는 소리가 들려왔다. 6. 이 소리를 듣고 제자들은 너무도 두려워서 땅에 엎드렸다. 7. 예수께서 그들에게 가까이 오셔서 손으로 어루만지시며 "두려워하지 말고 모두 일어나라." 하고 말씀하셨다. 8. 그들이 고개를 들고 쳐다보았을 때는 예수밖에 아무도 보이지 않았다.

87) 아리예 카플란, 〈성경과 명상〉 p33.
88) 김태항, 〈카발라의 신비열쇠〉 pp108~111.
89) 김태항, 〈카발라의 신비열쇠〉 참조.
90) 김태항, 〈카발라의 신비열쇠〉 참조.
91) 2장에 나오는 〈요한비서〉의 창조 신화 참조할 것.
92) 이것도 카발라 관점에서 보면 깊은 상징이 숨어있다. 긴 설명 필요.
93) 〈생명나무〉와 〈지식의 나무〉는 2장에 나오는 카발라의 우주창조론 참조할 것.
94) 욕심, 분노, 어리석음을 말한다.
95) 조금 더 나아가 땅에 엎드려 기도하셨다. "아버지, 아버지께서는 하시고자만 하시면 무엇이든 다 하실 수 있으시니 이 잔을 저에게서 거두어주소서. 그러나 제 뜻대로 마시고 아버지의 뜻대로 하소서."(마태 26:39)
96) 신의 이름에 대한 신비에 대해서는 본서 2장 1~2절 참조할 것.
빌립 복음서 11절에도 신의 이름에 대해서 나온다.
97) 그날에는 내가 아버지 안에 너희가 내 안에 내가 너희 안에 있는 것을 너희가 알리라.
98) 토마스 램딘(Thomas O. Lambdin) 영어 번역본.

하모니 도서

★ 카발라의 신비 열쇠 ★

(김태항 / 334쪽 / 15,000)

목차

서문 - 5

카발라 이해를 위한 주요 개념 - 17

1장 카발라 역사 - 31
(1) 카발라의 기원과 역사적 흐름
(2) 카발라 분류
(3) 에스겔의 비전과 메르카바 신비
(4) 크리스천 카발라
(5) 하시디즘

2장 카발라와 생명나무 - 67
(1) 카발라와 생명나무 (2) 신에게 돌아가는 열쇠 카발라
(3) 생명나무의 비밀 (4) 생명나무
(5) 생명나무의 여러 차원
(6) 생명나무: 위와 같이 그렇게 아래도 같다
(7) 생명나무와 숫자 400의 비밀 (8) 카발라의 중요성

3장 카발라와 신 - 93
(1) 아인 소프 (Ain Soph) (2) 카발라 우주 창조론
(3) 신의 이름과 힘 (4) 테트락티스와 테트라그라마톤

(5) 성경 속의 신의 이름

4장 카발라와 영혼 - 115
(1) 카발라와 영혼 (2) 카발라와 영혼의 여러 국면
(3) 불교 무아와 카발라 영혼의 관계
(4) 아뢰야식과 카발라 영혼의 관계
(5) 영혼의 4국면과 지켜보기 (6) 생명나무와 영혼의 상승
(7) 카발라와 윤회

5장 카발라와 각성의 길 - 143
(1) 32길의 비밀을 찾아서
(2) 근원으로 돌아가는 32개의 길
(3) 32길과 정통 유대 카발라 (4) 생명나무와 깨달음의 길
(5) 생명나무와 균형 (6) 생명나무의 응용
(7) 생명나무와 이상적 인간상
(8) 생명나무와 이상적 세계
(9) 생명나무의 빛과 차크라 (10) 카발라와 연금술

6장 카발라와 현시법칙 -197
(1) 서론 (2) 용어 정의 (3) 물질 현시와 영혼
(4) 물질 현시와 의지 (5) 물질 현시와 생각 (6) 심신의 이완과 집중
(7) 창조법칙과 카르마 (8) 물질 현시 법칙 (9) 참된 기도의 응답

7장 카발라 서적과 주요 카발리스트 - 221
(1) 세페르 예치라 (2) 조하르
(3) 바히르 (4) 카발라 스승들

8장 카발라 치유 - 249

(1) 카발라 치유의 원칙 (2) 병의 원인 (3) 생각과 건강(1)
(3) 생각과 건강(2) (4) 3계의 균형 (5) 영혼의 치유
(6) 『창조의 서』를 통한 치유법 (9) 신성 빛 명상을 통한 치유

9장 카발라 명상 - 265

(1) 카발라 명상 흐름
(2) 카발라 명상 용어
(3) 유대 카발라 명상과 동양 명상
(4) 카발라 명상
(5) 아리에 카플란의 명상기법 분류
(6) 명상을 위한 준비 자세
(7) 테트라그라마톤 명상
(8) 영혼 자각 명상
(9) 신성 빛 명상
(10) 생명나무 명상: 10개 세피로트와 신의 이름

10장 카발라 마법 -301

(1) 실천적 카발라의 역사적 흐름
(2) 마법이란 무엇인가?
(3) 마법과 명상 그리고 진언
(4) 마법과 기도 그리고 의지
(5) 펜타그램 소 결계의식
(6) 미들 필라 의식

참고도서 - 329